U0507774

河北经贸大学学术著作出版基金资助

多维视角下的
诉权保障研究

王岩云　著

中国社会科学出版社

图书在版编目（CIP）数据

多维视角下的诉权保障研究 / 王岩云著 . —北京：中国社会
科学出版社，2017.9（2018.4 重印）

ISBN 978-7-5203-1137-3

Ⅰ.①多… Ⅱ.①王… Ⅲ.①诉讼-研究-中国 Ⅳ.D925.04

中国版本图书馆 CIP 数据核字（2017）第 240594 号

出 版 人	赵剑英
责任编辑	宫京蕾
责任校对	秦　婵
责任印制	李寡寡

出　　版	中国社会科学出版社
社　　址	北京鼓楼西大街甲 158 号
邮　　编	100720
网　　址	http：//www.csspw.cn
发 行 部	010-84083685
门 市 部	010-84029450
经　　销	新华书店及其他书店

印刷装订	北京君升印刷有限公司
版　　次	2017 年 9 月第 1 版
印　　次	2018 年 4 月第 2 次印刷

开　　本	710×1000　1/16
印　　张	16.25
插　　页	2
字　　数	235 千字
定　　价	69.00 元

目　　录

第一章

诉权保障的法律语义分析

——诉权概念的学理与现实考略

诉权是诉讼理论乃至整个法学理论上的一个重要问题。"没有诉权，其他一切权利都可能成为泡影。"[①] 诉权保障在当前我国法治建设中的地位日益凸显，其蕴含的实践性与理论性话题不断引起人们的深度关注与思考。而目前我国公民的诉权保障不足，绝不仅仅是司法实践方面的问题，也不仅仅是立法、执法层面的问题，滞后的诉权理念与急迫的权利诉求之间的矛盾和紧张，已经成为我国法治进程中绕不开的一大制约性因素。既有的诉权理论无法有力回应当今社会的权利保障需求，不能有效解释司法实践中不断涌现的诸多权利救济问题，寻求诉权研究的观念更新与视阈突破，已经成为刻不容缓的实践需求和学术使命。

研究诉权保障问题，需首先对诉权概念有所了解。理解诉权概念可以从理论和实践两个方面来考察，并且可以从诉权与相关概念的联系与区别中辨识。

一　学术史视野下的诉权概念

（一）国外学界对诉权概念的理论认知

一般认为，诉权的概念起源于罗马法中"诉（actio）"的制度。

---

① 马岭：《宪法中的人权与公民权》，载《金陵法律评论》2006 年秋季卷。

罗马法上"阿克细奥"（actio）一字作"诉权"解，亦作起诉之事实解。① 但诉权学说在古罗马时代并未形成。在罗马法时期，诉不过是类型化的诉讼形式，并不具有相当于实体法上的权利的意义。②

从大的历史背景来观察，近现代以来的诉权理论是近代西欧国家法典化运动和司法权不断扩大与强化的产物。通常认为近代诉权理论产生于 19 世纪前半叶的德国。苏联、法国、日本的诉权研究受德国影响很大。诉权学说经历了私法诉权说到公法诉权说的发展。公法诉权说经历了抽象的公法诉权说到具体的公法诉权说的发展过程，以诉权到底应该承认哪种程度的请求为标准，公法诉权说又可以分为四类：抽象诉权说、具体诉权说、本案判决请求权说以及司法行为请求权说。英美法学者认为，诉权应当与损害赔偿请求权等密切结合。此外，还出现了诉权否定说和多元诉权说等理论主张。20 世纪 60 年代西方掀起了接近正义运动，对于诉权保障起到了积极作用。

1. 私法诉权说

私法诉权说，亦称实体诉权说，为最早的诉权学说。该说认为，诉权是基于"私法"所产生之权利，是"私权"的产物，为"私法"上请求权的作用或者效果。诉权私法的观点，最早形成于罗马法时期，后为一些学者发展成为诉权学说。主张该学说的人视诉权具有实体法上债的本质属性，在诉讼发生之前，在债的法律关系中已有胚胎，在提起诉讼后，便形成债的真正表现形式。根据这种学说，诉权是在民事权利受到侵犯后，权利人所取得的一种特殊权利，起诉是原告行使私权的方法。该学说自 19 世纪初开始，盛行于德国普通法时代。私法诉权说的代表人物是萨维尼（Savigny）与温德雪德（Windscheid）。19 世纪前半期，这种学说在资产阶级民事诉讼理论中占统治地位。私法诉权说的实质在于，不承认诉权是独立于实体权利之外的

---

① 陈朝璧：《罗马法原理》，法律出版社 2006 年版，第 549 页。

② ［日］谷口安平：《程序的正义与诉讼》，王亚新、刘军荣译，中国政法大学出版社 2002 年版，第 65 页。

程序性权利，并将享有实体权利作为行使诉权的前提，这就等于要求原告必须享有实体权利才能起诉，法院在受理案件之前必须先查明原告有无实体权利。显然，这种观点既不符合诉讼的实际，又不利于保护当事人的合法权益。后来，在 19 世纪的后半期，由于"公法"学的发展，对该学说提出了两个难于解释的问题，一是在诉讼上有公法关系的存在，诉讼是原告向法院起诉而生，并非只是向被告的实体权利请求；二是在消极的确认之诉中，原告并未主张何种私权上之请求权。同时，根据这种学说，原告起诉时必然具有实体权利的存在，进行诉讼之主观指向只是承担实体义务的主体，只是行使实体权利。该学说后来为人们所不取，至 19 世纪后期完全被诉权公法说所代替。①

2. 抽象诉权说

抽象诉权说，又被称为抽象的公法诉权说或者形式诉权说。它是由德国学者德根科贝（Degenkolb）、伯洛兹（Plosy）、比洛（Bülow）等人提出的一种关于诉权的学说。该学说在德国主要流行于 19 世纪后半期，至今仍在美国流行。抽象诉权说兴起的背景除了公法理论的发展外，与当时人们痛恨普鲁士地方法院和司法组织蛮横剥夺诉权的情结有着密切联系。该学说主张：诉权是个人对国家的一种自由权，是私人根据法律的规定，要求法院作出正当判决的权利。诉权只限于发动诉讼程序的权利，并不包含要求法院作出具体判决的权利。也就是说，只要当事人提起了诉讼，即使被法院依法驳回，当事人的诉权也被视为实现。由此可见，该学说所谓的诉权是抽象空洞的，没有实际的内容，故称其为"抽象诉权说"。抽象诉权说的实质在于，把诉权看成是与民事权利无关的单纯请求司法保护的一种抽象权利，即：任何公民和组织，不论其民事权利是否受到侵犯或者发生争议，也不管起诉的理由是否正当，都有请求法院进行审判的权利。抽象诉权说的重要意义在于它第一次揭示了诉权的公法性质，确立了诉权的独立

---

① 刘家兴、王国枢、张若羽等主编：《北京大学法学百科全书（民事诉讼法学 刑事诉讼法学 行政诉讼法学 司法鉴定学 刑事侦查学）》，北京大学出版社 2001 年版，第 442 页。

品格，从而将诉权概念与私法上的权利概念彻底分离，促使了诉讼法和实体法的合理分离。这在当时的历史条件下是具有重要的反封建专制意义的。但是抽象诉权说的缺陷也是明显的，首先该说将诉权限定于起诉权，使诉权与它所要保护的实体权利脱节，而且还使诉权的概念与诉讼权利能力的概念等同，很难将其称为国民的权利。其次，该说强调诉讼法独立性的同时，将诉讼法与实体法完全割裂，忽略了两者之间的合理关系。有学者指出："这种理论至多也只能反映激进资产阶级的一种理想化了的希冀。在普鲁士专制国家强大封建势力面前，这种富有乌托邦色彩的学说并不产生很大的实际效果。"①

3. 具体诉权说

具体诉权说，又称权利保护请求权说、实质的诉权说、具体的公法诉权说。它是与 19 世纪末强化国家权力的思想相呼应，继抽象诉权说之后产生的诉权学说。具体诉权说与抽象诉权说均认为，诉权是个人和社会组织请求国家予以司法保护的"公权"，同属于"公法诉权说"的范畴。但具体诉权说与抽象诉权说又有显著的不同：前者将诉权与实体权利结合在一起，使诉权成为实现某项实体权利的具体请求权；后者将诉权与实体权利完全割裂，使诉权与实体权利毫无关系。该学说的代表人物是德国学者拉邦德（Laband）。该学说的基本主张是：诉权是公法上的请求权，是当事人向法院提出的请求保护其民事权利的一种权利，或者说是当事人请求法院作出有利于自己的判决的一种权利，这也正是具体诉权说概念上的由来。其将诉权与实体权利相结合，认为实体法是诉权的基础，凡是具有应该受到审判保护权利的人，都享有诉权。同时认为，诉权不是实体法上的一种制度，而是诉讼法上的一种制度，民事权利受到侵害或者发生争议是行使诉权的前提。这种学说曾被德国、法国等作为民事诉讼立法的理论根据，而且对日本的影响也比较大，以至在日本成为通说。具体诉权说的进步在于克服了私法诉权说和抽象诉权说的缺点。它对诉权与实体

① 顾培东：《法学与经济学的探索》，中国人民公安大学出版社 1994 年版，第199页。

法和诉讼法的关系作了相对合理的定位，既避免了私法诉权说将诉权定义为实体法本身，又避免了抽象诉权说将实体法和诉讼法完全割裂。该说的不足之处在于，将诉权界定为当事人获得利己判决的权利，显得过于主观，虽然它强调诉权要以实体法为基础，但是即使有实体法的规定，法院也还要考虑当事人的诉讼请求和其他一些客观情形才能最终决定是否作出原告胜诉的判决。同时它也不能很好地解释在原告败诉的情况下，被告是否享有诉权。

4. 本案判决请求权说

本案判决请求权说，又称为纠纷解决请求权说，是以对权利保护请求权说进行批判为契机而产生的。最初是由德国学者布莱（Bley）提倡，在德国是少数派。这一学说经由兼子一主张，在日本产生了很大的影响。该学说将诉讼的目的定位为解决纠纷，原告在利用诉讼制度的时候有权要求法院就自己提出的请求的适当与否作出判决。按照日本学者的理解，本案判决请求权说是对具体诉权说的修正，认为诉权"实质上是指在弄清当事人主张的是非曲直的基础上，要求法院解决纠纷的权利；这种解决纠纷的请求权是与利用诉讼制度的目的相吻合的"，这也是该说名称的由来。按照本案判决请求权说，原告所主张的权利即使是正当的，如果没有正当的利益或必要，也不会被承认，从而解决了具体诉权说在原告诉权与诉讼现实之间的矛盾。但该说也不例外地受到了众多的批评。如：有学者认为该说关于原告即使败诉其诉权也已实现的主张与原告起诉的本意不符，显得强词夺理。

5. 司法行为请求说

司法行为请求说，又称为诉讼内诉权说。该说产生于对"二战"历史灾难进行反省的德国，由德国的萨伊尔（Sauer）、李欧（Leo）、罗森贝克（Rosenberg）所提倡。该学说的基本主张是：诉权是对于国家司法机关，要求其为适合于实体法和诉讼法之司法行为的权利。[1]同时认为，诉权具有发展的内容，即诉讼因起诉而开始，依当事人提

————————

① 王甲乙等：《民事诉讼法新论》，广益印书局1999年版，第249页。

出的攻击防御方法，在诉讼程序上诉权逐渐开展，依各阶段而演变其形态，直至裁判为止。[①] 学者对该学说的批评主要集中于，该学说将诉权等同于请求裁判权发动的权利，而实际上，诉权应该是诉讼制度机能发挥的原动力，任何构造的诉讼程序、任何诉讼上的处理方法，应该与诉权自外部加以利用的机能无关。

6. 宪法诉权说

其实，司法行为请求说已包含有宪法诉权说的意涵，但正式从学说上提出宪法诉权说概念是在"二战"以后。第二次世界大战后，日本学者根据其本国宪法关于接受裁判权的规定，开始从宪法的角度来考察诉权问题，诉权的宪法议论由此活跃。主张宪法诉权说的学者，基本上是从宪法的角度为其学说提供立论根据，将宪法上所规定的公法性质的人民享有接受审判的权利与诉权相结合，主张应将宪法上所保障的诉讼受益权引进诉权理论。该说将诉权定位于宪法上接受裁判的权利，赋予了诉权学说以新的内容。[②]

7. 诉权否定说

尽管历史上产生了很多关于诉权的学说，但是没有哪一种学说能在理论上自圆其说，于是一些学者开始对诉权理论的存在价值产生怀疑，这就产生了"诉权否定说"。一般认为，最早提出诉权否定说的是法国宪法学者狄骥。狄骥属于社会连带学派的创始人，他认为，"一般来说，不存在个人利益同社会利益的对立，而只有社会连带的法则才是社会生活的最大法则。"[③] 基于此，狄骥从社会连带出发否定传统权利的概念。在狄骥看来，由于人是社会的人，根本不可能有个人的自然权利；权利的概念本来是形而上学的概念，只是不断变化着

[①] 孙森炎：《论诉权学说及其实用》，载杨建华主编《民事诉讼法论文选辑（下）》，台湾五南图书公司1984年版，第497页。

[②] ［日］斋腾秀夫：《民事诉讼法概论》，有斐阁昭和57年版，第41页。

[③] ［日］大木雅夫：《东西方的法观念比较》，华夏、战宪斌译，北京大学出版社2004年版，第69页。

的制度和思想史中的一个契机罢了。因此，作为现代社会组织化的基础，不能使用权利的概念，必须用"公役"替代统治者的权利，用社会职能代替个人的权利。狄骥从社会连带关系存在这一客观事实引导出社会规范和义务观念，不能说没有道理。① 而以此观点为基础，狄骥提出权利否定论乃至诉权否定说也就不难理解了。诉权否定说的另一个代表人物是日本学者三月章。三月章在 1959 年出版的著作《民事诉讼法》中从理论上提出了诉权否定说。三月章认为，"私人提起民事诉讼要求法院就此进行审判，是法治国家公民人格权及一般权利的作用所使然"，"就民事诉讼制度与当事人的关系来说，这种关系的内容不过反映了国家基于对解决纠纷的关心而设置民事诉讼制度，当事人利用这种制度并服从国家审判权这样一种事实而已"，"诉权不过是对诉讼制度目的的主观投影，将这种权利作为一种制度上的权利来看待不具有任何意义"。② 于是，三月章将自己研究的重点转向民事诉讼目的论。三月章的观点受到日本较多学者的支持。苏联也有一些诉讼法学者否定在理论上和实践中使用诉权概念，认为一切权利都受国家保护，不需要人为的诉权。诉权否定说也受到了一定的批判。如日本学者中村宗雄在《诉权学说与诉讼理论之构造》中提出：现代国家的民事诉讼制度，对于一切可起诉的民事事件，法院应予审理并应裁判；在此制度下当事人的法律地位，与在行政法范畴内仅消极地期待行政机关为适当的行政措施的情况，迥不相同；当事人对于司法机关应有起诉的权利，法院相应地负有裁判的义务，此项关系非"法律地位"所能解释。③

8. 多元诉权说

苏联学者在力图说明资本主义诉权理论所存在的矛盾的基础上，

---

① 张文显：《20 世纪西方法哲学思潮研究》，法律出版社 1996 年版，第 121 页。

② ［日］三月章：《日本民事诉讼法》，汪一凡译，台湾五南图书出版公司 1997 年版，第 14 页。

③ 江伟、邵明、陈刚：《民事诉权研究》，法律出版社 2002 年版，第 33 页。

根据苏维埃法律的性质和要求，提出了多元诉权说。如苏联顾尔维奇在《诉权》一书中提出，诉权包含三部分，即程序意义上的诉权，也就是起诉权；实体意义上的诉权，也就是胜诉权；认定主体资格意义上的诉权。顾尔维奇的诉权理论被称为是三元诉权说。之后，在保留了诉权前两项意义的基础上，形成了在苏联占支配地位的诉权学说，即二元诉权说，主要观点集中在多勃罗沃里斯基等人著的《苏维埃民事诉讼》一书中。

9. 接近正义理论

西方国家自 20 世纪 60 年代掀起了接近正义运动。接近正义理论实际上是相当多的学者为应对司法危机而提出的对程序制度、原则及构造的反思理论的汇总。司法危机的实质在于，由于经济的发展，当事人解决纠纷的多样化目的需求与司法功能未及时跟进而导致司法结构与功能失调。接近正义运动的首要目标是解决贫困和边缘化的人们以及弱势群体在面对法律和权力时经常遇到的困难和障碍，保障人们充分享有和行使诉权乃是其中的重要内容。在此背景下，有学者着手从法社会学等角度对诉权展开探讨①。接近正义理论大体可以分为三个层次：第一是根据案件的多样化、类型化而提出的类型化程序构想（如建立专门的小额程序及小额法庭、建立近邻法院或社区法院以解决社区性纠纷、集团诉讼制度的探讨与建立等）；第二是根据普通程序的运行而阐释的"程序促进"设计（如英美法系以管理型司法②作为程序促进机制，大陆法系的程序促进机制则以德国近年进行的司法

---

① 如美国学者唐·布莱克所著《社会学视野中的司法》。

② 管理型司法在英美法系中的立法例当以英国 1999 年正式生效的《民事诉讼规则》为最典型表现。其中第 3 章规定了法官的案件管理权，第 26 章规定了案件管理的初步阶段，第 27—29 章规定了小额诉讼程序、快捷式程序及多轨制程序。从总体上说，英国的管理型司法加强了法官对诉讼程序的控制权力，从而实现了类似我国司法改革中"繁简分流"的目的功能，避免程序的过分拖延。

改革为代表①）；第三是接近正义的相关制度保障（如法律援助制度的完善）。②

（二）　中国学界对诉权概念的观点集览

我国的诉权研究起步较晚，而且很大程度上是在吸收和移植苏联诉权理论的基础上发展起来的。自新中国成立以来，我国学者在苏联二元诉权说的基础上，形成了内容稍有差异的二元诉权说，该说长期居于通说地位。20 世纪 80 年代后，有学者开始对二元诉权说进行反思、批判与修正，进而提出了一元诉权说、新诉权理论、宪法诉权说，并开始探讨民事诉权与宪法的关系。诉权研究由最初的民事诉讼法学领域逐渐拓展至行政诉讼法学、刑事诉讼法学乃至宪法学、法理学领域。学者们怀着对我国法治伟业的巨大热情，基于各自的专业兴趣和理论视角对诉权展开了异彩纷呈的探究和思考。

1. 二元诉权说

二元诉权说是新中国诉权理论的通说。其核心观点为：诉权包含程序意义上的诉权和实体意义上的诉权两重含义。程序上的诉权，在原告方面表现为提起诉讼的权利，在被告方面表现为应诉权和程序上的答辩权；实体上的诉权在原告方面表现为期待胜诉的权利，对被告而言表现为对原告诉讼请求进行实质性的答辩。

2. 一元诉权说

一元诉权说是针对二元诉权说的缺陷提出的，其核心观点为：诉权是基于民事纠纷而指向法院的程序性权利。诉权是一项程序性权

---

① 大陆法系的程序促进机制以德国自 1976 年生效的《简化修订法》为主要标志，逐步通过修订民事诉讼法相关法条的方式进行推进，直至目前，以 2001 年的《民事诉讼法改革法》及 2004 年的《司法现代化之第一次法律》为标志，系统地建立了较为完善的程序促进机制。就其内容而言，所有立法层面的改革对程序的促进机制表现在以下三点：第一，以协同主义原则修正辩论主义原则；第二，加强法官的诉讼促进义务（在协同主义的指引下，通过加强法官阐明义务实现）；第三，加强当事人的真实义务与诉讼促进义务。

② 王伟：《民事程序选择权研究》，西南政法大学 2008 年博士学位论文。

利，不包含实体意义上的权利，但同实体权利又有必然联系。《西北政法学院学报》1983 年创刊号发表的顾培东教授撰写的《诉权辨析》一文，首次明确对诉权二分说提出了异议，对中国诉权理论的研究具有划时代的意义。其指出：二元诉权说中的程序意义诉权排斥了被告获得诉权的可能性，不能反映除起诉权以外的其他诉讼权利，割裂了其他诉讼权利与诉权的联系；实体意义上的诉权间接地将被告作为诉的请求和接受者，有悖于诉讼法律关系的基本原理和诉讼活动的实际状况；二元诉权说不仅在理论上难以自洽，而且在审判实践中也缺乏可行性。在此基础上，其提出：诉权是当事人双方就其民事法律关系的争议而进行诉讼，实施诉讼行为，以维护其正当民事权益的权利。

3. 新诉权说

同样针对二元诉权说的一些缺陷，在江伟教授与单国军合著的论文《关于诉权的若干问题的研究》以及江伟教授与陈刚、邵明合著的《民事诉权研究》一书中提出了"新二元诉权说"，认为应依照现代社会中诉讼法和实体法之间的合理关系来重新审视诉权问题，以避免诉权仅仅具有孤立的程序内涵和价值而不具有实体内涵和实现实体法目的的价值，诉权概念应当具有程序涵义和实体涵义。诉权的程序涵义是指当事人向法院请求行使审判权，以启动诉讼程序；诉权的实体涵义是指保护民事权益或解决民事纠纷的请求，构成了法院审判的对象和既判力的客观范围。还有学者通过分析梳理现代诉权理论的历史发展，也提出新诉权理论，认为诉权理论本身的目的在于揭示诉讼法与实体法的关系以及确立诉讼法的独立地位，我国的二元诉权说是照搬苏联视诉讼法为实体法之工具的民事诉权理论的产物，应该重视诉讼法的独立价值，强调诉权的程序内涵，但反对"程序第一，实体第二"的观念，认为诉讼法与实体法是综合地、共同地服务于诉讼制度的两个车轮。①

---

① 张家慧：《诉权意义的回归》，载《法学评论》2000 年第 2 期。

4. 宪法诉权说

有学者通过分析人权的道德形态与法律形态的价值区分，提出只有人权的法律形态才能将人权的应然性与实然性有机地结合起来。由于诉权从制度上解决了法律上所保障的人权具有实然性，因此，作为一种法律救济权，诉权是现代法治社会第一制度性的人权。从人权保障的角度出发，诉权应当是一种绝对性的宪法权利，在权能上，它可以充分对抗国家权力，任何国家权力都不应对其随意加以剥夺，它是公权的基础。① 有学者则在剖析现存诉权理论误区的基础上，提出诉权是宪法规定的公民基本权利，属于人权范畴。② 另有学者认为，民事诉权既然属于公法上的权利，必然要在宪法上寻找根据，将宪法上的接受审判的权利与民事诉权连接起来考虑，要求当事人通过民事诉讼制度的运行机制合理地行使诉权，可以使得宪法规定的基本权（人格权等）与程序法规定的特别权利（诉权）相互映衬。③

5. 其他观点

左卫民教授等著《诉讼权研究》提出了一个新的概念——诉讼权，并对诉权与诉讼权的区别进行了阐述。其认为应以诉讼权取代诉权，因为诉讼权的内涵大于诉权——诉讼权具有基础性和广泛性，存在于各诉讼领域；诉讼权是应然权利、自然权利，更是公民的基本人权和宪法权利。该书还就诉讼权的历史发展、功能、保障理据以及国际背景下的诉讼权、诉讼权保障等问题进行了探讨。④ 李龙教授的论文《民事诉权论纲》则认为"诉权是当事人因民事实体权利义务关系发生争议或者处于不正常的状态，从而请求法院予以裁判解决的权利"。有学者提出，诉权是公民人权的重要内容，是公

① 莫纪宏：《现代宪法的逻辑基础》，法律出版社 2001 年版，第 301—312 页。

② 吴英姿：《诉权理论重构》，载《南京大学法律评论》2001 年春季号。

③ 刘荣军：《程序保障的理论视角》，法律出版社 1999 年版，第 259—260 页。

④ 左卫民等：《诉讼权研究》，法律出版社 2003 年版。

民获得司法救济、实现权利的前提和基础。诉权是一种宪法权利，而它由宪法诉讼诉权、民事诉讼诉权、刑事诉讼诉权和行政诉讼诉权四个方面构成。民事诉权是当事人享有提起诉讼或者应诉并要求法院作出公正裁判以保护其民事权益的权利，它包括起诉权、应诉权、反诉权、上诉权和再审诉权。民事诉权的性质是程序性人权。民事诉权渗透着民事实体权益的因素；民事诉权是一种潜在和动态的权利，贯穿于诉讼的全过程。民事诉权是诉讼权利的权源，是当事人实施攻击防御方法的根据。① 在我国宪法学界，有不少学者关注着宪法实施、宪法监督问题，而这些问题都与诉权有着一定的联系。在我国法理学界有学者提出，诉权是请求法律救济的权利，是启动与延续诉讼的权利，其形式包括民事诉权、行政诉权、刑事诉权和宪法诉权。在法治社会，诉权是高于实在法的道德权利，是一项基本人权。② 总体来说，我国对诉权理论进行研究的学者还是比较多的，也形成了一些独到的见解。

二 诉权概念的现实语境考证

对于诉权概念的使用，不能仅仅是作为理论的词汇而进行思考，通常而言，理论（或学术）概念的使用应服务于社会实践。因此，对于诉权概念的含义，必须考虑其运用的现实。对于诉权概念的现实使用情况，可以从司法场域的使用和在法规规章中出现的情况来考证。

（一）司法场域中的诉权概念

对于司法场域中的诉权概念，本书拟分别从中央层级司法场域诉权概念的使用和地方司法文件中的诉权概念两个方面加以考证。

---

① 田平安、柯阳友：《民事诉权新论》，载《甘肃政法学院学报》2011 年第 5 期。
② 周永坤：《诉权法理研究论纲》，载《中国法学》2004 年第 5 期。

　　1. 中央层级司法场域诉权概念的使用

　　司法场域中"诉权"概念的使用情况，主要体现于最高人民法院颁布的司法解释、最高人民法院印发的具有准司法解释性质的规范性文件。此外，司法场域领导讲话中使用的诉权概念，如中央有关主管领导和最高人民法院院长（或副院长）和各业务庭负责人的发言，也是观察诉权概念使用的重要指标。

　　（1）司法解释采用的"诉权"概念

　　司法解释中采用了"诉权"的有关规定如下：

　　《最高人民法院关于人民法院登记立案若干问题的规定》（法释〔2015〕8号）① 不仅写明该规定的制定目的是"为保护公民、法人和其他组织依法行使诉权，实现人民法院依法、及时受理案件"，而且在第14条进一步规定"为方便当事人行使诉权，人民法院提供网上立案、预约立案、巡回立案等诉讼服务"。

　　《最高人民法院关于商标法修改决定施行后商标案件管辖和法律适用问题的解释》（法释〔2014〕4号）② 第6条第2款规定："对于在商标法修改决定施行前受理的商标复审申请，商标评审委员会于决定施行后作出核准注册决定，当事人提起行政诉讼的，人民法院不予受理；商标评审委员会于决定施行后作出不予核准注册决定，当事人提起行政诉讼的，人民法院审查相关诉权和主体资格问题时，适用修改前的商标法。"——这里"诉权"指的应是"起诉权"。

　　《最高人民法院关于审理侵犯专利权纠纷案件应用法律若干问题的解释》（法释〔2009〕21号）③ 第18条规定："权利人向他人发出侵犯专利权的警告，被警告人或者利害关系人经书面催告权利人行使

────────────

　　① 2015年4月13日最高人民法院审判委员会第1647次会议通过，2015年4月15日发布，自2015年5月1日起施行。

　　② 2014年2月10日最高人民法院审判委员会第1606次会议通过，2014年3月25日发布，自2014年5月1日起施行。

　　③ 2009年12月21日最高人民法院审判委员会第1480次会议通过，2009年12月28日发布，自2010年1月1日起施行。

诉权，自权利人收到该书面催告之日起一个月内或者自书面催告发出之日起二个月内，权利人不撤回警告也不提起诉讼，被警告人或者利害关系人向人民法院提起请求确认其行为不侵犯专利权的诉讼的，人民法院应当受理。"——这里"诉权"显然指的也是"起诉权"。

《最高人民法院关于执行〈中华人民共和国行政诉讼法〉若干问题的解释》（法释〔2000〕8号）① 第41条规定："行政机关作出具体行政行为时，未告知公民、法人或者其他组织诉权或者起诉期限的，起诉期限从公民、法人或者其他组织知道或者应当知道诉权或者起诉期限之日起计算，但从知道或者应当知道具体行政行为内容之日起最长不得超过2年。""复议决定未告知公民、法人或者其他组织诉权或者法定起诉期限的，适用前款规定。"

这三个司法解释中"诉权"的使用都是与"提起诉讼"或"起诉"相联系的。所以"诉权"指的主要是"起诉权"。

（2）规范性司法文件中的诉权概念

"诉权"概念，不仅体现于最高人民法院制作的司法解释中，而且还大量出现在最高人民法院印发的准司法解释性质的规范性司法文件中。有的是"诉权"出现在文件名称上，更多的则呈现于文件的内容之中。

其中，文件名称使用"诉权"的主要有：

《最高人民法院关于依法保护行政诉讼当事人诉权的意见》（法发〔2009〕54号）明确指出该文件的制定目的是"为不断满足人民群众日益增长的司法需求，切实解决行政诉讼有案不收、有诉不理的问题，现就进一步重视和加强行政案件受理，依法保护当事人诉讼权利，切实解决行政诉讼'告状难'问题"。

《最高人民法院赔偿委员会关于人民法院作为赔偿义务机关与赔偿请求人就赔偿事项达成协议是否应制作赔偿决定书及是否需要交待

---

① 1999年11月24日最高人民法院审判委员会第1088次会议通过，2000年3月8日发布，自2000年3月10日起施行。

诉权问题的批复》（〔2001〕赔他字第 12 号）规定："赔偿义务机关违法行使职权，造成的损害事实存在，但损害的程度一时难以查清时，赔偿义务机关与赔偿请求人可就损害程度进行协商。协商达成协议后，经审查符合《中华人民共和国国家赔偿法》规定的，应当予以确认。赔偿义务机关仍需制作赔偿决定书，并且在赔偿决定书中向赔偿请求人交待诉权。"

文件内容包含"诉权"字样的主要有：

最高人民法院《关于全面推进以审判为中心的刑事诉讼制度改革的实施意见》（法发〔2017〕5 号）规定："4. 坚持程序公正原则，通过法庭审判的程序公正实现案件裁判的实体公正。发挥庭审在查明事实、认定证据、保护诉权、公正裁判中的决定性作用，确保诉讼证据出示在法庭、案件事实查明在法庭、诉辩意见发表在法庭、裁判结果形成在法庭。"

《最高人民法院关于防范和制裁虚假诉讼的指导意见》（法发〔2016〕13 号）规定："3. 各级人民法院应当在立案窗口及法庭张贴警示宣传标识，同时在'人民法院民事诉讼风险提示书'中明确告知参与虚假诉讼应当承担的法律责任，引导当事人依法行使诉权，诚信诉讼。""10. 在第三人撤销之诉、案外人执行异议之诉、案外人申请再审等案件审理中，发现已经生效的裁判涉及虚假诉讼的，要及时予以纠正，保护案外人诉权和实体权利；同时也要防范有关人员利用上述法律制度，制造虚假诉讼，损害原诉讼中合法权利人利益。"

《最高人民法院关于充分发挥审判职能作用为推进生态文明建设与绿色发展提供司法服务和保障的意见》（法发〔2016〕12 号）第24 条规定："发挥环境资源立案执行服务和保障功能。全面落实立案登记制改革要求，畅通立案渠道，切实保障诉权。"

《最高人民法院关于在人民法院工作中培育和践行社会主义核心价值观的若干意见》（法发〔2015〕14 号）规定："三、尊重保障人权。坚决落实宪法法律关于尊重和保障人权的各项规定，始终把尊重和保障人权作为人民法院的基本职责和任务。要最大限度地发挥司法的人权保障功能，坚持保障个人人权与集体人权、公民政治权利与经济社会文化权利、多数人权利与少数人权利的统一，更加重视运用司法手段保障公民的发展权和环境权益。在审判执行工作中，对人民法院依法应当受理的案件，要做到有案必立、有诉必理，切实保障当事人的诉权。要依法保障当事人和其他诉讼参与人对诉讼活动的知情权、陈述权、辩护权、代理权、申请权、申诉权等各项诉讼权利，不得滥用司法权力限制、剥夺或变相限制、剥夺。要加强对妇女、未成年人、老年人人权的司法保护，积极创造条件不断加大人权司法救济力度。要坚决落实罪刑法定、疑罪从无、非法证据排除等法律原则和制度，健全冤假错案有效防范、及时纠正机制，努力提高司法保障人权的效果和水平。""四、坚持平等保护。高度重视人民群众追求平等的热切期盼，认真研判不平等现象及其潜藏的社会风险，依法审理好当事人针对违法不平等对待提起的诉讼案件，敢于对违背法律和没有法律依据的各类不平等现象和做法亮剑说不，积极化解因社会不平等引发的矛盾冲突，促进社会稳定和谐，促进平等在发展中不断实现。要切实保障法律面前人人平等原则在司法活动中得到贯彻落实，努力为所有当事人创造平等的诉权实现条件和诉权实现机制。在刑事、民事、行政等诉讼活动中，要保障任何公民不因民族、种族、性别、职业、家庭出身、宗教信仰、教育程度、财产状况、居住期限等不同而在法律面前受到不平等对待。在刑罚执行、决定减刑、假释、暂予监外执行等工作中，要坚持严格依法办事，决不允许任何人享有法外特权。在涉外案件审判执行中，要平等保护中外当事人合法权益。"

最高人民法院《人民法院第四个五年改革纲要（2014—2018）》（法发〔2015〕3号）在"建立以审判为中心的诉讼制度"部分规定："建立中国特色社会主义审判权力运行体系，必须尊重司法规律，确保庭审在保护诉权、认定证据、查明事实、公正裁判中发挥决定性作用，实现诉讼证据质证在法庭、案件事实查明在法庭、诉辩意见发表在法庭、裁判理由形成在法庭。""17.改革案件受理制度。变立案审查制为立案登记制，对人民法院依法应该受理的案件，做到有案必立、有诉必理，保障当事人诉权。加大立案信息的网上公开力度。推动完善诉讼收费制度。"

《最高人民法院关于进一步做好司法便民利民工作的意见》（法〔2014〕293号）第6条规定："健全方便立案的新机制。根据人民群众的需求和审判工作的实际需要，积极推进立案登记工作，对人民法院依法应该受理的案件，做到有案必立、有诉必理，切实保障当事人诉权。做好预约立案工作，积极为行动不便的伤病患者、残疾人、老年人、未成年人等提供立案、送达、调解等方面的便民服务，方便当事人诉讼。"

《最高人民法院关于切实践行司法为民大力加强公正司法不断提高司法公信力的若干意见》（法发〔2013〕9号）第22条规定："切实保障当事人行使诉讼权利。贯彻尊重和保障人权原则要求，切实保证当事人依法自由表达诉求，充分陈述理由，适时了解审判进程，批评、控告侵犯诉权行为等权利。尊重当事人的程序选择权，对依法可以由当事人自主或协商决定的程序事项，应当尽量让当事人自主或协商决定。加强对法律适用的解释、程序问题的释明和裁判活动的说理，裁判文书要认真对待、全面回应当事人提出的主张和意见，具体说明法院采纳或不采纳的理由及依据。在诉讼过程中，对当事人提出的申请或质疑，应及时给予回应并说明理由。"

最高人民法院《关于人民法院加强法律实施工作的意见》（法发〔2011〕11号）第（四）条规定："规范立案工作，切实解决诉讼难。严格依法立案，保障当事人诉权的实现；规范诉讼管辖秩序，推动完善提级管辖和指定管辖制度；加强立案调解工作，推行远程立案，减轻当事人诉累；畅通申诉、申请再审渠道，依法保护当事人申诉、申请再审权利；强化群众观念，坚持源头治理，建立长效机制，坚持工作重心下移，建立健全信访风险评估、信访通报、多元化解、接访办理、信访终结等涉诉信访工作机制，提高依法处访能力；建立充实涉法涉诉救助资金，完善救助制度，促进息诉罢访。"第（七）条规定："加强行政审判工作，保障行政法律正确实施。切实加强行政诉权保护，依法受理行政诉讼案件，畅通行政诉讼救济渠道；认真落实合法性审查原则，支持和监督行政机关依法行政，保障行政相对人合法权益；加大行政诉讼案件和非诉行政执行案件的协调力度；规范行政行为司法审查标准和程序，加强行政审判形势分析和信息反馈，促进法治政府的建立；加强行政审判司法建议工作，促进公共政策的完善。"

《最高人民法院关于新形势下进一步加强人民法院基层基础建设的若干意见》（法发〔2011〕4号）第7条规定："进一步方便人民群众诉讼。完善功能设置，规范工作制度，努力把立案信访窗口建成'为民之窗、文明之窗、和谐之窗、公信之窗'。巩固和完善人民法庭直接立案工作机制，着力解决当事人立案不便困难。更加充分发挥简易程序制度功能，做好小额案件速裁机制试点工作，加大司法救助工作力度，让人民群众行使诉权更加便捷，实现权益更加及时，感受司法公正高效更加真切。"

《最高人民法院关于依法做好甘肃舟曲等地区抢险救援和恢复重建期间审判工作切实维护灾区社会稳定的通知》（法〔2010〕271号）第7条规定："在灾后重建期间，对于当事人起诉到人民法院的案件，符合受理条件的，应当及时立案，切实保障当事人诉权的实现。"

《最高人民法院关于审理涉及金融不良债权转让案件工作座谈会纪要》（法发〔2009〕19号）第五部分"关于国有企业的诉权及相关诉讼程序"中有如下表述："会议认为，为避免当事人滥用诉权，在受让人向国有企业债务人主张债权的诉讼中，国有企业债务人以不良债权转让行为损害国有资产等为由，提出不良债权转让合同无效抗辩的，人民法院应告知其向同一人民法院另行提起不良债权转让合同无效的诉讼；国有企业债务人不另行起诉的，人民法院对其抗辩不予支持。"

《最高人民法院关于当前经济形势下知识产权审判服务大局若干问题的意见》（法发〔2009〕23号）第12条规定："加强诉权保护，

畅通诉讼渠道。依法加强诉权保护，凡符合受理条件的起诉均应及时受理；凡经权利人明确授权代为提起诉讼的律师，均可以权利人的名义提起诉讼，并考虑境外当事人维权的实际，不苛求境外权利人在起诉书上签章。结合知识产权审判实际，完善各种诉讼制度，简化救济程序，积极施行各项便民利民措施，增强司法救济的有效性。"第13条规定："完善确认不侵权诉讼制度，遏制知识产权滥用行为，为贸易和投资提供安全宽松的司法环境。继续探索和完善知识产权领域的确认不侵权诉讼制度，充分发挥其维护投资和经营活动安全的作用。除知识产权权利人针对特定主体发出侵权警告且未在合理期限内依法提起诉讼，被警告人可以提起确认不侵权诉讼以外，正在实施或者准备实施投资建厂等经营活动的当事人，受到知识产权权利人以其他方式实施的有关侵犯专利权等的警告或威胁，主动请求该权利人确认其行为不构成侵权，且以合理的方式提供了确认所需的资料和信息，该权利人在合理期限内未作答复或者拒绝确认的，也可以提起确认不侵权诉讼。探索确认不侵犯商业秘密诉讼的审理问题，既保护原告的合法权益和投资安全，又防止原告滥用诉权获取他人商业秘密。"

《最高人民法院关于充分发挥行政审判职能作用为保障和改善民生提供有力司法保障的通知》（法〔2008〕125号）规定："各级人民法院要主动适应和不断满足人民群众的新要求、新期待，加大行政相对人诉权的保护力度，切实解决行政案件应当受理而不受理，或者不依法及时受理，导致行政相对人'告状难'的问题。"

《最高人民法院关于依法做好抗震救灾恢复重建期间民事审判和执行工作的通知》（法〔2008〕164号）第3条中规定："在灾后重建期间，对于当事人起诉到人民法院的案件，符合立案条件的起诉，尤其是宣告失踪、宣告死亡以及对灾区输出农民工追讨劳动报酬等纠纷，应当及时立案，切实保障当事人诉权的实现。"

《最高人民法院关于加强和改进行政审判工作的意见》（法发〔2007〕19号）第6条规定："按照新形势和新任务的要求，当前行政审判工作还存在一些不相适应的问题和薄弱环节：一是有些法院的领导对行政审判工作重要性的认识还不够高，没有摆到应有的工作议事日程上来，导致少数法院行政审判机构不健全，审判力量不足，队伍不够稳定，审判人员整体素质不高；二是有的认为行政审判难度大、风险大，怕得罪政府或有关行政机关，不敢行使司法监督权，或是明知行政行为违法，却违心裁判，矛盾上交。也有些法院热衷于办理非诉行政执行案件，不愿受理和审理行政诉讼案件；三是有些行政案件的质量还不高，个别案件久拖不结，影响了当事人合法权益的实现；四是非法干预行政审判的现象在一些地方还不同程度地存在，对当事人诉权加以限制的'土政策'还没有彻底清除；五是对行政审判领域出现的新情况、新问题调查研究不够，等等。这些问题影响了行政诉讼法的贯彻实施，损害了司法权威和公正形象，制约了行政审判职能作用的发挥，必须引起高度重视，切实加以解决。"第9条规定："各级人民法院要始终坚持'公正与效率'主题，坚持审判实践中的成功经验和有效做法，切实保证和不断提高行政审判的质量和效率。要全面理解和正确执行行政诉讼法和相关司法解释的规定，加大相对人诉权的保护力度，依法受理涉及公民人身权、财产权的行政案件，依法受理与人身权、财产权密切相关的其他经济社会权利的行政案件。要切实解决行政案件应当受理而不受理，或者不依法及时受理，导致行政相对人'告状难'的问题；切实解决应当撤销违法行政行为而违心迁就、违法办案，损害当事人利益的问题；切实解决一些案件审判效率不高，审判周期过长，久拖不结的问题。上级法院要加大对下级法院审理行政案件的监督力度，对不履行行政审判职责和违法办案的行为，要坚决依法予以纠正，对于造成恶劣影响的典型案件要给予通报和严肃处理。"第19条规定："正确处理行政诉讼案件和民事诉讼案件交叉的问题。要区别责任发生的时间、法律对责任实现顺序是否有专门规定，以及是否涉及国家利益、公共利益，审慎解决民事责任和行政责任的冲突。要立足我国社会主义初级阶段的国情，既重视保障民事受害人的及时有效救济，也要兼顾行政与民事两种赔偿责任承担的基本公平。对选择民事或行政救济途径法律规定不明确的，要加强法院内部的沟通协商，不轻易否定起诉人的行政诉权或民事诉权。如争议的民事法律关系是行政行为合法的基础性前提性事实和主要构成要件的，应当先行中止行政诉讼，等候民事诉讼的判决结果。反之则可以行政诉讼先行。不同审判庭或者法院之间应当主动加强沟通协调，不得各行其是。"

《最高人民法院关于全面加强知识产权审判工作为建设创新型国家提供司法保障的意见》（法发〔2007〕1号）规定："16. 禁止知识产权权利滥用。准确界定知识产权权利人和社会公众的权利界限，依法审查和支持当事人的在先权、先用权、公知技术、禁止反悔、合理使用、正当使用等抗辩事由；制止非法垄断技术、妨碍技术进步的行为，依法认定限制研发、强制回授、阻碍实施、搭售、限购和禁止有效性质疑等技术合同无效事由，维护技术市场的公平竞争；防止权利人滥用侵权警告和滥用诉权，完善确认不侵权诉讼和滥诉反赔制度。"

《最高人民法院关于增强司法能力提高司法水平的若干意见》（法发〔2005〕4号）第10条规定："要特别注意解决好涉诉信访问题，牢固树立'群众利益无小事'的观念，耐心听取来访群众的诉求，充分尊重、平等保护当事人的诉权，切实维护人民群众的利益，对来访群众体现社会主义人文关怀。努力增强涉诉信访接待处理能力，充分发挥审判监督工作的司法救济功能，坚持依法办事、按照政策办事的原则，既依法维护群众的正当权益，又要对个别有意扰乱社会秩序的不法分子坚决予以严肃处理。"

《最高人民法院关于进一步加强行政审判工作的通知》（法〔2004〕33号）第3条规定："积极开展行政审判制度创新。行政审判具有不同于其他审判工作的特殊性。各级法院要按照人民法院司法改革的总体部署，根据行政审判工作的特点和规律，积极改革和创新行政审判制度和工作机制，加强诉权保护，完善诉讼程序，强化行政审判的亲民便民措施，有效地推动各项工作的深入开展，争取短期内使行政审判工作上一个新台阶。"

《最高人民法院关于委托高级人民法院向当事人送达预交上诉案

件受理费等有关事项的通知》（法〔2004〕222 号）规定："为提高最高人民法院第二审民事、行政案件立案工作效率，保障当事人的诉权，方便当事人诉讼，最高人民法院实行委托高级人民法院向当事人送达《当事人提起上诉及预交上诉案件受理费有关事项的通知》制度。"

最高人民法院《关于落实 23 项司法为民具体措施的指导意见》（法发〔2003〕20 号）第 13 条"依法审理行政案件，为行政机关整治地区封锁和部门行业垄断行为提供司法保障"的具体内容中规定："各级人民法院要依法保护公民、法人和其他组织的诉权，促进行政机关依法行政，克服地方保护主义。对涉及行政机关整治地区封锁和部门行业垄断的案件加快审理，及时结案，防止违法行为者利用诉讼程序阻挠行政机关依法行政。"

《最高人民法院关于任彦琦与李延滨等货物运输协议纠纷一案的复函》（〔2001〕民监他字第 27 号）表述为："本案货物已由承运人在中途交给托运人处理，运输已终结，货物损失应由托运人与承运人双方结算；收货人李延滨对该运输货物的权利尚未开始，在该运输合同中亦无实际损失，故其不享有本案诉权。"

《最高人民法院关于行政案件受理问题的复函》（法行函〔1989〕11 号）答复意见为："人民法院审理行政案件，由于新的行政法规取代旧的行政法规，旧法规未规定当事人不服行政机关的处罚和其他处理决定可以向人民法院起诉，新法规规定可以向人民法院起诉。如果当事人的行为发生在新法规实施之前，行政机关的处罚或处理决定又在新法规实施之后，当事人不服行政机关的处罚或处理决定，在法定诉讼时效内向人民法院起诉的，按照新的程序法规范生效之后必须遵循的原则，为保护公民、组织的诉权，人民法院予受理。"

《最高人民法院关于孙秀云等九人诉青岛市崂山风景区管理委员会赔偿纠纷一案的复函》（〔1996〕民他字第 3 号）中表述："经研究认为：当事人的争议属于民法调整范围，山东省及青岛市两级安全生产管理部门虽作了处理，但当事人仍依法享有诉权，人民法院应予以受理。"

《最高人民法院关于对中外合资经营企业对外发生经济合同纠纷，控制合营企业的外方与卖方有利害关系，合营企业的中方应以谁的名义向人民法院起诉问题的复函》（法经〔1994〕269号）中表述："经研究认为，长丝厂可在合营企业董事会不作起诉的情况下行使诉权，人民法院依法应当受理。"

《最高人民法院经济审判庭关于人民法院是否受理建筑安装工程分包合同纠纷问题的复函》（法经〔1992〕154号）中表述："城乡建设环境保护部1986年发布的《建筑安装工程总分包实施办法》第四条规定，当事人双方'可提请城乡建设主管部门调解或向经济合同仲裁机关申请仲裁'，并不是'必须'或者'只能'提请调解或申请仲裁，而且该实施办法只是部门规章，人民法院不能据以剥夺当事人的诉权。因此，总分包单位因分包合同发生纠纷向人民法院起诉，只要符合民事诉讼法第一百零八条规定的起诉条件的，人民法院应予受理。"

《最高人民法院关于审理行政赔偿案件若干问题的规定》（法发〔1997〕10号）第24条规定："赔偿义务机关作出赔偿决定时，未告知赔偿请求人的诉权或者起诉期限，致使赔偿请求人逾期向人民法院起诉的，其起诉期限从赔偿请求人实际知道诉权或者起诉期限时计算，但逾期的期间自赔偿请求人收到赔偿决定之日起不得超过一年。"

最高人民法院《全国民事案件审判质量工作座谈会纪要》（法〔1999〕231号）中表述："没有程序公正，当事人的诉权本身就得不到保障，也就谈不上实体公正的问题。"

《最高人民法院赔偿委员会关于公安机关以证据不足予以释放当事人申请国家赔偿人民法院赔偿委员会应当受理的复函》（〔1998〕赔他字第17号）答复意见第3条表述为："本案复议机关已给申请人诉权，绍兴市中级人民法院赔偿委员会应当受理，并依法作出赔偿决定。"

《最高人民法院赔偿委员会关于复议机关未尽告知义务致使赔偿

请求人逾期申请人民法院赔偿委员会应当受理的批复》（〔2001〕赔他字第 8 号）中表述："复议机关受理案件后，逾期不作决定，也未告知赔偿请求人逾期可以向复议机关所在地的同级人民法院赔偿委员会申请作出赔偿决定的诉权，造成赔偿请求人逾期申请赔偿的过错在复议机关，不能因为复议机关的过错而剥夺赔偿请求人的诉权。根据《国家赔偿法》第三十二条的规定，赔偿请求人请求国家赔偿的时效为 2 年，赔偿请求人逾期后在法定时效 2 年内向人民法院赔偿委员会申请作出决定的，人民法院赔偿委员会应当受理。"

从上述规范性司法文件可以看出，最高司法机关更多时候是将诉权与法院的立案工作相联系，也有将"诉权"作为"诉讼权利"的统称或简称的情况。

（3）司法场域领导讲话中的"诉权"

中央主管司法工作的领导和法院系统的领导讲话中提及"诉权"的主要有：

2007 年 1 月 5 日，时任中共中央政治局常委、中央政法委书记罗干同志在第七次全国民事审判工作会议上的讲话中，提到："民事审判工作是维护社会公平正义、促进社会和谐的重要手段。没有社会公平正义，就没有社会和谐。进一步加强民事审判工作，确保广大人民群众通过民事诉讼依法行使诉权，保证人民群众平等参与诉讼活动，确保有理有据的人打得赢官司，确保一切有利于人民幸福和社会和谐的行为都能得到司法裁判的认可，一切有利于经济发展和社会进步的民事法律行为都能得到司法裁判的支持，一切有利于社会财富增加的创造才能和创造成果都能得到司法裁判的保护，确保司法公正，才能不断增加和谐因素，不断减少不和谐因素，不断促进社会和谐。"罗干同志讲话中的"诉权"与"保障人民群众平等参与诉讼活动"同时并列，似乎此处"诉权"所指为"诉讼权利"。

2007 年 12 月 26 日，时任最高人民法院院长肖扬在第十九次全国法院工作会议上的讲话《努力建设公正高效权威的社会主义司法制度为实现党的十七大战略部署提供有力司法保障》四次使用了"诉权"

一词。其表述为："坚持平等、便利、有序相统一，是维护当事人诉权的重要保障。诉权是当事人寻求国家司法救济的起点，而立案是人民法院接受当事人诉求的窗口。诉权行使是否便利，立案窗口是否畅通，法院管辖是否有序，关系到每一位涉诉当事人的切身利益。为此，最高人民法院充分发挥司法的保障功能，畅通诉讼渠道，加强司法救助，使贫困者打得起官司，保障当事人合理诉求的实现。发挥立案自身的过滤功能，准确依法立案，防止诉权滥用造成司法资源的浪费。"肖扬的讲话显然是将诉权与立案直接相联系，关注的重心是起诉权问题。

2008年2月19日时任最高人民法院副院长曹建明在第二次全国法院知识产权审判工作会议上的讲话《求真务实 锐意进取 努力建设公正高效权威的知识产权审判制度》中讲到："为切实解决'申诉难'问题，保障当事人合法权益，维护司法公正，民事诉讼法修正案对于再审申请和审判监督程序进行了重要的制度创新，主要是对于当事人申请再审权利进行了诉权化改造，提高了受理再审申请法院的层级，细化了申请再审事由，明确了审查处理程序，规定了再审申请的审查期限等。"曹建明讲话中提到的"对于当事人申请再审权利进行了诉权化改造"应是指申请再审权利作类似于"起诉权"的制度改造。

2. 地方司法文件

截至2017年5月21日，"北大法宝"数据库中地方司法文件在标题中含"诉权"字眼的有三个，即北京市高级人民法院《关于北京法院落实立案登记制改革 保障当事人诉权的指导意见》（2015年6月17日发布实施）、《江苏省高级人民法院关于依法及时保障当事人诉权的规定》（苏高法〔2013〕279号）和《北京市第二中级人民法院关于在审判中保障当事人平等行使诉权的意见（试行）》（2002年3月12日发布实施）。在内容中含"诉权"的有70余件。主要有以下几种情况：（1）将"诉权"用作"诉讼权利"的简称；（2）将诉权与法院立案工作或者案件受理直接相联系；（3）将诉权与起诉相联系；（4）将"诉权"与"申请复议权"并列；（5）诉权即司法救济权。

（1）将"诉权"用作"诉讼权利"的简称。这类文件具体包括：

《北京市第二中级人民法院关于在审判中保障当事人平等行使诉权的意见（试行）》（2002年3月12日）要求"结合审判实践经验，以时间对等的形式充分保障当事人平等行使诉权"。

《山东省高级人民法院、山东省司法厅、山东省律师协会关于在商事诉讼中建立规范法官与律师相互关系工作机制的意见》（鲁高法〔2011〕301号）第6条规定："工作机制的内容主要是加强正常的工作沟通和联络，加强互相监督，同化司法理念，探索创新社会矛盾化解方式，确保司法公正。工作中的互动交流应侧重法律程序，突出信息公开、诉权保障等。"

《银川市中级人民法院关于深化为大局服务依法保护和服务非公有制经济发展的意见》（银中法〔2013〕45号）第3条规定："要依法公正审理好'两区'建设中发生的涉及非公有制经济主体的纠纷，保证其合法诉权。依法及时审理涉及非公有制经济的买卖、借款、建筑、加工承揽等合同纠纷案件，及时慎重处理用工、劳资、社保纠纷，以及用地、用水、用电等纠纷，保障和促进非公有制经济守法、诚信经营。加强对涉及非公有制经济的税收、工商管理、质量监督、行政收费、海关监管等行政案件的审理，认真审查具体行政行为的合法性，依法制止对非公有制企业的乱摊派、乱收费、乱罚款以及侵犯企业经营自主权的行为。"

《北京市高级人民法院关于在民事审判工作中贯彻执行〈民事诉讼法〉的参考意见》（京高法发〔2012〕413号）[1] 第2条规定："积极稳妥贯彻落实新法。要把握好三个原则，一是全面原则。这次《民事诉讼法》修改是一次全面修改，既有对当事人诉权保护的内容，也有规范人民法院审判执行工作程序的内容，还有加强对审判执行工作

---

[1] 2012年12月26日印发，2013年1月1日起实施。

法律监督的内容。全市法院广大民事法官，应当全面把握这次《民事诉讼法》修改的指导思想和各项内容，深刻理解每一项新制度、新规定，全面贯彻落实好修改后《民事诉讼法》。二是区分原则。对于新增加的诉讼制度和修改内容，要区分实践中的不同情况，把握好适用的原则和要求：对于促进民事诉讼顺利开展，有利于当事人诉权保障，并具备执行条件的内容，要坚决贯彻执行，努力维护司法权威，提升司法公信；对于新增加的诉讼制度和修改的重大制度，需要进一步细化操作程序，明确适用标准的，要按照谨慎把握，先行先试，逐步推开的思路，不断积累经验，妥善适用；对于涉及到其他有关部门工作职责的内容，要加强事先沟通，完善工作机制，平稳推进，共同落实。三是统筹原则。《民事诉讼法》修改涉及立案、一审、二审、再审和执行等各项制度，涉及案件的各个环节，也涉及各民事审判庭室和立案、审监、执行等部门，因此要做好与相关审判部门的协调、统筹工作。"

《北京市高级人民法院审理民商事案件若干问题的解答之五（试行）》（京高法发〔2007〕168 号）所附《关于〈审理民商事案件若干问题的解答之五（试行）〉的说明》中"问题解答 14"规定："被告经法院合法传唤未出庭应诉的，是其对自己诉讼权利的放弃。被告放弃诉讼权利的利益应归于另一方，即原告。但对原告提供的证据，法院应按照《民事诉讼法》规定的法定程序，全面、客观审查核实，而且对证据的判断应当达到'高度盖然性'的标准。在审判实践中，有的法官基于被告不出庭应诉是放弃抗辩权的理由，不对原告提供的证据进行审查，直接认定原告的主张成立，这是不对的。被告不出庭答辩虽然放弃了抗辩权等诉权，但并不当然构成被告对原告所主张事实的承认。"

《绵阳市中级人民法院案件质量评查标准》① 第 12 条 "庭审中错"的第 2 项为 "未能平等保护双方当事人诉权，造成一定影响的"；

---

① 2005 年 8 月 25 日绵阳市中级人民法院审判委员会第 27 次会议通过。

第13条"庭审大错"第3项为"未能平等保护当事人诉权,造成较严重影响的"。

《绵阳市中级人民法院案件质量评查办法及责任》① 第20条将案件差错区分为"程序方面的差错""庭审中的差错""实体方面的差错""执行方面的差错""文书方面的差错"。其中"庭审中的差错"又对小错、中错和大错作了界定,"小错指存在程序瑕疵,不会因此小错导致案件发回,当事人诉权没有受到影响,责任由承办人承担;中错指比较严重的程序错误和对重要证据未进行质证、认证,可能导致案件发回和影响当事人诉权和利益的由审判长、承办人根据过错承担相应责任;大错指严重的程序错误和主要证据未进行质证、认证导致事实认定错误的由审判长、承办人根据过错承担相应责任"。

(2) 将诉权与法院立案或案件受理直接联系。这类规定主要有:

《江苏省高级人民法院关于依法及时保障当事人诉权的规定》开篇交代了文件制定的目的"为进一步畅通立案渠道,切实保障当事人的合法诉权"。

《江苏省高级人民法院、江苏省人民检察院关于依法办理环境保护案件若干问题的实施意见》② 第14条规定:"规范立案程序,充分保护当事人诉权。认真落实《最高人民法院关于依法保护行政诉讼当事人诉权的意见》,依法受理环境保护行政案件,对符合立案条件的,应当在法定期限内立案受理,不得以任何方式拖延案件的受理。对于情况紧急、可能会造成严重污染环境后果的,应当及时立案受理。"

《上海市高级人民法院关于进一步加强和改进立案工作的意见》③ 第1条规定:"依法保障诉权。充分维护人民群众诉讼权利,努力消除人民群众诉讼障碍,对符合起诉条件的应当依法予以立案。不得为

---

① 2005年8月25日绵阳市中级人民法院审判委员会第27次会议通过。

② 2013年10月21日江苏省高级人民法院审判委员会2013年第25次会议、2013年11月1日江苏省人民检察院检察委员会2013年第11次会议通过。

③ 2013年10月28日发布实施。

片面追求审判质效数据排名，以任何理由在年底、月底不立案或限制、拖延立案。"

《北京市高级人民法院关于为首都生态文明和城乡环境建设提供司法保障的若干意见》（京高法发〔2013〕139 号）① 第 3 条规定："积极稳妥做好案件受理工作。生态文明和城乡环境建设活动历史遗留问题多，政策性强，法律关系复杂，由此引发的纠纷需要妥善应对。各级法院立案部门要按照规定加强立案审查，对于符合法定起诉条件的案件，要充分保障当事人诉权，依法及时立案；对于不符合起诉条件或者不属于法院主管的问题，在依法作出处理前，应向起诉人说明原因，告知其依法解决问题的途径；对于政策性、敏感性强，难以单纯通过诉讼解决问题的争议，要慎重对待和处理，尽可能协调当地党委、政府将矛盾化解在诉前。各级法院立案部门要加强与审判部门在案件受理环节的沟通会商，共同做好重大疑难案件的受理工作。"

《北京市法院一审案件移送工作规范（试行）》（京高法发〔2012〕219 号）② 第 1 条规定："坚持依法审查和保障当事人诉权并重原则，正确及时处理案件管辖问题。" 第 4 条规定："深化立案诉讼服务改革，加强立案审查。建立双方当事人参与的诉讼式立案审查方式，加大当事人诉权保障力度，严格审查各类案件的受理条件，对符合立案条件的案件，依法及时立案，对不符合立案条件的案件，裁定不予受理。" 这两个条文都是针对法院案件管辖而言的，对接的问题是法院立案管辖问题，所以说，重心在于当事人的起诉权。

《北京市高级人民法院关于进一步推进司法公开的意见》（京高法发〔2011〕146 号）③ 第一部分 "立案公开" 中第 1 条规定："全面推广立案诉讼服务改革。在依法保障当事人诉权的基础上，加强诉讼

---

① 2013 年 5 月 6 日发布实施。

② 2012 年 7 月 9 日北京市高级人民法院审判委员会第 10 次会议讨论通过，2012 年 7 月 10 日北京市高级人民法院印发实施。

③ 2011 年 4 月 18 日发布实施。

指引和诉讼风险提示，引导当事人合理选择诉讼外纠纷解决方式，积极开展立案调解和协调工作，加大诉讼源头矛盾化解工作力度，促使纠纷在立案之前得到解决，减轻当事人诉讼负担。"

《广东省高级人民法院关于严格落实最高人民法院〈关于行政案件管辖若干问题的规定〉的通知》（粤高法发〔2011〕59号）[①]明确规定了该通知的制定源于"为了加强对行政相对人诉权的保护，确保人民法院独立公正审判行政案件，进一步规范行政案件的管辖立案工作，根据最高人民法院《关于行政案件管辖若干问题的规定》（法释〔2008〕1号，以下称《管辖规定》）和最高人民法院《关于认真贯彻执行〈关于行政案件管辖若干问题的规定〉的通知》（法发〔2008〕7号）精神，结合本省贯彻执行《管辖规定》的实际情况"。

《北京市法院立案窗口工作规范（试行）》[②]除第1条规定"立案工作基本要求。保障当事人依法行使诉权；便利人民群众诉讼；确保立案质量，提高立案效率"外，在所附《关于北京市法院立案窗口工作规范的说明》规定"本规范的指导思想是：深入贯彻落实'为大局服务、为人民司法'工作主题，进一步规范立案窗口工作，增强服务意识，完善司法为民、便民举措，全面提升立案工作水平。同时确立了保障当事人依法行使诉权；便利人民群众诉讼；确保立案质量、提高立案效率三项立案工作基本要求"，同时在"主要内容"的说明中指出"明确不得因起诉要件以外的瑕疵、支持诉讼请求的证据不充分为由拒绝立案，确保当事人的诉权"。

《长沙市中级人民法院关于着力推进司法公开的工作意见》[③]第9条规定："严格执行各类案件的立案条件，保护当事人的诉权，及时将案件受理审查情况告知当事人，并将相关法律文书依法送达当事人。"

---

① 2011年12月23日发布，2012年1月1日实施。
② 北京市高级人民法院2009年11月24日发布实施。
③ 2011年4月29日发布实施。

《浙江省高级人民法院、浙江省司法厅关于进一步加强诉调衔接机制建设的若干规定（试行）》（浙高法发〔2009〕8号）①第7条规定："人民法院在立案接待时，要对当事人进行诉讼指导，告知诉讼程序，提示诉讼风险，主动宣传人民调解的优势和特点，并根据案件类型、特点，在保障当事人诉权的前提下，引导当事人合理选择纠纷解决方式。"

《广东省高级人民法院立案庭、行政庭关于行政案件立案受理有关问题的意见（试行）》（粤高法立字〔2004〕第24号）②规定："为进一步加强对当事人诉权的保护，依法正确受理行政案件，依照《中华人民共和国行政诉讼法》和有关司法解释的精神，结合全省行政案件立案工作的实际情况，制定本意见。"

《广东省高级人民法院关于行政案件管辖若干问题的意见（试行）》（粤高法〔2008〕161号）③第5条规定："根据《管辖规定》④第三条的规定，受诉基层人民法院在7日内未立案也未作出裁定，当事人可以持受诉人民法院的诉讼材料收据或者邮寄凭证等，直接向中级人民法院起诉。中级人民法院收到起诉状后应当及时向受诉人民法院了解情况并在7日内依法作出处理，防止推诿和重复受理，切实保护当事人的诉权。"

《北京市高级人民法院关于规范立案调解工作的意见（试行）》第2条"立案调解应当遵循以下原则"中第1项为"当事人自愿原则"，具体规定为："立案调解程序的启动、调解的进行、调解协议的达成均应坚持当事人自愿原则，不得强迫、诱导当事人接受调解，不得侵犯当事人诉权。"

---

① 2009年8月18日发布实施。

② 2004年12月16日发布。

③ 2008年5月14日发布实施。

④ 这里《管辖规定》指最高人民法院（法释〔2008〕1号）发布的《关于行政案件管辖若干问题的规定》。

　　《江苏省高级人民法院关于深入推进民生案件审判工作的意见》①
第 6 条规定："妥善审理好劳动争议案件，依法维护劳动者和用人单
位的合法权益。进一步规范劳动争议案件的受理范围，保障劳动者诉
权。对因用人单位未办理社会保险手续且无法补办，导致劳动者损失
的，人民法院应当依法受理。高度重视拖欠工资，特别是拖欠农民工
工资案件审判和执行工作，加大审理工作力度，完善诉讼'绿色通
道'机制，确保劳动者，特别是农民工能够及时足额获得报酬。依法
保障用人单位正常的经营管理权。用人单位的规章制度经法律规定的
民主程序制定并公示，且不违反法律、行政法规的强制性规定的，应
当作为确定劳动者和用人单位权利义务的依据。依法审理好涉及养
老、失业、医疗、工伤和生育保险等人力资源和社会保障类行政案
件，在社会保险费用和工人工资的金额认定方面，合理分配举证责
任，准确把握证明标准。"第 20 条规定："深化诉讼服务中心建设，
完善便民诉讼机制。要不断加强全省法院的诉讼服务中心、诉讼服务
站'一体化、规范化、标准化、品牌化'建设，努力把诉讼服务中
心、诉讼服务站建成集诉讼服务、诉前调解、诉调对接、立案受理、
司法确认、案件速裁等职能为一体的'门诊式'综合服务机构。健全
民生案件'绿色通道'，大力开展电话立案、口头立案、网上立案、
预约立案、假日立案、上门立案等工作，方便当事人行使诉权。通过
向当事人发放诉讼指南、《诉讼风险告知》等宣传资料，引导当事人
依法维权。进一步完善'四位一体'信息查询系统，将诉讼指南、诉
讼费用、审理期限、案件管辖、庭审程序、风险提示、司法救助等信
息向社会公开。"

　　《福建省高级人民法院关于实施依法治省决议的方案》② 第 5 条规
定："认真审理行政案件，促进依法行政。坚持行政诉讼法规定的立
案条件，依法受理各类行政诉讼案件，切实保护当事人的诉权；紧紧

围绕审查具体行政行为合法性这个关键环节，落实被告的举证责任，维护和监督行政机关依法行使职权。切实贯彻国家赔偿法，进一步加强国家赔偿审判工作，有效地保护赔偿请求人的合法权益。"

《江苏省高级人民法院关于进一步加大知识产权司法保护力度促进提高自主创新能力的意见》① 第二部分专门规定了"严格保护诉权，依法界定知识产权案件受理范围"。

（3）将"诉权"与"起诉"直接相联系。这类文件主要有：

《湖南省高级人民法院关于审理涉及网络的著作权侵权案件若干问题的指导意见》（湘高法发〔2011〕15号）② 第10条规定："著作权集体管理组织以自己名义起诉的，法院应予支持。著作权集体管理组织的会员以自己名义起诉，在审查其与诉讼主体资格是否受到限制问题时，必须审查其与著作权集体管理组织订立的著作权集体管理合同是否对诉权的行使作出明确的约定。如授权合同中未对诉权作出约定，会员行使诉权不受限制。会员以自己的名义起诉的案件，著作权集体管理组织出具证明同意其会员以自己名义起诉的，应予支持。"

《北京市高级人民法院关于审理收容审查、劳动教养等行政案件有关问题的意见（试行）》③ 第1条第（1）项规定："公安机关已告知起诉人诉权和诉讼期限，由于起诉人的原因超过诉讼期限的，人民法院不予受理。"第（2）项规定："因公安机关超出法定收审期限九个月以上，或者公民因人身自由受到限制，确实无法行使诉权的，可以在解除收审后三个月内向人民法院起诉。"第（3）项规定："劳动教养委员会、公安机关未告知起诉人诉权和起诉期限的，起诉期限从起诉人实际知道诉权和起诉期限时计算，但最长不得超过一年，这一年应从公安机关采取限制人身自由的行政强制措施时起算。"

---

① 2005年12月29日苏高法〔2005〕452号发布实施。

② 2011年5月5日发布。

③ 1994年3月4日北京市高级人民法院审判委员会讨论通过。

　　《重庆市人民检察院关于为社会主义新农村建设服务的意见》① 第四部分 "加大对涉农民事行政案件的法律监督力度，依法维护农民群众合法权益" 中规定，"依法保障进城务工农民的合法权益，对拖欠农民工工资等侵害农民工合法权益的案件，要支持有诉权的当事人向人民法院起诉"。

　　《上海市高级人民法院铁路货物运输合同损害赔偿若干问题的解答（一）》② 第四部分 "铁路货物运输合同损害赔偿案件中的原告界定" 部分规定："但托运人和收货人因在运输合同中享有的权利和承担的义务不同，一般在托运阶段发生的损害赔偿可由托运人行使诉权，而在货物交付阶段发生的纠纷可由收货人行使诉权。两者不能同时作为原告提起诉讼。"

　　《广东省高级人民法院关于审理侵犯音像著作权纠纷案件若干问题的指导意见》（粤高法发〔2009〕21 号）③ 三处提及 "诉权"。一是在第一部分的标题为 "一、诉权及原告资格的认定"。二是第 3 条规定："音乐作品的著作权人与中国音乐著作权协会之间存在授权管理协议，但未约定由中国音乐著作权协会行使诉权，著作权人以自己的名义起诉被控侵权行为人的，人民法院应当受理。" 三是第 19 条规定："在没有证据显示原告滥用诉权，故意提出不存在的巨额赔偿导致诉讼费不合理增加情形的，即使原告的赔偿请求没有得到全额支持，也可以判决被控侵权人承担全部或绝大部分诉讼费用。"

　　《北京市高级人民法院审理买卖合同纠纷案件若干问题的指导意见（试行）》（京高法发〔2009〕43 号）④ 所附《关于〈北京市高级人民法院审理买卖合同纠纷案件若干问题的指导意见（试行）〉的说

----

① 2006 年 3 月 31 日发布实施。

② 2007 年 6 月 21 日发布实施。

③ 2009 年 3 月 2 日发布实施。

④ 2008 年 12 月 15 日经北京市高级人民法院审判委员会第 23 次会议通过，2009 年 2 月 3 日发布实施。

明》中有关"第三十八条的理解与适用"规定："在审判实践中，对被告在诉讼中提出的主张究竟属于抗辩权还是请求权（反诉），分歧比较大，这直接关系到当事人诉权的行使和保护问题，本条指导意见所涉及的问题就比较典型。基本思路是，一般情况下，买受人的抗辩或主张如果有给付内容，属于请求权，应该通过反诉或者另诉解决，但要求解除合同是一种例外。减少价款抗辩或主张虽然有给付内容，但其是在出卖人所主张价款上的一种抵销，不具有新的给付内容，故应作为抗辩权内容对待。为便于一、二审法院审判思路的统一，理顺当事人诉请和抗辩的关系，在买受人只以对方违约进行抗辩，但未明确具体主张的，一审法院最好就此向买受人释明。本条指导意见之所以规定是'可以'，是考虑到具体案件中可能出现的个别情况，以及法官裁判尺度的正常弹性问题。"

（4）将"诉权"与"申请复议权"并列。这类规定主要有：

《北京市法院执行工作专项考核实施细则（试行）》（京高法发〔2013〕260号）① 第18条规定："不依法制发裁定，而以通知等其他方式告知异议审查结果，剥夺当事人、利害关系人、案外人的申请复议权或诉权的，每件案件扣1分。"

《北京市高级人民法院关于防范执行工作中渎职侵权行为的若干意见》（京高法发〔2012〕58号）② 附件《执行工作各环节主要渎职侵权风险点一览》中规定："（8）执行裁决：在追加变更执行主体、审查异议复议案件过程中，①违法追加或者变更执行当事人；②不依法受理当事人、利害关系人或案外人提出的异议；③不依法制发裁定，以通知等其他方式告知异议审查结果，剥夺当事人、利害关系人、案外人的申请复议权或诉权。"

《北京市高级人民法院关于对执行实施中关键节点进行风险防范

---

① 2013年7月25日发布实施。

② 2012年2月27日发布实施。

的意见（试行）》（京高法发〔2009〕364 号）① 中规定："节点 16：不依法制发裁定，而以通知等其他方式告知异议审查结果，剥夺当事人、利害关系人、案外人的申请复议权或诉权。""风险防范措施：执行法院审查异议后应当及时作出裁定，并在裁定中载明当事人、利害关系人、案外人的申请复议权或诉权；高级法院接到有关情况反映时，应当及时调查了解情况并予以处理。"

《江苏省高级人民法院关于做好修改后的〈中华人民共和国民事诉讼法〉施行后立案审判工作的讨论纪要》（苏高法审委〔2012〕10 号）② 第一部分"关于依法保护当事人的诉权"包括两条内容，即第 1 条"当事人依法向人民法院提起民事诉讼的，人民法院应当在七日内进行审查。经审查符合起诉条件的，必须立案受理"和第 2 条"当事人在 2013 年 1 月 1 日前提起诉讼，人民法院在 2013 年 1 月 1 日后经审查不符合起诉条件的，应当作出不予受理的书面裁定"。

《2011 年山东省高级人民法院关于印发全省民事审判工作会议纪要的通知》（鲁高法〔2011〕297 号）③ 第一部分"关于物权纠纷案件"中的"（九）关于业主委员会的诉权范围问题"规定："依据物权法和国务院《物业管理条例》的规定，业主委员会作为业主大会的执行机构，依法有权维护住宅小区全体业主的合法权益，在住宅小区业主的共同利益遭受损害时，有权代表全体业主向人民法院提起诉讼，即业主委员会具有民事主体和诉讼主体资格。依据《物权法》第 78 条、第 83 条的规定，业主委员会的诉权范围仅限于住宅小区内业主的共有权和共同管理权遭受损害的情形，业主的专有权受到侵害，应由业主主张权利。"

《北京市高级人民法院关于加强在行政审判中保护行政相对人合

---

① 2009 年 8 月 18 日发布实施。

② 2012 年 12 月 20 日发布实施。

③ 2011 年 12 月 2 日发布实施。

法权益的若干意见》（京高法发〔2009〕88号）① 第 2 条规定："制作全市法院统一的行政起诉状、上诉状等诉讼文书的标准格式文本及行政诉讼须知，供当事人在北京法院网上查询、下载，方便行政相对人诉讼，保证其正常行使诉权。"

《江苏省高级人民法院关于在当前宏观经济形势下充分发挥立案审判职能作用的指导意见》② 第 3 条规定："有效发挥立案审查过滤功能，严格依法立案。要严格遵守法律和司法解释的规定，准确把握案件受理条件，严把立案审查关。既要充分保障当事人正当行使诉权，又要切实防止因受理不慎、受理不当而引发的矛盾扩大化，纠纷复杂化。当前，要依法妥善受理婴幼儿奶粉事件引起的民事赔偿诉讼，依法积极受理涉及四川地震灾区群众的婚姻家庭、继承、宣告死亡、宣告失踪等案件，继续做好'三暂缓'案件的协调和指导工作，认真做好涉农案件的受理工作，高度重视因金融危机引发的企业破产、外商撤资、劳动争议案件的受理工作，为社会稳定和经济平稳较快发展提供良好的司法服务。对于不属于人民法院主管范围的涉及经济增长、改革发展全局的案件不予受理。"

《无锡市中级人民法院关于贯彻实施〈国家知识产权战略纲要〉的若干意见》③ 第 14 条规定："加强对当事人的诉讼指导，充分保障当事人行使诉权。统一编制知识产权诉讼指南，就知识产权案件收案范围、管辖、诉前临时措施的申请条件、举证要求和立案程序等内容进行公开。在诉讼过程中，要主动、公平、准确、适时地行使释明权，合理平衡当事人的诉讼能力，充分保障当事人的程序利益。在裁判作出后，对当事人的疑问，认真予以解答，辨法析理，使当事人充分理解裁判所依据的事实和法律。"

---

① 2009 年 3 月 9 日发布实施。

② 2009 年 2 月 26 日由江苏省高级人民法院审判委员会第 4 次全体委员会会议讨论通过。

③ 2008 年 12 月 2 日发布实施。

（5）诉权即司法救济权。这类文件主要有：

《南京市中级人民法院、南京市劳动争议仲裁委员会关于劳动争议案件仲裁与审判若干问题的指导意见》（宁中法〔2008〕238 号）①第 9 条规定："在同一案件裁决结果中既有终局裁决事项，也有非终局裁决事项的，仲裁委员会可在同一份裁决文书中表述，但终局裁决事项与非终局裁决事项应分开表述，分别注明属性，并告知当事人与之相对应的诉权及行使该诉权的期限。"

上海市高级人民法院《关于民事案件审理的几点具体意见》（沪高法民〔2000〕44 号）②有两处提及"诉权"。一处表述为："房屋被列入动拆迁地块不能成为影响当事人行使诉权的理由。动拆迁地块上发生的离婚、继承、析产纠纷，如果经审查符合民诉法规定的起诉条件的，人民法院应予受理。"另一处为："目前本市法院对受害人今后继续治疗费用的处理有两种做法：一种是完全不处理，保留诉权，等费用实际发生后再行起诉；另一种是征求医方意见后，确定今后治疗费用。"

《浙江省高级人民法院关于贯彻落实〈国家知识产权战略纲要〉，充分发挥司法保护知识产权主导作用的举措》（浙高法〔2008〕305 号）③第 18 条规定："防止知识产权滥用。在加大知识产权保护力度的同时，也要注意规制滥用权利的行为。要合理界定知识产权的界限，依法审查和支持当事人的在先权、先用权、现有技术、禁止反悔、合理使用、正当使用等抗辩事由。制止非法垄断技术、妨碍技术进步的行为，依法认定限制研发、强制回授、阻碍实施、搭售、限购和禁止有效性质疑等技术合同无效。完善确认不侵权之诉和滥诉反赔制度，防止权利人滥用侵权警告和滥用诉权。

---

① 2008 年 8 月 7 日南京市中级人民法院审判委员会第 23 次会议通过、2008 年 8 月 18 日南京市劳动争议仲裁委员会审议通过，2008 年 11 月 27 日发布实施。

② 2000 年 8 月 15 日发布实施。

③ 2008 年 11 月 14 日发布实施。

对于被控侵权人滥用中止诉讼权利的，可以责令被控侵权人提供适当的担保。"

《陕西省高级人民法院民二庭关于公司纠纷、企业改制、不良资产处置及刑民交叉等民商事疑难问题的处理意见》（陕高法〔2007〕304号）① 在第四部分"公司解散与清算"中规定："股东会决议解散或者公司被吊销营业执照均是公司的解散事由，一旦公司被决议解散或者吊销了营业执照，则意味着该公司已解散，该公司只存在解散后的组织清算问题。当事人再诉请法院判令解散公司的，属对公司的重复解散，也缺乏相应的诉权，其起诉依法应予驳回。"在第五部分"刑民交叉案件的处理"中规定："先刑后民并非审理民刑交叉案件的基本原则，而只是审理民刑交叉案件的一种处理方式。为保护当事人的民事诉权和实体权益，在涉及刑事案件的民商事案件审理过程中不应随便中止审理，更应当慎用驳回起诉。在先刑后民的情形下，也应注意解决因刑事案件久拖不决，民商事纠纷案件当事人的合法权益无法得到保护的问题。"

《北京市高级人民法院民二庭关于新〈公司法〉适用中若干问题的调查研究》② 第三部分"当前审理公司诉讼案件的困难和问题"中提及，"民事诉讼法规定的程序不能适应公司纠纷案件程序上的需求，公司纠纷案件程序适用困难。当前民事诉讼程序主要是针对侵权、合同等传统民商事纠纷作出的制度设计，对于公司诉讼纠纷这样一种新型案件如何适用程序存在诸多空白。一是新《公司法》中有些关于诉权的规定在民事诉讼法上无相应程序，如股东派生诉讼、公司解散和清算，这些案件的诉讼主体如何确定、审理程序又如何均无程序法上的规定……"

《安徽省高级人民法院关于诉前停止侵犯知识产权行为有关法律

---

① 2007年12月6日陕西省高级人民法院发布实施。
② 北京市高级人民法院2007年11月发布。

适用问题的实施意见》① 第 8 条规定："著作权上非专有使用权实施许可合同的被许可人与许可人、注册商标专用权及专利权上普通实施许可合同的被许可人与许可人之间有特别约定，就侵权行为赋予被许可人诉权，如果该约定真实、有效，不损害其它被许可人的合法权益，且不违反相关法律规定的，可以提出申请。"

《上海市高级人民法院关于审理婚姻家庭纠纷若干问题的意见》（沪高法民一〔2007〕5 号）② 第 14 条 "夫妻关系存续期间，一方继承遗产的分割" 问题规定："夫妻关系存续期间，一方作为继承人根据继承法的规定可以继承遗产，但继承人之间尚未对该遗产进行分配的，由于继承人在遗产分割前仍有权放弃继承，因此，离婚诉讼中，法院对继承人的配偶要求分割该遗产的请求不予处理，但可以保留其诉权，由当事人在其权利条件具备时再主张分割。"

《山东省高级人民法院关于审理公司纠纷案件若干问题的意见（试行）》（鲁高法发〔2007〕3 号）③ 第 89 条规定："代表公司百分之十以上表决权的股东，可以请求人民法院解散公司。股东的该项诉权不受出资瑕疵的影响。"

《上海市高级人民法院关于审理公司纠纷案件若干问题的解答》（沪高法民二〔2006〕8 号）④ 在第二个问题 "上市公司股东请求确认公司股东大会或董事会决议无效或要求撤销股东大会或董事会决议的纠纷是否受理的问题" 中规定，"鉴于上市公司股东请求确认股东大会、董事会决议无效或申请撤销决议的诉讼，属于新类型纠纷案件，且可能引发群体性诉讼和证券市场的不稳定问题，本市法院对此类案件的受理应持慎重态度，必要时应当请示上级法院后决定是否受

---

① 2006 年 12 月 18 日安徽省高级人民法院审判委员会第 64 次会议讨论通过，2007 年 4 月 10 日印发。

② 2007 年 3 月 15 日发布实施。

③ 2006 年 12 月 26 日山东省法院审判委员会第 68 次会议讨论通过，2007 年 1 月 15 日发布。

④ 2006 年 6 月 6 日发布实施。

理。上市公司股东向法院提起确认股东大会决议无效或撤销诉讼时，应当提交决议存在无效或撤销情形的相关证据，以防止股东不适当行使诉权。"

《上海市高级人民法院民事诉讼释明指南》① 第 22 条规定："对于保留诉权的判决或当事人对判决不能完全理解、有误解等情况，法官应根据案件的具体情况进行适当的解释。"

《北京市高级人民法院关于审理汽车消费贷款纠纷案件及汽车消费贷款保证保险纠纷案件若干问题的指导意见（试行）》（京高法发〔2005〕215 号）② 所附 "说明" 中规定："我们在指导意见第十八条第二项规定了 '被保险人起诉保险人保证保险纠纷案件尚未审结，保险人又起诉投保人要求解除保证保险合同的，被保险人诉保险人保证保险合同纠纷案件的审理程序应当中止，等待解除保证保险合同之诉的最终结果'。有意见认为应区分解除之诉提出的时间，保险人在一审中没有提出解除合同的诉讼或抗辩，应视为放弃了该项权利，不能在二审中再提出。我们也认为该意见是正确的，但仍规定了保险人有提出解除合同的诉权，主要是基于审判实务中出现了一些法院在一审时对保险人提出的抗辩并未进行审理，或要求保险人另行提起解除合同诉讼的现象。为保护保险公司就该类案件诉权的行使，我们作了此项规定。因此，此项规定只是适用于特定时期出现的该类案件。"

《2005 年上海法院民商事审判问答（之二）》 （沪高法民二〔2005〕3 号）③ 对于 "一、关于原审原告在二审程序中申请撤销本案诉讼应如何正确把握的问题" 规定："高院民二庭 2004 年 3 月 16 日印发的沪高法民二〔2004〕3 号《关于印发〈关于民商事审判若干程序问题的解答〉的通知》（以下简称 2004 年解答）的第五条对该

---

① 2006 年 5 月 31 日上海市高级人民法院审判委员会第 15 次会议通过。

② 2005 年 7 月 18 日北京市高级人民法院审判委员会第 147 次会议通过，2005 年 8 月 10 日发布实施。

③ 2005 年 3 月 24 日上海市高级人民法院发布实施。

种情形的处理作了规定。即原审原告作为二审诉讼程序的被上诉人，在二审审理阶段申请撤销在原审中的所有诉讼请求，二审法院经对原审原告的撤诉申请审查后，可裁定撤销原审判决，准许原审原告撤回起诉。该条中所称原审原告撤销原审所有诉讼请求，是指双方已就本案所涉纠纷达成和解或者原审原告已实质放弃对原审被告的诉请，且不再需要法院对此作出实体判决或出具民事调解书。原审原告放弃原审所有诉讼请求的行为，是权利人对其程序和实体权利的处分。因此，原审原告在撤销本案诉讼后，不得对原审被告就同一事实或理由再行起诉。审理中，二审法院要依法审查原审原告撤销原审诉请的理由，明确告知原审原告申请撤销原审诉讼请求的法律后果，并记明笔录。如果原审原告表示不能接受或要求保留诉权的，则对其申请不予准许。防止个别案件的原审原告为规避二审对其不利的诉讼后果而暂时撤诉，事后又以新的证据或理由重新提起诉讼的情形发生。"

上海市高级人民法院民一庭《婚姻家庭纠纷办案要件指南（一）》（沪高法民一〔2005〕2号）① 第18条的说明中表述有"限制的权利是男方的诉权，而不是剥夺其诉权，期限一旦届满，其离婚诉权自行恢复"。具体内容如下：第18条的规定，"依婚姻法对女方的特殊保护规定而提出不同意解除婚姻关系抗辩的，应当举证证明：（一）解除婚姻关系主张的提出是在女方怀孕、分娩或中止妊娠等特定时期内；（二）不存在法院确有必要受理男方的离婚请求的情况"。对该条的"说明"表述为："婚姻法根据保护妇女儿童合法权益的原则，规定对怀孕期间和分娩后、堕胎后的妇女，在一定时间内男方不得提出离婚请求；适用该规定，应考虑以下几个条件：（1）男方提出离婚请求时，女方是在怀孕期间、分娩后一年内或中止妊娠后的6个月内的期间之内；（2）限制的主体只能是男方，即女方在此期间提出离婚的或双方自愿离婚的，不受限制；（3）限制的权利是男方的诉权，而不是剥夺其诉权，期限一旦届满，其离婚诉权自行恢复；（4）在特殊

---

① 2005年3月4日发布。

情况下，如法院认为确有必要的，仍然可以受理男方的离婚诉讼。所谓'确有必要'，一般是指男方提出离婚是因为双方确有不能继续共同生活的重大、紧迫的事由，男方坚持要求离婚，如不及时受理，会造成矛盾激化，甚至危及生命安全。此时，法院可受理男方的离婚请求，但是否准予离婚，仍应根据法律规定作出处理。"

广东省高级人民法院《关于涉外商事审判若干问题的指导意见》（粤高法发〔2004〕32号）①在第一部分"管辖"中的第（十四）个问题"如何理解和适用'不方便法院原则'"中规定："'不方便法院原则'涉及到我国司法主权和当事人诉权问题，人民法院在适用这一原则时应当慎重。在案件同时满足下列条件下，人民法院可以适用'不方便法院原则'裁定驳回原告的起诉：1. 受案法院对案件有管辖权，且被告提出适用'不方便法院原则'的请求，或提出管辖异议而受案法院认为可以考虑适用'不方便法院原则'；2. 当事人之间不存在选择内地法院管辖的协议；3. 案件不属于人民法院专属管辖案件的范围；4. 与涉案争议相关的连接因素大多在域外，案件不涉及域内组织或个人的利益；5. 案件适用域外法，法院在认定案件事实和适用法律方面存在重大困难；6. 可供执行的财产全部在域外；7. 域外存在审理该案件的更方便的法院。"

《广东省法院再审诉讼暂行规定》（粤高法发〔2004〕22号）②第19条规定："对再审申请，经审查具有下列违反诉讼程序情形之一的，应当再审：（一）依法应当受理而不予受理或者驳回起诉的；（二）违反管辖规定的，但当事人在原审时没有提出管辖权异议的除外；（三）审判组织组成不合法的；（四）依法应当回避的人员未回避的；（五）诉讼文书未依法送达且损害当事人诉权的；……"

《江苏省高级人民法院关于进一步规范城市房屋拆迁案件审理工

---

① 2004年12月17日发布实施。

② 2004年9月7日发布，自2004年10月1日起试行。

作的通知》（苏高法〔2004〕第 164 号）①三度使用"诉权"一词。第三部分标题为"三、明确城市房屋拆迁案件受案范围，切实保护当事人诉权"。具体内容中规定，"目前有的地方存在着束缚城市房屋拆迁案件受理的'土政策'，造成对当事人诉权保护不力，既侵犯了当事人的合法权益，又容易激化社会矛盾。因此，各级法院应当采取有力措施，依法受理拆迁案件，加大对当事人诉权保护的力度。凡符合立案受理条件的，要在法定期间内立案受理，不得以任何借口拒绝立案"。

《上海法院民事办案要件指南》（沪高法民一〔2003〕10 号）②中有如下表述："当事人诉请的请求权基础、证据以及反诉的固定，是保证案件审理和裁判顺利进行的前提性条件，只有将这些因素都固定下来，案件的审理才会相对稳定，才会避免因一些当事人滥用诉权而导致诉讼被拖延。而将这些事项记入笔录，是保障当事人的合法诉权的必要手段，也是监督法官是否按照规定程序审理案件的需要，同时，也是为了保护法官的需要。"

《内蒙古自治区高级人民法院关于当前经济形势下知识产权审判服务大局若干问题的意见》第 12 条规定："加强诉权保护，畅通诉讼渠道。依法加强诉权保护，凡符合受理条件的起诉均应及时受理；凡经权利人明确授权代为提起诉讼的律师，均可以权利人的名义提起诉讼，并考虑境外当事人维权的实际，不苛求境外权利人在起诉书上签章。结合知识产权审判实际，简化救济程序，积极施行各项便民利民措施，增强司法救济的有效性。"第 13 条规定："完善确认不侵权诉讼制度，遏制知识产权滥用行为，为贸易和投资提供安全宽松……确认不侵犯商业秘密诉讼的审理问题，既保护原告的合法权益和投资安全，又防止原告滥用诉权获取他人商业秘密。"

---

① 2004 年 5 月 8 日发布实施。

② 2003 年 11 月 25 日发布实施。

《北京市高级人民法院关于司法为民为群众办实事的实施意见》①
第 11 条规定："统一起诉材料要求。制定全市法院关于各类案件起诉
材料要求的规定，统一立案材料要求，依法保护当事人的诉权。"

《江苏省高级人民法院 2001 年全省民事审判工作座谈会纪要》
（苏高法〔2001〕319 号）② 规定："就道路交通事故损害赔偿或者一
般人身损害赔偿，当事人自行达成和解协议，或者在公安机关主持下
达成调解协议后，一方反悔向人民法院起诉的，应保护其诉权。但其
不能证明在订立协议时具有无效或者可撤销情形的，应认定协议
有效。"

北京市高级人民法院《关于知识产权审判方式改革的几点意见
（试行）》（京高法发〔1998〕456 号）③ 第四部分"关于证据保全"
中规定："在适用证据保全措施时，既要注意及时、保密以免证据灭
失，给申请人带来难以挽回的损失，又要注意严格审查，防止申请人
滥用诉权侵害被申请人的合法权益。"

《福州市中级人民法院关于实施依法治市决议的方案》④ 第（七）
条规定："认真稳妥行政案件，促进依法行政。坚持行政讼诉法规定
的立案条件，依法受理各类行政诉讼案件，切实保护当事人的诉权；
围绕查具体行政行为合法性这个关键环节，落实被告的举证责任，维
护和监督行政机关依法行使职权，保护行政相对人合法权益。切实贯
彻国家赔偿法，进一步加强国家赔偿审判工作，有效地保护赔偿请求
人的合法权益。"

《陕西省高级人民法院关于为全省"十二五"规划顺利实施提供
司法保障的意见》（陕高法〔2011〕194 号）第 28 条规定："建立诉

---

① 2003 年 8 月 29 日发布。

② 2001 年 10 月 18 日江苏省高级人民法院审判委员第 65 次会议讨论通过。

③ 1998 年 11 月 23 日北京市高级人民法院审判委员第 36 次会议讨论通过，1998 年
12 月 24 日发布实施。

④ 1998 年 10 月 30 日福州市第十一届人大常委会第六次会议批准。

讼案件'绿色通道',方便群众诉讼。对于涉及重大项目建设和民生的案件,要及时立案,及时审判执行。加强诉讼风险提示和诉讼指导工作,引导当事人正确行使诉权。对假冒、伪劣农用物资造成的损害赔偿纠纷,拖延农副产品货款纠纷,拖欠农民工工资或劳务报酬纠纷,涉及农民工的劳动争议案件等,符合先予执行条件的,及时裁定先予执行。"

《江苏省高级人民法院关于实施〈国家知识产权战略纲要〉的意见》第三部分"实施国家知识产权战略并提供有力司法保障的具体措施"的第19条规定:"防止知识产权滥用。规制滥用权利和滥用诉讼程序限制创新的行为。合理界定知识产权的界限,依法审查和支持当事人的在先权、先用权、公知技术、禁止反悔、合理使用、正当使用等抗辩事由。制止非法垄断技术、妨碍技术进步的行为,依法认定限制研发、强制回授、阻碍实施、搭售、限购和禁止有效性质疑等技术合同无效。完善确认不侵权诉讼和滥诉反赔制度,防止权利人滥用侵权警告和滥用诉权。"

以上文件的规定可以看出,司法场域对于"诉权"概念的使用,并不是完全一致的,提及"诉权"有时偏重于起诉权和司法救济权,有时又将"诉权"作为诉讼中各项具体诉讼权利的统称。

(二) 法规规章中的诉权概念

法规规章中的诉权概念,主要指地方性法规和地方政府规章中的诉权概念。"北大法宝"数据库中,目前有效的包含"诉权"的地方性法规有6件,地方政府规章有7件。本书以此为基准分析诉权概念的使用。

1. 地方性法规中的"诉权"

《厦门经济特区多元化纠纷解决机制促进条例》① 第3条规定:"纠纷

---

① 2015年4月1日厦门市第十四届人民代表大会常务委员会第25次会议通过,2015年4月2日公布,自2015年5月1日起施行。

解决应当遵循下列原则：（一）自愿、公平、诚实信用；（二）遵守法律、行政法规强制性规定和社会公序良俗；（三）不损害社会公共利益和第三人合法权益；（四）尊重当事人意思自治和程序选择权，依法保障诉权；（五）坚持预防为主，防止矛盾纠纷激化。"

《长春市统计管理条例》①第38条规定："统计检查员执行行政处罚时，必须遵守下列规定：（一）执行行政处罚时必须使用统一印制、填写规范的处罚决定书；（二）应当告知当事人诉权、行政复议权以及要求举行听证的权利。"

《长春市城市道路和排水设施管理条例》②第68条规定："市政设施行政主管部门执行行政处罚时必须遵守下列规定：（一）决定行政处罚时必须出具统一印制的行政处罚决定书；（二）收缴罚款时，应当出具财政部门统一印制的收据；（三）应当告知当事人诉权和要求组织听证的权利。"

《长春市文化市场管理条例》③第10条规定："文化市场行政执法人员执行公务时必须两人以上，并出示行政执法证件。""行政执法人员在作出行政处罚时应当遵守下列规定：（一）出具统一印制填写规范的行政处罚决定书；（二）收缴罚没款必须出具财政部门统一印制的票据；（三）应当告知当事人诉权和要求举行听证的权利。"

---

① 2004年7月7日长春市人大常委会公告第18号发布，自2004年8月7日起施行。

② 1996年8月11日长春市第十届人民代表大会常务委员会第27次会议审议通过并于1996年9月26日吉林省第八届人民代表大会常务委员会第26次会议批准，1996年11月1日公告公布施行，根据2001年12月13日长春市第十一届人民代表大会常务委员会第28次会议通过并于2002年3月28日吉林省第九届人民代表大会常务委员会第29次会议批准的《长春市人大常委会关于修改〈长春市动物诊疗机构管理条例〉等12件地方性法规中50项行政管理项目的决定》修正。

③ 1996年10月10日长春市第十届人民代表大会常务委员会第28次会议通过，1997年1月16日吉林省第八届人民代表大会常务委员会第28次会议批准，1997年2月12日长春市人民代表大会常务委员会第52号公告公布施行。

　　《石家庄市行政执法条例》① 第 25 条规定："行政机关受理确认权属，颁发证、照；保护人身权、财产权、发放抚恤金、户口迁移、出入国境等申请，对经审查符合条件的，应当及时办理；对不能及时办理的，应告知当事人，并在法定期限内做出决定。""对经审查不符合条件或者不能办理的应说明理由，并告知诉权；需要移送其他机关处理的，应当及时移送。"

　　《乌鲁木齐市行政执法条例》② 第 26 条规定："行政执法机关对公民、法人和其他组织的申请，应当自收到申请之日起七日内作出受理或不予受理的决定。法律、法规另有规定的除外。对不予受理的，应作出书面决定，并告知诉权；需要移送其他机关处理，应在三日内移送。"

　　上述地方性法规对于"诉权"概念的使用语境主要是在行政执法和作出行政处罚决定时要"告知诉权"，指的应是当事人向人民法院提起诉讼寻求司法救济的权利。

　　2. 地方政府规章中的"诉权"

　　不只是在地方性法规中有关于诉权的规定，在地方政府出台的规章中也有对诉权的表述，兹列举如下。

---

　　① 1992 年 4 月 28 日石家庄市第七届人民代表大会常务委员会第 27 次会议通过，1992 年 8 月 26 日河北省第七届人民代表大会常务委员会第 29 次会议批准，1994 年 4 月 23 日河北省第八届人民代表大会常务委员会第 7 次会议批准修改，1997 年 9 月 3 日河北省第八届人民代表大会常务委员会第 28 次会议批准修改，根据 2011 年 12 月 27 日石家庄市第十二届人民代表大会常务委员会第 32 次会议通过并于 2012 年 3 月 28 日河北省第十一届人民代表大会常务委员会第 29 次会议批准的《石家庄市人大常委会关于修改部分法规的决定》修正。

　　② 1995 年 3 月 31 日乌鲁木齐市第十一届人民代表大会第 3 次会议通过，1995 年 6 月 16 日新疆维吾尔自治区第八届人大常委会第 15 次会议批准，1995 年 7 月 6 日乌鲁木齐市人大常委会公布施行；1996 年 10 月 28 日乌鲁木齐市第十一届人大常委会第 27 次会议修正，1996 年 12 月 14 日新疆维吾尔自治区第八届人大常委会第 24 次会议批准，1996 年 12 月 24 日乌鲁木齐市人大常委会 11-20 号公告公布施行。

（1）《贵阳市行政调解暂行规定》① 第 4 条规定："行政调解应当坚持谁主管谁负责、依法合理、自愿平等、尊重诉权、及时便民、促进和谐的原则。"

（2）《上海市邮票和集邮品管理办法》② 第 30 条（诉权保护和强制执行）规定："当事人对邮电管理部门的具体行政行为不服的，可以按照《行政复议条例》和《中华人民共和国行政诉讼法》的规定，申请行政复议或者提起行政诉讼。""当事人在法定期限内不申请复议，不提起诉讼，又不履行的，作出具体行政行为的部门可以依据《中华人民共和国行政诉讼法》的规定，申请人民法院强制执行。"

（3）《宁波市城市建设征用集体所有土地房屋拆迁管理实施细则》③ 第 13 条规定："征地拆迁主管部门应当自受理之日起 30 日内作出裁决，并制作拆迁裁决书；有特殊情况的，可以延长 15 日。裁决书应当载明下列内容：（一）申请人及被申请人的姓名、性别、年龄、职业、住址等（法人或者其他组织和名称、地址和法定代表人或者主要负责人的姓名、职务）；（二）裁决的事实；（三）裁决的法律、法规、规章和政策依据及理由；（四）裁决结果；（五）告知申请人及被申请人对裁决不服的诉权；（六）裁决部门的全称、作出裁决的时间，并加盖裁决部门的印章。"

（4）《青岛市重大行政处罚备案审查规定》④ 第 13 条规定："行政机关应当按照法律、法规的规定制作行政处罚决定书，其内容应包括：标题、编号、被处罚人基本情况、认定的违法事实、处罚依据、

---

① 2012 年 4 月 5 日贵阳市人民政府常务会议通过，2012 年 4 月 24 日贵阳市人民政府令第 3 号公布施行。

② 1994 年 9 月 15 日上海市人民政府第 75 号令发布，根据 1997 年 12 月 14 日上海市人民政府第 53 号令修正并重新发布。

③ 1997 年 3 月 14 日宁波市人民政府第 20 次常务会议通过，1997 年 5 月 23 日宁波市人民政府令第 49 号发布施行，经宁波市人民政府第 14 次常务会议修订通过。

④ 1997 年 4 月 24 日青岛市政府发布实施。

处罚决定、交待诉权和复议权、落款盖章、制作日期。"

（5）《长春市人民政府关于违反〈长春市市民守则〉"十不"行为监督管理办法》① 第 17 条规定："行政机关部门及其工作人员在实施监督管理时，必须遵守下列规定：（一）决定行政处罚时，应当出具统一印制的处罚决定书；（二）收缴罚款应当出具财政部门统一印制的票据；（三）应当告知当事人诉权。"

（6）《兰州市人民政府关于修改〈兰州市城市汽车客运治安管理办法〉的决定》② 第 8 条规定："新增一条为第二十条，规定行政管理相对人的诉权。"修订后的表述为："城市汽车客运经营者向交通治安管理机关办理客运治安管理的相关手续，交通治安管理机关在规定的期限内不予办理，或者有关当事人向交通治安管理机关举报、投诉治安问题，交通治安管理机关不予受理，以及受罚当事人对交通治安管理机关依照本办法作出的行政处罚不服的，可以依法申请行政复议或者提起行政诉讼。"

从政府规章中对诉权概念的使用，可以看出，诉权的重点在于司法救济权，而不在于诉讼进程中的具体诉讼权利，实际上其强调的是诉讼上的权利。

三　诉权与相关概念的比较分析

日常生活之中，人们也往往将诉权看作是一种百姓"拦轿喊冤"的权利，更加关注于起诉权问题，而将之后相关实体权利的救济视为其必然结果。然而，这样的诉权观忽视了诉讼本身的价值，也就很难与西方诉权理论相交流，于是诉权概念在有些学者笔下被舍弃也是情

---

① 1996 年 6 月 17 日长府发〔1996〕40 号发布。
② 2005 年 12 月 30 日兰州市人民政府第 25 次常务会议讨论通过，2006 年 1 月 6 日兰州市人民政府令〔2006〕1 号发布施行。

理之中的事情。① 如果从诉权概念的发生学考究，诉权起源于"诉"，而不是"权"。在没有诉权概念也没有权利概念的时候，纠纷或者冲突业已存在，有关纠纷或冲突解决的机制随之产生和运行。从起诉权意义上的诉权是重要的，但诉权本身的理论意涵要比之更丰富和深远。诉权运行，除自身的程序价值外，其依托和直接关联的实体权利更是诉权主体所关注的。

（一）诉权与诉讼权利

诉权与诉讼权利既紧密相关，又有所不同。学界对二者的关系多有梳理。具体包括：

1. 宏观层面与微观层面说

李浩教授认为，"诉权是宏观层面的、概括性的权利，诉讼权利是微观层面的、具体的权利。当事人在诉讼中享有众多的诉讼权利，如提起诉讼的权利、撤回诉讼的权利、主张事实的权利、提供证据的权利、进行质证的权利、申请回避的权利、提出管辖权异议的权利、提出上诉的权利、申请再审的权利等。就诉权与具体诉讼权利的关系而言，可以认为诉权是具体诉讼权利存在的基础，因为没有诉权，诉讼程序不能启动，当事人就无法行使具体的诉讼权利。正是由于诉权具有广泛的涵盖性，所以当具体的诉讼权利受到侵害时，人们常常说，当事人的诉权受到了侵害。"②

2. 基础与表现形式说

这一学说的代表性表述为："诉权是诉讼法上的基础权利，从纠纷开始时发生到诉讼程序结束时消灭；诉讼权利是诉讼法上的具体权

---

① 胡平仁：《中国古代诉讼当事人的主体地位与诉权》，载《湘潭大学学报（哲学社会科学版）》2008 年第 5 期。

② 李浩：《民事诉讼法学》（"法学新阶梯"之一），法律出版社 2011 年版，第 160 页。

利，从诉权中派生出来。不同的诉讼权利发生在不同的诉讼阶段。"①类似的表述还有："诉权是法律赋予当事人进行诉讼的权利，它同当事人的诉讼权利有着密切的关系。诉权是诉讼权利的基础，诉讼权利是诉权的表现形式。因为只有享有诉权的人才能具体进行诉讼；不具有诉权的人不是合格的当事人，不能进行诉讼，也就无所谓诉讼权利。……享有诉权的人进入诉讼，必须要有一定的程序和方式。一定的程序和方式体现为一定的诉讼权利，同时诉讼在不同阶段和不同情况下，应有不同的程序和方式，因而又有不同形式的诉讼权利，所以诉权必然表现为各种不同形式的诉讼权利。但是，诉讼权利同诉权又有所不同。诉讼权利是程序法上规定的从事诉讼活动的权利，而诉权是实体法和程序法两个方面法律所确定的有权进行诉讼的权利。实体法所确定的权利是诉权的实质，程序法所确定的权利是诉权的形式。如果将诉权与诉讼权利截然分开，或者将诉讼权利等同于诉权，都是不全面的。"② 按照这一学说，形象地讲，诉权是一把刀或剑，诉讼权利是运用这刀或剑的一招一式。

3. 源与流的关系

这一学说认为，诉权是诉讼权利的权源。其论述逻辑在于："诉权是公民人权的重要内容，是公民获得司法救济、实现权利的前提和基础。""诉权是诉讼制度的基础，无论是民事、行政、刑事诉讼还是宪法诉讼，都离不开诉权而存在。""诉权是一种宪法权利，而它由宪法诉讼诉权、民事诉讼诉权、刑事诉讼诉权和行政诉讼诉权四块构成。""民事诉权是当事人享有提起诉讼或者应诉并要求法院作出公正裁判以保护其民事权益的权利，它包括起诉权、应诉权、反诉权、上诉权和再审诉权。民事诉权的性质是程序性人权。民事诉权渗透着民事实体权益的因素；民事诉权是一种潜在和动态的权利，贯穿于诉讼的全过程。民事诉权是诉讼权利的权源，是当事人实施攻击防御方法

---

① 江平主编：《中国司法大辞典》，吉林人民出版社 1991 年版，第 544 页。
② 周道鸾主编：《民事诉讼法教程（第二版）》，法律出版社 1992 年版，第 42 页。

的根据。"① 当事人的诉讼权利，是指当事人为了进行民事诉讼所享有的为或不为一定行为、要求他人为或不为一定行为，以维护自己的实体利益和程序利益并受国家强制力保护的手段。诉权需要一系列具体的诉讼权能来体现，而民事诉讼法所规定的当事人的诉讼权利就是为了体现诉权的具体诉讼权能。

以上三种学说在本质上并没有明显的区别，诉权与诉讼权利在意涵和概念上固然有所区别，但更应看到它们的内在联系。

（二）诉权与胜诉权

胜诉权是当事人依照实体法规定取得对自己有利的裁判的权利。民事诉权理论中的"胜诉权说"认为诉权应当包括胜诉权，而不能限于要求受理起诉权和要求裁判权。因为原告起诉的目的是为了得到救济，如果原告败诉，他不但没有得到救济，反而处于更加不利的境地。"胜诉权说"称为"具体诉权说"或"保护权利请求说"。

胜诉权实际上指的是对一个案件进入法院审判，假设当事人的主张成立，法院判决其胜诉的可能性。根据法律规定，当诉讼时效届满后，尽管权利人的权利和义务人的义务本身并不消灭，但权利人丧失了通过诉讼实现权利的可能。即使其主张的权利是有事实根据和证据支持的，但当事人丧失了实体法上的胜诉权，即其主张无法得到司法权的救济。学理上将这种诉讼时效届满的法律后果，称为"胜诉权消灭"或"丧失胜诉权"。

对于诉权而言，通常不存在消灭或丧失的问题。当然，对于胜诉权概念本身的科学性，学界有许多反思。如日本学者认为诉权是原告请求胜诉判决和保护权利请求权，完整意义上的诉权由要求受理起诉权、要求判决、裁定权和取得有利的实体裁判权构成。胜诉权不是诉权的组成部分，而只是诉权运作结果的一个表现形式。对诉权和胜诉权作出区分，是有意义的。

---

① 田平安、柯阳友：《民事诉权新论》，载《甘肃政法学院学报》2011 年第 5 期。

（三）诉权与请求权

　　请求权是指权利人所享有的要求他人为或者不为一定行为的权利。诉权的行使通常也体现为当事人向法院提出司法救济的请求。因此，诉权极易与请求权发生混淆。对此，张卫平教授做过精深的论述。他指出："实际上诉权与请求是不同的。区别在于诉权是一种向法院提起诉讼的权限，而请求则是当事人行使这种权能的诉讼行为。诉权是实现权利的一种手段，是一种潜在的权限。如果当事人不愿冒败诉的风险时，当事人也可以不行使这种权能，相反当事人欲行使这种权能时，该权能就要转化为请求这一行为。诚然，请求也是一种权利，是一种行使诉权这一权限的权利。在实际生活中，人们往往把诉权的不受理说成请求的不受理，混淆了两者的区别，正确的说法是后者，故不能说受理或不受理诉权。"①

　　对于上述诉权与请求的区别，张卫平教授认为其意义在于，"诉权本身是不能引起诉讼上法律关系的产生的，只有当事人的请求才能引起诉讼上的法律关系的产生，具有诉讼系属、中断时效、行为催告以及产生迟延利息等法律效果。"其同时指出，"在我国民事诉讼理论中，虽然没有明确区分诉权与请求，但认为请求的前提是当事人的诉权，即当事人没有诉权就不能向法院提出请求。不过我国民事诉讼理论没有进一步阐明区分诉权与请求的实际意义，这显然是不够的。"同时，张卫平教授通过考证源远流长且学说林立的诉权理论，得出结论为：诉权概念法律化的功绩应当首推 1806 年《法国民事诉讼法典》，该法典中直接使用了诉权一词。"按照法国民事诉讼法典的表述，诉权对于提出请求的当事人来说，是用以陈述其实体内容，以便法官判断其请求是否具有法律根据的一种权利。对于另一方当事人而言，诉权则是针对对方这种请求的法律根据进行抗辩的权利。"法国

---

　　① 张卫平：《法国民事诉讼中的诉权制度及其理论》，载《法学评论》1997 年第4 期。

的立法例建立了诉权与各种具体的程序规定和诉讼制度之间的直接联系，并使诉权不再是仅仅停留于完全抽象的理论，主要是使诉权更具实用性，从而诉权成为了各项具体诉讼权利的基础。在考察法国诉权理论之后，张卫平教授指出：

> 依据法国诉权理论，请求是诉讼主体行使诉权的行为。请求与诉权有着明显的区别。从请求的目的来看，有的请求是使诉讼得以开始（所以有时又把这种诉讼请求称为开始诉讼的请求），有的请求则是在诉讼系属之后才提起的，例如，第三人提出的请求等。因为提起这种诉讼请求的诉讼主体是以附带的资格提起的，因此也称为附带请求。请求一旦被受理，法官就有义务对该案进行裁判。因此，该诉讼请求是否应当受理对于法官来讲是首要的问题。请求必须按照法律的规定提起，否则将不予受理。请求被受理并不意味着该请求一定会得到法官认可，因为只有请求在法律上是正当的时候才能被予以认可。请求在法律上是正当的，就是指该请求所依据的实体权利实际存在。请求必须依法提起，在法国民事诉讼理论中被称为请求的适法性，属于请求的受理要件。[1]

上述张教授对诉讼中的请求与诉权关系的分析是深入透彻的。笔者深以为然。至于其他的请求权与诉权的区别，相对易于辨别，这里不再赘述。

（四）诉权与实体权

权利可以分为实体权和程序权。只有实体权的权利是不完整的权利。当实体权发生争议或者受到侵害时，需要程序权对其进行保护。

---

[1]　张卫平：《法国民事诉讼中的诉权制度及其理论》，载《法学评论》1997 年第 4 期。

在实体权和程序权的分类下，实体权包括财产权、人身权、知识产权等，而诉权则属于程序权。实体权通常规定于实体法。民事实体法中有物权和债权之分。物权是权利存在的常态，是人对物的直接支配并享有利益的权利。当物权受到侵害或发生争议时，权利主体会因丧失物权或者部分物权而获得债权。债权是权利主体（即债权人）对债务人的物上请求权。债权是一种实体的请求权，其请求的对象是债务人。而诉权是当事人双方因实体权利受到侵害或发生争议而向法院提出的程序请求权，其请求的对象是法院，是一种程序上的请求权，它是以实现债的请求权为目的的程序权利，是否能够实现债的请求权，要等待法院的判决。物权和债权是人权中的实体权利，而诉权是人权中的程序权，物权、债权是诉权行使的目的，诉权是物权、债权的程序保障。

　　还有观点认为，诉权并不是一项抽象的权利，而是由包括享有权、各种诉讼行为实施权、处分权、要求审判机关纠正错误裁判和强制实现生效法律文书所确认的实体权利的申请权等具体权利构成的基本权利。其不仅是一项阶段性权利，而且是贯彻诉讼始终的权利；不仅由原告一方享有，而是双方当事人均享有。另外，诉权也不同于具有实体权利性质的诉讼请求权，而是一项为维护实体权益而进行诉讼的程序性权利。①

---

① 王友琴：《论诉权保护》，载《中国法学》1991 年第 2 期。

第二章

诉权保障的法律价值分析①

——以和谐社会目标下诉讼价值的转换切入

当前，构建和谐社会是全国全民的共识。通过诉讼解决纠纷，是现代文明社会的常态社会现象，是社会发展过程中化解分歧、保持社会稳定、推动社会和谐的重要方式。而诉讼又往往是因纠纷和矛盾而起，诉讼激增恰恰是社会不和谐的一个表征。所以，如何将诉讼活动纳入和谐社会的目标之下，是一个颇为值得深思的重要课题。为此，诉讼理论需要对和谐社会的目标导向作出有力回应，以适应时代发展的要求。笔者认为，和谐社会是一个系统的社会发展指导思想，对我国的诉讼价值有着十分重要的指导作用。和谐社会导向下，诉讼价值理念须顺势转变，诉讼价值体系须加以重组，诉讼价值位阶也应作相应的调整。

一 和谐社会命题对"时代问题"的诊断

改革开放以来，我国社会主义事业取得了令人瞩目的成绩，目前正处在一个机遇与风险并存的关键时期。从国内看，我国经济快速发展，综合国力大幅度提高，人民生活显著改善，社会总体上和谐稳定，但影响和谐稳定的因素仍大量存在。特别是改革进入深水区，社

---

① 本章内容初稿曾以《和谐社会与诉讼价值观的更新》为题，发表于《东南司法评论》2010 年卷。

会变革空前活跃，社会结构急剧变动，思想观念深刻变化，利益格局亟须调整。这些变化给我国发展带来了巨大活力，也带来了许多矛盾和问题。从国际看，科技进步日新月异，经济全球化和世界多极化的趋势深入发展，和平、发展、合作成为不可抗拒的时代潮流。同时，国际环境复杂多变，综合国力竞争日趋激烈，影响和平与发展的不稳定、不确定因素依然存在，甚至还在增多，我们仍将长期面对发达国家在经济科技等方面占据优势的压力。在这种形势下，如何正确应对国内、国际各种社会矛盾和纠纷，妥善协调各方关系，有效平息矛盾纷争，促进社会和谐稳定发展，成为当前必须解决好的一个重大课题。

正是在对我国"时代问题"的上述诊断基础上，2004 年党的十六届四中全会把"构建社会主义和谐社会的能力"作为加强党的执政能力建设的主要任务之一提出。2006 年，第十届全国人民代表大会四次会议通过的《中华人民共和国国民经济和社会发展第十一个五年规划纲要》对"推进社会主义和谐社会建设"做出了明确的要求，即："按照民主法治、公平正义、诚信友爱、充满活力、安定有序、人与自然和谐相处的要求，从解决人民群众最关心、最直接、最现实的切身利益问题入手，扎实推进和谐社会建设。"① 由此，和谐社会作为一个系统的社会发展指导思想，被提升到了国家发展方针的高度。这就要求以和谐社会为导向来引领人们的思想和行为，从而形成强有力的社会合力。2012 年党的十八大报告《坚定不移沿着中国特色社会主义道路前进为全面建成小康社会而奋斗》中特别强调"加强和创新社会管理，社会保持和谐稳定"，明确指出"社会和谐是中国特色社会主义的本质属性"，"必须坚持促进社会和谐"。

---

① 《中华人民共和国国民经济和社会发展第十一个五年规划纲要》，http：//news. xin-huanet. com，下载日期：2010 年 5 月 28 日。

二 和谐社会目标下诉讼价值理念的变革

诉讼价值是法律价值在诉讼领域的具体体现。诉讼价值问题是诉讼理论中的一个基本范畴，它直接或间接地决定着诉讼目的、诉讼构造等诉讼的其他范畴。和谐社会导向下要求诉讼价值理念进行深度的变革，即由静态的价值观向动态的价值观转变，由物文主义价值观向人文主义价值观转变，由人类中心主义价值观向生态中心主义价值观转变。

（一） 由单一静态价值观向多元动态价值观转变

传统的诉讼价值观往往将诉讼功能界定为"定分止争"，其重点在于维护既定的社会秩序，实际强调的是单一的、静态的秩序价值。随着社会的发展和人们观念的转变，包含诉讼价值在内的法律价值呈现出了多元发展的景象——秩序、正义、自由、效率等多重价值并存，每一种价值都有其存在的基础和各自的功能优势。正如姚建宗教授指出的："由于主体的需要的种类的多样性，以及主体需要的发展和变化，必然导致作为客体的法律在满足主体需要方面的相应变化，从而使法律价值在具体的价值元素方面呈现出复杂多样的状态。"① 和谐社会理念要求诉讼价值观念必须体现"以人为本"的价值要求，同时还必须符合全面发展、协调发展和可持续发展的基本原则。诉讼不仅要恢复被破坏的秩序，而且要促进人权的发展，不仅要维护正义也要讲求效率。在社会价值趋于多元的形势下，人们希望存在多种不同的用以解决矛盾的方式可供选择，因此在纠纷解决机制上开始呈现出一种多元化的趋势。如果仍然墨守单一的价值追求，是不现实也不可行的。诉讼价值的生命力并不在于静态的制度设计，而是在动态的平

---

① 姚建宗：《法理学：一般法律科学》，中国政法大学出版社 2004 年版，第 230 页。

衡发展，诉讼价值观必须随情势作出转变，即由单一静态的价值观向多元发展、动态平衡的价值观转变。多元价值协调平衡成为诉讼价值发展的必然要求，在不同类型诉讼中的表现各异。在民事诉讼中主要是实现正义与效率协调、秩序与人权并重，刑事诉讼中主要是寻求打击犯罪和保障人权的平衡，而行政诉讼则要求"兼顾个人权利的救济与维护客观法秩序的关系"①。多种诉讼价值的并存共生，呼唤着多元化的诉讼程序设计，以适应不同的价值需求。

（二）由物文主义价值观向人文主义价值观转变

传统的诉讼价值观是一种物文主义的价值观，片面强调诉讼的"定分止争"，并且主要强调的是物质利益的分配、财产权利归属的确定和财产利益争议纠纷的解决。而和谐社会要求以人为本，更强调人文关怀。然而，人的要求和需求是多方面的，人追求的不仅仅是物质层面的满足，还有精神层面的满足。甚至可以说，理想型的人的存在主要不是物质的，而是精神的，人的精神利益具有更高的价值。当然，关心物质利益是应当的，但仅仅从物质利益出发还是远远不够的。诉讼价值观应由物文主义价值观向人文主义价值观转变。现代"人文主义"是一个具有较大涵盖力的概念，其核心在于"人之为人的尊崇和尊重"，"它荷载的是人之为人的终极存在价值的至崇至尊地位的确立与确认，强调的是给予人以一种生存意义的终极关怀和眷注的人文情怀：对人性的信任，对人的永恒价值观如自由、平等、人权等的崇奉等等"②。人文主义的诉讼价值观要求诉讼中必须保护和尊重人权，坚持以人为本。这就要求将人文主义精神贯穿于诉讼运行程序的诸多环节。不论是宏观的诉讼制度的安排还是微观的诉讼设施的设计，不论是对案件诉讼程序的操作还是对裁判结果的权衡都应体现出

---

① 邓刚宏：《论我国行政诉讼功能模式及其理论价值》，载《中国法学》2009年第5期。

② 杜晏林：《法律人文主义解释》，人民法院出版社2005年版，第19页。

对诉讼主体的个人尊严和诉讼权利的充分的尊重、保护和关怀。由是观之，我国的司法改革长期以来奉行的法院单方主导的法院本位主义的司法改革观是需要检讨的，应全面提升人文价值，确立以当事人为本位的人本主义司法改革观，赋予当事人对诉讼过程的参与权、对实体结果的可控权以及程序适用的选择权。[①] 通过改革，使程序体现出对人的关爱，顺应人的理性发展，遵循程序自由原则；同时，应当以"人"为基点看程序，程序的设置和运行中都应充满人文关怀。[②] 总之，人文主义价值观要求通过对个人的尊重和个人权利的保障，促进与实现社会整体的和谐有序。

（三）由人类中心价值观向生态整体价值观转变

印度学者帕依克才说："这个世界不过是一个整体，我们都是一条船即地球上的乘客，因此，我们绝不能让我们所乘坐的船被毁掉。这里将不会再有第二个诺亚方舟。"[③] 因此，我们必须认识到，整个社会其实就是一个生态整体，和谐社会的实现需要以生态整体主义作为思考的出发点。正是基于此，胡锦涛同志在"十七大"报告中明确提出要"建设生态文明"。党的"十八大"报告则进一步要求"大力推进生态文明建设"，指出"建设生态文明，是关系人民福祉、关乎民族未来的长远大计"，"必须树立尊重自然、顺应自然、保护自然的生态文明理念，把生态文明建设放在突出地位，融入经济建设、政治建设、文化建设、社会建设各方面和全过程，努力建设美丽中国，实现中华民族永续发展"。传统的诉讼价值观是一种人类中心主义的价值观，它对诉讼功能的认识只侧重于解决人与人之间的纠纷。而生态整

---

① 汤维建、陈巍：《司法改革应当以人为本——以民事诉讼为中心而展开的论述》，载《中国司法》2007 年第 2 期。

② 房保国：《程序：以人为本》，载《甘肃政法学院学报》2003 年第 3 期。

③ ［美］保罗·库尔茨编：《21 世纪的人道主义》，肖峰等译，东方出版社 1998 年版，第 58—59 页。

体主义不仅关照人与人的关系，更强调生态系统的整体利益，强调人类这个子系统的所作所为对母系统平衡稳定的作用，此外还强调人类与动物、大自然等非人类的生物所应持有的平等共生、和谐相处的态度。人类存在于自然之中，需要与整体生态和谐共存而不是凌驾于整体生态之上。因此，在和谐社会导向下，不仅要解决人与人的利益之争，还要正确处理人与自然和环境的关系。用生态整体主义的价值观取代人类中心主义的价值观，这不仅是和谐社会的一个基本要义，更是时代发展的必然要求。

三　和谐社会与诉讼价值体系的重组

诉讼价值观从来就不是固定不变的，而是随着时代的变迁和社会的发展不断更新的。和谐社会命题不仅引发了诉讼价值理念的转变，而且推动了诉讼价值体系的重组。这在量的方面，体现为丰富了法律价值体系的内容，使和谐、宽容等以往隐性的、"潜伏"的价值凸显出来，添加到诉讼价值的体系之中；在质的方面体现为原有的各项诉讼价值（如正义）的内涵得以更新与充实。

（一）和谐价值的彰显

随着经济的变革，权利意识的不断强化，以及社会变迁的不协调，当前中国的社会关系越来越复杂，社会结构的内在冲突日益展现，诉讼呈爆炸式激增，民事诉讼中的泛化主义越来越严重，刑事诉讼上的重刑主义时有抬头，行政诉讼经历着从无到有、从少到多的巨大变化。曾几何时，诉讼甚至被视为法治观念和法治水平的风向标。然而，诉讼无处不在并非必然就是社会之善。如果所有的问题无论大小都通过诉讼来解决，整个社会恐将陷于无休无止的诉讼程序之中，不仅浪费时间、金钱和人力资源，而且还可能在诉讼对抗中不断激化社会矛盾。在整个社会关系都处于"紧张"状态的情况下，"和谐"因稀缺而弥显珍贵。"和谐"作为一项价值从"隐性"到"显性"的条件已经具备，并且呼之欲出。同时，在一个价值多元的时代，其他各项诉讼价值，既有融通契合的一面，也有矛盾冲突的可能，而和谐作为一项价值，不仅具有自身独立性，构成一项独立的诉讼价值，而且具有统合其他价值的功能。正如李龙教授所指出的：不论法的哪一种价值，其实都是一种和谐状态，或者说"和谐"是法的综合价值。和谐的对立面是失衡，法律所追求的公平、正义、平等、自由和秩序等等，都为要达到权利的均衡而矫正失衡的状况。①

调解是以和谐方式解决纠纷的重要方式，在防止矛盾激化、切实化解矛盾、彻底解决纠纷方面，具有其他解纷方式无法替代的独特优势。在当今各类矛盾纠纷错综复杂的社会转型期，充分运用调解制度，不仅有助于及时化解矛盾，平息纠纷，还有助于提升当事人和社会对司法工作的认同，有效减少上诉、强制执行和申请再审现象，从而有助于在更大范围、更大领域内维护社会稳定，促进社会和谐。正是应和了时代对和谐价值的呼求，当代社会对调解正当性的认同不断攀升。倡导"和谐司法"，推行"调解优先、调判结合"的司法政策，成为司法机关应对当前时代背景下社会纠纷解决需求而作出的明智选择。2007 年 1 月，时任最高人民法院院长肖扬首次提出"和谐司法"理念。他指出："民事诉讼应当是和谐的、有利于纠纷及时了结的诉讼，不应当是相互顶牛的、没完没了的诉讼。在当今民事诉讼领域，过于强调职权主义诉讼模式不仅使法官不堪重负，而且影响审判机关的中立形象，而过于强调当事人主义诉讼模式，也容易出现诉讼迟延和诉讼成本增加以致实体不公等缺陷。在我国努力构建和谐社会的新的战略目标下，民事诉讼朝着和谐的诉讼模式迈进，大力倡导和谐司法，无疑将成为新时期民事审

---

① 李龙：《法律与和谐》，载《中国法学会法理学研究会 2005 年年会论文集》（内部发行），2005 年，第 43—47 页。

判的重要特征。"①

　　随着对调解功能认识的转变、提高，调解工作受到前所未有的重视。2002 年 9 月，最高人民法院《关于审理涉及人民调解协议民事案件的若干规定》的颁布和司法部《人民调解工作若干规定》的实施，标志着调解解纷机制再次受到重视，"大调解"的格局随之应运而生。作为"大调解"格局的重要组成部分，法院调解顺理成章地重新成为理论与实务的热点。"法院调解在中国绝不仅仅是一种纠纷解决的技术或方式，而是社会治理的一种制度性或体制性存在。因此，研究调解决不能仅仅着眼于程序的层面，而必须将其视为社会治理机制中的一环，结合社会转型的背景展开。"② 为了进一步完善和加强调解工作，充分发挥调解作用，2004 年 9 月最高人民法院发布了《关于人民法院民事调解工作若干问题的规定》。2007 年 3 月最高人民法院又发布了《关于进一步发挥诉讼调解在构建社会主义和谐社会中积极作用的若干意见》，明确提出"创新机制，完善制度，充分发挥诉讼调解化解矛盾、平息纠纷的作用"。2009 年 8 月，最高人民法院发布《关于健全诉讼与非诉讼相衔接的矛盾纠纷解决机制若干意见》，对立案前行政机关、社会组织调解与诉讼的衔接、仲裁与诉讼的衔接及立案后行政机关、社会组织调解与诉讼的衔接等两个方面的衔接机制进行了规范，并扩大了赋予合同效力的调解协议的范围，鼓励行政调处、人民调解、行业调解发展。目前不仅在民事诉讼中调解得以广泛运用；行政诉讼中，法院也在加大探索和完善协调结案工作力度，促进当事双方和解；刑事诉讼中的附带民事诉讼也特别重视和强调调解工作，并积极推进轻微刑事案件的和解工作。国务院 2006 年 12 月

---

①　肖扬：《建设公正高效权威的民事审判制度，为促进社会和谐稳定发展提供有力司法保障——在第七次全国民事审判工作会议上的讲话》，载最高人民法院民事审判第一庭编：《民事审判指导与参考》（2007 年第 1 集），法律出版社 2007 年版。

②　范愉：《调解的重构——以法院调解的改革为重点》，载《法制与社会发展》2004年第 3 期。

制定的《诉讼费用交纳办法》第15条规定"以调解方式结案或者当事人申请撤诉的，减半交纳案件受理费"，明确体现了对调解方式结案的鼓励。

司法实务界的改革得到了理论界的大力支持和声援。一些学术机构和学者围绕和谐主题和多元化纠纷解决机制的构建积极开展学术研究，取得了丰硕的成果。有学者指出，司法和谐的价值促进了司法模式的多样化。例如，一些国家尝试实行"恢复性司法"就是一个探索性的新模式。一些特殊程序的设立也体现了程序多元，如在日本，少年诉讼程序、强制医疗程序以及被害人参与诉讼程序都是对常规程序的补充。① 有研究者提出了"合作性司法"的概念，并将"合作性司法"进一步区分为"最低限度的公力合作""公力合作"与"私力合作"三个模式。② 还有学者提出构建平等合作诉讼模式的设想，认为控辩对抗固然是刑事诉讼的应有规律，但激烈的对抗不仅会增加诉讼成本，直接加剧控辩之间的紧张关系，而且会影响到以案件为中心的多种利害关系人之间的和谐关系。控辩合作模式则可以体现司法和谐的现代价值追求。③ 总的来说，构建"和谐社会"导向下诉讼理念由对抗向合作的转变，引起了学界的普遍关注和深入论证。学者们孜孜不倦的研究又为推动法律的修改完善提供了大量的智识资源。

（二）宽容价值的突起

按照《布莱克维尔政治学百科全书》的定义，宽容"是指一个人虽然具有必要的权力和知识，但是对自己不赞成的行为也不进行阻

---

① 齐树洁：《我国司法体制改革的回顾与展望》，载《毛泽东邓小平理论研究》2009年第4期。

② 陈瑞华：《刑事诉讼的中国模式》，法律出版社2008年版，第一章、第二章。

③ 冀祥德：《和谐社会语境下的控辩平等——以构建平等合作诉讼模式为中心的研究》，载《法学家》2008年第3期。

止、妨碍或干涉的审慎选择"①，它包含了自我克制的意思。宽容其实是一个具有深远历史背景与复杂宗教文化渊源的概念，其核心要义在于，要求人们在人格平等与尊重的基础上，以理解宽谅的心态和友善和平的方式，来对待、容忍、宽恕某种或某些异己行为、异己观念，乃至异己者本身的道德与文化态度、品质和行为。② 面对主体需求的多样性，社会价值观念的多元化，仅仅主张和谐价值，尤显理念不足。何以达致和谐？唯有宽容！正如学者业已指出的："当代中国和谐社会的建构需要将宽容与和谐精神融入社会政治生活的各个层面，形成全方位、全民族的文化精神的提升。作为人类社会政治文明的宽容内涵人类社会的普遍价值，因而是合乎基本人性的。在探索和建构和谐社会的同时，也提升了人类社会的宽容精神，亦即提升了人类文明本身。"③

　　作为一种文明社会的解纷方式，诉讼应当与野蛮的和宗教式的复仇相分离，这就需要将宽容确立为一项基本的价值原则。我们不否认，对于各类纷争的解决选择斗争的方式有时是正义的。但在许多情况下，解决冲突的其他方法如和解、宽容等则是更可取的。假设没有宽容精神，人人、事事、时时都主张为权利而斗争，誓死力争，丝毫不让，那么，社会的和谐是无从谈起的。在目前这个多样性的社会中，每一个人都要应付不可避免的差异性和冲突，这时社会对宽容价值的需求越来越迫切，也唯有宽容才能确保多种价值观的并存与和谐相处。正如考夫曼教授所言：宽容在当今世界所扮演的角色要比过去来得重大。宽容应该是"多元风险社会"中的一项重要美德。④ 宽容乃是协调个人、国家和社会各方面利益，优化诉

---

① ［英］戴维·米勒、［英］韦农·波格丹诺主编：《布莱克维尔政治学百科全书》，邓正来主译，中国政法大学出版社2002年版，第820页。

② 万俊人：《寻求普世伦理》，商务印书馆2001年版，第507—508页。

③ 葛荃：《中国化的宽容与和谐——从传统到当代的政治文化整合》，载《华侨大学学报》2006年第4期。

④ ［德］考夫曼：《法律哲学》，刘幸义等译，法律出版社2004年版，第413页。

讼解纷机制的一项价值准则。与正义、秩序、效率等诉讼价值相比，宽容在现代已发展成为一项具有不可替代作用的独立形态的基本价值。

诉讼中的宽容，可以理解为是睚眦必报、严刑峻法、严法主义的对立面，它主要包括当事人相互间的宽容和社会及司法处置时对当事人的宽容。可以说，无论是中国古代的和合文化，还是西方宗教中的宽恕、博爱理念，都十分推崇和缓、宽容的纠纷解决方式，倡导人们化解冲突，和睦友爱相处。[①] 和谐社会目标导向下宽容理念得以强化并正在向社会方方面面渗透，宽容司法正在悄然兴起。目前学者们所主张的诉讼中司法克制、平等协商、诉讼妥协、诉讼宽容以及建立未成年人轻罪记录消灭制度等无疑都可视为适应宽容价值突起而生的观念形态。宽严相济刑事政策更是包含着深厚的宽容精神。当然，真正的宽容并不意味着容忍一切，而是意味着容忍那些应该容忍的事物。2010 年最高人民法院发布的《关于贯彻宽严相济刑事政策的若干意见》第 14 条规定：宽严相济刑事政策中的从"宽"，主要是指对于情节较轻、社会危害性较小的犯罪，或者罪行虽然严重，但具有法定、酌定从宽处罚情节，以及主观恶性相对较小、人身危险性不大的被告人，可以依法从轻、减轻或者免除处罚；对于具有一定社会危害性，但情节显著轻微危害不大的行为，不作为犯罪处理；对于依法可不监禁的，尽量适用缓刑或者判处管制、单处罚金等非监禁刑。换言之，宽容是有条件的，宽容的前提是不能损害人权、正义等其他重要的价值原则。

宽容作为一项诉讼价值，不仅可为宽严相济刑事政策之类的制度创新提供理论证成，而且也是衡量已有制度利弊的重要标尺。如有学者检讨了时下的对抗型审判模式的妥当性，指出苛严的证据制度，不利于和平解决纠纷，应当进行一场"柔性化"改革；而随着"柔性

---

① 陈光中、葛琳：《刑事和解的理论依据与适用构想》，载黄京平、甄贞主编《和谐社会语境下的刑事和解》，清华大学出版社 2007 年版。

化"的审判模式遍及所有法域，必将有助于促成一个宽容的法治社会。①

（三）正义价值的意涵变迁

在人类历史上，诉讼乃至法律始终与正义有着密切的联系。自古至今，"正义"一直被视为法的一种必然内涵，或者评价法律的一个标准，或者法律所要追求的一项价值，而"诉讼"往往被冠以"为正义而战"的伟岸形象。从历时性的视角看，传统的正义价值主要体现为保障当代人的公平和正义，而和谐社会视野下的正义价值还要充分考虑当代人和后代人之间的代际正义以及环境正义。从共时性的视角看，传统的正义价值往往更多地侧重于实体正义的保障，而对程序正义或多或少有所疏忽和轻慢；而和谐社会视野下的诉讼正义价值要求奉行整体正义观，即不仅要追求实体正义，还要保障程序正义，尤其要求重视程序正义的价值，要使程序正义获得与实体正义平等的地位，从而实现两者相辅相成，互为依托，共同作为诉讼活动的整体价值取向。国务院新闻办公室发布的《国家人权行动计划（2009—2010年）》在"公民权利和政治权利保障"部分即规定"坚持程序公正和实体公正并重原则，切实保障被告人充分行使辩护权等诉讼权利。"在整体正义观下，当程序正义与实体正义发生冲突，应确保经由程序正义追求实体正义。一定意义上讲，诉讼所追求的正义价值，其所指首先应当是程序正义。

正义价值的意涵变迁集中表现在人们对环境正义和程序正义的空前关注。对于捍卫环境正义的方式，经过政界、学界以及民众的积极探索，借由推进环境公益诉讼实现环境正义已基本成为一种共识。②学者也清醒地认识到：从客体看，环境公益诉讼需要应对的是行为

---

① 蒋大兴：《审判何须对抗——商事审判"柔性"的一面》，载《中国法学》2007年第4期。

② 陈虹：《环境公益诉讼功能研究》，载《法商研究》2009年第1期。

"对环境的损害"，不宜将"对人的损害"纳入环境公益诉讼的范畴。① 而对于程序正义的论述中，是否采纳非法证据排除规则就是一个典型。"排除非法证据，体现了在程序正义与实体正义相冲突时将程序正义置于实体正义之上的价值选择，是正当程序观念的直接体现。程序正义与实体正义相统一的理想状态，是诉讼过程与诉讼结果的统一与和谐，由于违法的取证行为的发生，这种统一与和谐已经遭到破坏。在这种情况下，为维护正义甚至不惜牺牲实体正义，不仅体现了现代法治观念，也体现了诉讼民主化的斗争成果。"② 学界的热烈讨论和积极推动，带来了整个社会观念的转变，也引起了司法最高层的重视。在这样的背景下，2010 年 5 月 30 日，最高人民法院、最高人民检察院、公安部、国家安全部和司法部联合发布了《关于办理死刑案件审查判断证据若干问题的规定》和《关于办理刑事案件排除非法证据若干问题的规定》，明确规定以刑讯逼供等非法手段取得的犯罪嫌疑人、被告人供述，属于非法言词证据，应当依法予以排除。③ 上述两个重要司法解释文件的制定是程序正义得到整个社会重视和认可的结果。

四 和谐社会与诉讼价值位阶的转换

所谓诉讼价值的位阶，就是诉讼所要达到的不同社会目的和不同实体价值之间的排序。诉讼价值必然具有时代性，不同时代存在不同的诉讼价值体系，必然形成不同的诉讼价值位阶。和谐社会命题的提出，也相应地决定了诉讼价值位阶的转换。

---

① 吕忠梅：《环境公益诉讼辨析》，载《法商研究》2008 年第 6 期。

② 张桂勇：《论对非法证据的排除》，载《中国人民大学学报》1995 年第 6 期。

③ 《"两高三部"有关负责人就两〈规定〉答记者问》，载《法制日报》2010 年 5 月 31 日第 1 版。

（一）正义价值的提升

正义是和谐社会的重要标志，是法律应始终奉行的价值观，也是诉讼应当追求和保障的价值。然而，我国在相当长的时间内由于主张"效率优先，兼顾公平"导致效率价值过分提升，严重损及公平正义的应有地位。和谐社会要求科学发展，即全面、协调、可持续发展，这就必须提升"正义"价值的位阶或者说使"正义"价值回归到本应的位置。"正义是社会制度的首要价值，正像真理是思想体系的首要价值一样。一种理论，无论它多么精致和简洁，只要它不真实，就必须加以拒绝或修正；同样，某些法律和制度，不管它们如何有效率和有条理，只要它们不正义，就必须加以改造或废除。"① 和谐社会视野下诉讼活动必须把正义价值置于首要位置，使司法始终扮演坚守整个社会正义防线的角色。

公平、公正乃是正义的基本要素。在诉讼中，正义对当事人而言主要是获得公平的诉讼地位、享有平等的诉讼权利和获得同等的程序保障；对司法机关而言就是实现司法正义、确保司法公正，即在案件处理中立场公允，不存偏私。诉讼所追求的正义往往要通过司法机关的裁判行为来实现，因而司法公正是实现诉讼正义的基本保障。培根说得好："一次不公的裁判比多次不平的举动为祸尤烈。因为这些不平的举动不过弄脏了水流，而不公的裁判则把水源败坏了。"②

正是基于司法公正对于保障诉讼正义、促进社会和谐作用的深刻认识，近年来我国不断推进的司法改革一直将"司法公正"确定为重要目标。党的"十六大"报告在"推进司法体制改革"中指出："社

---

① ［美］罗尔斯：《正义论》，何怀宏、何包钢、廖申白译，中国社会科学出版社1988 年版，第 3 页。

② ［英］培根：《培根论说文集》，水天同译，商务印书馆 1983 年版，第 193 页。

会主义司法制度必须保障在全社会实现公平和正义。"[1] 党的十六届六中全会通过的《中共中央关于构建社会主义和谐社会若干重大问题的决定》和《中共中央关于进一步加强人民法院、人民检察院工作的决定》都明确要求，司法机关要公正司法，充分发挥司法维护公平正义的职能。2009 年最高人民法院《关于公布人民法庭庭训的通知》将"公正、廉洁、为民"确定为人民法庭庭训，并指出"公正"是人民法院工作的生命线，司法活动要以"维护公平正义"为目标。这些举措无不体现了对"正义"价值的尊崇，这也正是建设和谐社会所需要的。

随着正义价值的张扬，人们开始更多地从正义角度去思考各项诉讼程序的设计机理。从审判公开制度、法官释明制度到民事诉讼的简易程序，再到刑事诉讼中的死刑复核程序、量刑制度改革，从官方推动的制度完善到学者进行的理性反思，无不闪烁着正义价值的光芒。

例如，审判公开制度的完善就是以实现诉讼正义（司法公正）为目的的。对此，原最高人民法院副院长张军作过深刻的剖析。他指出：本着以"公开促公正"的宗旨，我们完善了公开审判制度，并高度重视这一制度的贯彻落实，审判工作的各重要环节都做到了依法公开、及时公开、全面公开。对于依法公开审理的案件，我国公民及外国人、无国籍人均可持有效证件旁听；对于有较大社会影响的案件，主动邀请人大代表、政协委员旁听；对于社会普遍关注的案件，通过电视、互联网等媒体进行庭审直播、转播；对办案过程中涉及当事人或案外人重大权益的事项，如申请再审、执行异议、减刑、假释等，根据案情，举行听证；高度重视、突出强调裁判文书的释法说理，事关生杀予夺的裁判文书由过去的一两页纸发展到今天的平均三五千言，使审判公开实现了过程公开与结果公开、形式公开与实质公开的有机统一。[2]

又如，释明权制度也承载着促进正义的功能。研究表明，现代法

---

① 江泽民：《全面建设小康社会，开创中国特色社会主义事业新局面》，载中共中央文献编辑委员会编：《江泽民文选》（第三卷），人民出版社 2006 年版。

② 张军：《中国审判制度的发展》，载《中国法学》2008 年第 5 期。

官释明权的功能已从救济弱势当事人演进到促进法官与当事人之间的沟通，避免突袭裁判的不意打击，到现代更发展为以达成共识为目的，促进当事人之间以及当事人与法院之间的共同讨论交流，法官释明权对促进实质正义与程序正义的实现有不可或缺的作用。[①]

即便是被认为主要体现"效率"价值的简易程序，也蕴含着丰富的"正义"因子。从简易程序的源头看，它不是为诉讼的效率而生的，而是程序类型化理论的必然要求。程序类型化设置的目的，就是使每个人得到他应当得到或同等情况下得到同等的对待，从而实现正义。从国家诉讼制度的整体机能来看，由于增设了简易程序，把有限的司法资源节约出来，投入到重大、复杂、疑难、被告人作无罪辩护的案件中去，使这些案件在普通程序中得到细致、周到、公正的审理，这样不仅使普通程序的公正性得到实现，而且也更好地促进了普通程序的改革。简易程序与普通程序并行设置，根据案件的具体情况选择适用繁简程度不同的处理程序，有助于整体正义的实现。[②]

以正义价值考量死刑复核程序，会发现死刑复核权收归最高人民法院行使有利于正义的提升。但目前死刑复核程序的运行方式，不利于实现司法正义。死刑复核程序中，最高人民法院通过秘密、书面和间接的阅卷对下级法院的事实裁判进行复审，不在公开的法庭上听取检察官和辩护律师的意见。同时，核准被告人死刑也不在公开的法庭上进行，只采取秘密提审的方式。本质上讲，这是一种行政化裁判程序，它不利于实现司法正义。[③]

再如，当前我国刑事诉讼中由最高人民法院推进的量刑程序改革也包含了顺应诉讼正义、满足人们不断增长的司法公正需求之意。因为在刑事诉讼活动中，人们不仅要求法院的定罪要公正，而且要求量

---

① 肖建华、陈琳：《法官释明权之理论阐释与立法完善》，载《北方法学》2007 年第 2 期。

② 毛立华：《程序类型化理论简易程序设置的理论根源》，载《法学家》2008 年第 1 期。

③ 陈瑞华：《通过行政方式实现司法正义——对最高人民法院死刑复核程序的初步考察》，载《法商研究》2007 年第 4 期。

刑也要公正；就量刑公正而言，不仅要求法院的量刑结果应当适当、均衡，而且要求量刑的过程应当公开、透明。①

（二）人权价值的高扬

和谐社会要维护最广大人民群众的根本利益，其核心就是以人为本。以人为本必然要求维护和保障人民的权利，以人的权利为本。因为，权利是利益实现的前提和基础，是利益实现的保障。如果一个人的权利得不到保障，社会缺乏公民利益遭到损害后的救济渠道，那么人民利益的实现就只能是一句空话。构建和谐社会，必须培育和确立公民权利至上的价值观。对社会主体的权利保障应该是全方位的，不仅要保障人身权利，而且要保障财产权利；不仅要保障实体权利，而且要保障程序权利；不仅要保障第一代和第二代人权，而且要重视第三代人权；不仅要重视权利的平等保护，而且要对弱势群体给予一定的"补差"，以切实保障他们的权利。第三代人权一般认为主要包括发展权、环境权、和平权。发展权作为一项基本人权，其可司法性无论是在实定法层面还是在应然法意义上都获得了充分论证。而有关环境权诉讼的理论探讨和实践运行更是如火如荼。对弱势群体要给予一定的"补差"性保护，在诉讼环节主要体现为法律援助制度和诉讼费用减免制度的运行。党中央、国务院对法律援助工作一直十分重视。2001 年 3 月 15 日第九届全国人大四次会议通过的《中华人民共和国国民经济和社会发展第十个五年计划纲要》将"建立法律援助体系"确定为一项社会发展目标；2002 年党的"十六大"报告要求"积极开展法律援助"；2003 年国务院颁布了《法律援助条例》；2007 年党的"十七大"报告进一步明确提出要"尊重和保障人权，依法保证全体社会成员平等参与、平等发展的权利"②；2012 年党的"十八大"

---

① 李玉萍：《中国法院的量刑程序改革》，载《法学家》2010 年第 2 期。

② 《胡锦涛在党的十七大上的报告》，http://news.xinhuanet.com，下载日期：2010 年 5 月 30 日。

报告则提出"保证人民依法享有广泛权利和自由","要在全体人民共同奋斗、经济社会发展的基础上,加紧建设对保障社会公平正义具有重大作用的制度,逐步建立以权利公平、机会公平、规则公平为主要内容的社会公平保障体系,努力营造公平的社会环境,保证人民平等参与、平等发展权利"。而 2013 年 11 月党的十八届三中全会通过的《中共中央关于全面深化改革若干重大问题的决定》不仅规定了"坚持以人为本,尊重人民主体地位",而且在第(34)条规定:"完善人权司法保障制度。国家尊重和保障人权。进一步规范查封、扣押、冻结、处理涉案财物的司法程序。健全错案防止、纠正、责任追究机制,严禁刑讯逼供、体罚虐待,严格实行非法证据排除规则。逐步减少适用死刑罪名。""健全国家司法救助制度,完善法律援助制度。完善律师执业权利保障机制和违法违规执业惩戒制度,加强职业道德建设,发挥律师在依法维护公民和法人合法权益方面的重要作用。"这些对诉讼活动无疑是具有指导意义的。

尊重和保护人权是人类社会文明进步的标志,目前我国诉讼领域的诸多改革措施都体现了保障人权的趋势和要求。如刑事司法改革总体上体现出从传统的注重打击犯罪到现代的注重保障犯罪嫌疑人、被告人以及被害人基本人权的目标转向。譬如:将死刑核准权收归最高人民法院行使;规定具有无罪推定精神的未经人民法院依法判决不得确定有罪的原则;取消收容审查;确立证据不足作无罪处理的疑罪从无规则;扩大适用非羁押措施的范围;提高被害人的诉讼地位,使其成为当事人,相应地扩大了其诉讼权利,等等。①

(三) 效率价值的重新定位

实行市场经济之初我国提出的"效率优先,兼顾公平"政策,对于推动经济进步和社会发展发挥了至为重要的积极作用,但它也导致了效率价值的过分提升。和谐社会目标下,强调效率的价值,必须注

---

① 陈光中:《进一步推进刑事诉讼法制建设》,载《中国法学》2008 年第 5 期。

意以下两点：一是不仅要重视效率的"量"，而且尤其要重视效率的"质"；二是不仅要关注一事一案的即时性效率（或称之为短期效率），而且要关注此事此案可能影响的历时性效率（或称之为长期效率）。同时，需要警醒的是，效率价值的追求，应满足以下两个基本条件：一是效率的提升不能以牺牲正义为代价；二是效率的实现须以保障权利为前提。要在保障正义和尊重权利的前提下，大力提升诉讼效率。

　　2007 年，党的"十七大"报告提出要"深化司法体制改革，优化司法职权配置，规范司法行为，建设公正高效权威的社会主义司法制度"。① 2012 年 11 月党的"十八大"报告提出"进一步深化司法体制改革，坚持和完善中国特色社会主义司法制度"。2013 年 11 月 12 日中国共产党第十八届中央委员会第三次全体会议通过的《中共中央关于全面深化改革若干重大问题的决定》则提出"深化司法体制改革，加快建设公正高效权威的社会主义司法制度"。② 这里的"高效"就是对效率价值的表达，并将高效作为对司法制度实现社会公平正义的及时性要求提出，无疑是一个合理的定位。诉讼效率低、诉讼周期长是诉讼中普遍存在的问题，尤其是在当前诉讼案件数量不断大幅增加的趋势中，更应通过改革创新不断提高司法效率，通过大胆创新简便、快捷、低成本的司法程序，实现富有效率的司法。③ 因此，应构建多元的简易程序包括速决程序、简化审程序、辩诉交易程序等④，不断提升诉讼效率。

　　当前司法改革的许多措施和相关的学术探讨都不乏基于效率价值

---

　　①　《胡锦涛在党的十七大上的报告》，http：//news.xinhuanet.com，下载日期：2010 年 5 月 30 日。

　　②　《中共中央关于全面深化改革若干重大问题的决定》，载《新华每日电讯》2013 年 11 月 16 日。

　　③　夏锦文：《当代中国的司法改革：成就、问题与出路——以人民法院为中心的分析》，载《中国法学》2010 年第 1 期。

　　④　陈卫东、张月满：《对抗式诉讼模式研究》，载《中国法学》2009 年第 5 期。

的思辨，兹以证据制度为例。2001 年，最高人民法院《关于民事诉讼证据的若干规定》规定的证据失权制度，就是一项有助于提高诉讼效率的举措。但因其不利于对当事人合法权益的保护，与实体正义之间存在着无法调和的矛盾，从发布之日就备受责难。因证据失权而败诉的当事人不断地申请再审或者到处申诉，生效判决无法实现案结事了的目的，社会对那些的确存在着本该胜诉的证据，仅仅因为未能够在法院指定的期限内提交就被判决败诉的当事人也充满了同情。① 在诉讼理论界对证据失权制度批评不断和实践运行困难重重的情况下，2008 年 11 月，最高人民法院又发布了《关于适用〈中华人民共和国民事诉讼法〉审判监督程序若干问题的解释》，该司法解释文件对于逾期举证行为采取的对策是费用制裁，即通过让有过错的一方承担诉讼费用、赔偿对方当事人的经济损失来对逾期提交证据的一方进行制裁，以此来促使当事人按期举证。与证据失权相比，"费用制裁"方案兼顾了实体公正与程序公正、实体公正与诉讼效率的要求，因而被视为是一种更优的方案。② 再如我国传统刑事诉讼奉行的侦查中心主义体现的主要价值是治罪效率，即它直接和充分地利用了侦查的成果，避免了审判阶段进行实质性证据调查的复杂甚至缺乏效率的活动，但它缺乏对人权的尊重和保障。因此从现代刑事司法既要打击犯罪又要保障人权的价值取向出发，刑事诉讼应采用审判中心主义模式而非侦查中心主义模式。③

此外，有关辩诉交易、选定当事人制度、团体诉讼制度、集团诉讼制度等的讨论也都包含着对效率价值的考量；其中引进"示范诉讼"制度，建立"准必要共同诉讼制度"的探索，可视为对"效率"

---

① 纪格非、刘佳洁：《〈民事证据规定〉实施效果的实证考察与分析》，载《中国司法》2007 年第 10 期。

② 李浩：《民事诉讼法典修改后的"新证据"——〈审监解释〉对"新证据"界定的可能意义》，载《中国法学》2009 年第 3 期。

③ 龙宗智：《建立以一审庭审为中心的事实认定机制》，载《中国法学》2010 年第 2 期。

价值的较好把握。示范诉讼针对的是群体诉讼。正如学者指出的：近年来，我国涉及多数人利益的农民工工资拖欠、房屋拆迁安置、环境污染等群体性纠纷频发，而《民事诉讼法》规定的代表人诉讼制度由于程序设计粗糙等，在解决群体性纠纷中的作用极其有限。示范诉讼通过个案审理明确具有共通性的事实或法律问题，一次性解决具有共同争点的大量诉讼请求，在缓解审判压力的同时，有助于"和谐诉讼"的司法改革目标的实现。因此，我国应积极引进这一制度，同时在法院系统内部建立处理群体诉讼案件的协调机制，避免重复司法。[①]"准必要共同诉讼制度"的建构则是针对诉讼标的牵连型诉讼。根据我国现行立法和司法实践，诉讼标的牵连型诉讼既可分离诉讼，也可合并诉讼，采用何种方式，取决于原告的选择。受诉法院往往倾向于鼓励原告提起分离的诉讼，以便使案件的处理更为简单。[②]然而，这种情况下实行分离诉讼，对于诉讼个案而言是效率的，但对于相互牵连在一起的整个案件的处理却是不效率的。建立"准必要共同诉讼制度"，有利于克服狭隘效率观，确立科学的效率观。

综上所述，和谐社会作为一个系统的社会发展指导思想，对诉讼价值的变革具有广泛而深刻的导向意义。我们必须深刻理解和认真领会"和谐社会"命题对于诉讼价值观的法理意义，顺应时代要求，以和谐为导向，调整价值观念，改革制度设计，从而使"诉讼"行为成为促进和谐的利导器，而不是演变为破坏和谐的突破口。

---

① 齐树洁、徐雁：《群体诉讼的困境与出路：示范诉讼制度的建构》，载《中州学刊》2009 年第 1 期。

② 胡震远：《我国准必要共同诉讼制度的建构》，载《法学》2009 年第 1 期。

第三章

诉权保障的法文化学分析

——以法律文化的发展变迁为背景

人类社会的存在，就其内在的本质形态而言，不仅是经济社会的存在，更是文化社会；并且，随着人类社会的进步和社会经济的发展，人类的物质需求逐步得到满足之后，文化对于社会的意义更加凸显和重要，从经济型社会向文化型社会过渡成为一种历史的趋势。而文化并非如某些人所设想的那样，是一种静态的东西，它总是随着社会的进步而在不停地变迁。生活于一定时空的人必然要受到其所在场域之文化的支配。每一个人都生活在其所处的文化群体和特定的文化氛围之中，其言行举止和处事方式不可能不受到这一文化群体共享的文化规范的约束；如果某人胆敢不顾其所处文化氛围而自行其是，无疑会使自己处于与所在文化群体背道而驰的境地，结局必将是作为"文化异类"而被其文化群体所抛弃①，人是文化的存在，是社会文化的产物，这是不争的事实，而且人必须作为社会文化人而参与社会生活，因此人的行为必然要接受一定的文化指令。

一　诉权保障与法律文化的基调转换②

诉权乃是一项重要的法律制度设计，诉权保障不仅需要制度的跟

---

① 王玉亮：《法治理念下的律师文化建设》，载《中国司法》2006 年第 6 期。

② 本部分主要内容曾以《权利问题研究与当代中国法律文化的发展变迁》为题，发表于《法制与社会发展》2010 年第 1 期。

进，更需要文化的滋养和哺育，具体而言没有法律文化的与时俱进就休论诉权的充分保障。促进中国法律文化基调的彻底转化是诉权保障的基本前提。

当代中国法律文化面临着一个重新选择的过程。改革开放之初，中国法律文化包含三个相互作用的法律文化子系统，它们分别是中国传统法律文化、社会主义法律文化和西方法律文化。在新中国成立后到改革开放长达 30 年的时间里，社会全面政治化，实行意识形态挂帅，西方法律文化因被认为是资本主义性质的法律文化而被拒之门外，西方法律文化对中国的法律生活基本上未产生任何影响。[①] 传统法律文化则在新中国成立之初的法律变革中被彻底地否弃，但并未销声匿迹，而是作为隐性法律文化潜伏于社会和人们内心之中。当时占据社会支配地位的主流法律文化是社会主义法律文化，它基本上是全面借鉴和移植于苏联，强调国家的整体利益，注重社会秩序的稳定，尤为重视法律的惩罚性功能，在一定意义上漠视甚至忽视个体的自主权利和地位，这些又与传统法律文化有着某些相通之处。在这样的背景下，社会的整体法律文化基调基本上以刑事性、惩罚性文化为主（这从当时先刑后民的立法次序也可见一斑，在改革开放之初的 1979 年 7 月 1 日就通过并颁布了《刑法》和《刑事诉讼法》，而到 1986 年 4 月 12 日才颁布《民法通则》，《民事诉讼法》则到 1991 年才颁布，2017 年 3 月 15 日才通过《民法总则》，至今没有民法典）。进入当代社会，现代化建设和改革开放使社会结构及人们的观念发生着巨大的变化。现代社会需要相应的现代法治，现代法治需要"文化底盘"，否则法治难以健康发展。[②] 如何适应这些变化，是中国法律文化面临的一个比较现实的问题。可以说，诉权保障需要法律文化基调的彻底

---

① 黄文艺：《多元法律文化互动的多元透视》，载《吉林大学社会科学学报》2001 年第 1 期。

② 高鸿钧：《法律文化的语义、语境及其中国问题》，载《中国法学》2007 年第 4 期。

转化，具体而言需要实现以下几个转化：传统法律文化的现代化，外来法律文化的中国化，以及先进法律文化的社会化、大众化、实践化①。如火如荼的权利浪潮和权利问题研究对法律文化的基调转换发生了重要的影响。

（一）传统法律文化的现代化

一定的法律文化现象总是在一定的时间、空间条件下形成和发展的。法律文化作为历史创造活动的积淀物，其发展不可能在与过去相割裂的状态下得到进行，而必然是一个不断绵延、不断积累的过程。正如学者指出的：法律文化必须是在批判地继承历史上所积累起来的有价值的法律文化遗产的基础上发展适合于当代社会所需要的法律文化。中国法律文化现代化的历史进程，无时无刻不受到中国传统法律文化的影响和制约。②

传统法律文化的现代化就是要使传统法律文化向现代法律文化转变。认识传统法律文化是分析这种转变的逻辑前提。按照公私法划分的传统，学者普遍认为中国传统法律文化属于"一种刑事性的或者说以刑事化为其基本特色的公法文化"。形成这种情形的最关键的社会原因，"是传统中国国家权力和观念的发达"。国家权力和观念发达，"势必形成一切以国家利益和社会稳定为最高价值，亦必然造成这种价值观的无限扩散，以至渗透到包括私人事务的领域。这样一来，私人事务与社会秩序和国家的政治控制不可避免地联系在了一起。最

---

① 张文显教授在《法文化：法学的一块新垦区》（载《当代法学》1991年第3期）一文中指出："法文化研究能够强化法学的参与意识，进而推动我国传统法文化的现代化，外来法文化的中国化，以及先进法文化的社会化、大众化、实践化。"笔者以为，"权利问题研究"是法律文化建设的"积极参与分子"，这里借用了张老师的"知识产权"，又结合笔者的论题作了"曲解"和个人的发挥。特此说明并致谢意。

② 刘作翔：《法律文化理论》，商务印书馆1999年版，第166、303页。

后，以维护最高价值为目的的国法亦只能是废私立公的法"①。这是相当敏锐的见解。中国社会传统上这种以刑法文化为主的公法文化，培养了人们对权力的畏惧、迷信、崇拜，并扼杀了人们的权利意识和个人意识。对中国社会而言，从人治社会向法治社会转变，意味着从权力文化向权利文化的转变，意味着人们摆脱传统的"法即刑"的观念束缚而赋予法以权利的灵魂。② 中国传统法律文化的基本基调呈现出普通民众的义务本位、权力至上、公法优位、礼法先行等特征。我国传统法律文化的负效应表现为权利伸张的阻碍。学界对此已有深切的认识，有学者曾明确指出，"现在人们对通过诉讼寻求权利救济的惧怕，与中国传统法律文化心理的影响密切相关"③。权利问题研究对传统法律文化现代化的推动，有着多个方面的体现。

首先，随着权利问题的突起，个人的自主地位得以宣扬，从法学的视角对国家权力形成了撼动。葛洪义教授对此有过精辟的分析。他指出：法律权利必然是法律关系主体的权利。"从表面上看，法律关系似乎是当事人之间的关系，但就其实质而言，任何法律关系的任何一方都与国家存在根本性的联系。"因此，"法律关系主体与国家的对立统一关系是法律权利的内在矛盾，即法律权利的本质所在"。而且，法律关系主体都是以个体形式出现的，因此，个体的自主地位是理解法律权利本质的关键。确立个体的自主地位，也即认真看待权利问题，最重要的理论前提之一就是坚决地、毫不迟疑地否定一切"偶像"。这些偶像包括并主要是指以社会或国家等名义压抑个体的整体性概念及作为整体的代表。这样思路下导引的结果必然是"个体不是国家实现自己目的的手段，恰恰相反，国家是实现个体目的的手

①　张中秋：《中西法律文化比较研究（第四版）》，法律出版社 2009 年版，第 78、102 页。

②　桑保军：《中国法文化四阶段分析》，载《甘肃政法学院学报》2005 年第 6 期。

③　徐忠明、任强：《中国法律精神》，广东人民出版社 2007 年版，"绪论"第 7—8 页。

段"①。这种有关权利本质的立场，矛头直指传统的权力本位的国家观念和与其相伴的国家主义法律观，颠覆传统的意旨是极为明确的。"权利限制权力、权力来源于权利"的思想，对于传统的法律文化犹如晴天霹雳，它要求对传统的国家权力与个体权利的角色定位（权力支配权利、国家高于个体）进行根本性的转换，也正是在这种观念的基础上，学界才形成了下述观点："公民权利既是国家权力的源泉，也是国家权力的配置和运作的目的和界限，即国家权力的配置，只有为了保障主体权利的实现，协调权利之间的冲突，制止权利之间的相互侵犯，维护和促进权利平衡，才是合法的和正当的。"② 这就是说，国家权力只有作为个体权利的保护性工具和补救性手段而存在，才是正当的。

其次，在权利问题研究中，研究者们有意识地从中国传统法律文化中寻求"权利"资源，挖掘"人权"因子，并进行"开发"及"再利用"，促使着传统法律文化向现代的"创造性转化"③。很多学者认为，中国古代尽管没有明确的权利概念，并不等于没有权利观念或人权意识，甚至在实践中也不乏保障"权利"的做法。④ 如夏勇教授认为，人权所包含的人道精神和大同精神，在中国古代社会里不仅存在而且相当丰富。在中国古代思想里，无疑存在超越实在法之上的道德法观念以及人格平等观念，自由观念在儒、道、佛三家思想中都很充沛。"原情当议""尊老扶幼"之类带有人道主义色彩的原则是

---

① 葛洪义：《论法律权利的本质》，载《当代法学》1988 年第 3 期。

② 张文显：《市场经济与现代法的精神论略》，载《中国法学》1994 年第 6 期。

③ "创造性转化"这一概念，是海外学者林毓生先生提出的看法。参见林毓生：《中国传统的创造性转化》，生活·读书·新知三联书店 1988 年版。所谓创造性转化，就是指用多元的思考模式将一些中国传统中的符号、思想、价值和行为模式加以重组与改造，使经过重组与改造的符号、思想、价值与行为模式变成有利于变革的资源，同时在变革中得以继续保持文化的认同。

④ 黄宗智：《民事审判与民间调解：清代的表达与实践》，中国社会科学出版社 1998 年版，第 134 页。

中国古代传统法不同于西方式个人自由和平等权利的特点，这类原则虽与第一代人权即个人自由、平等的政治权利隔膜重重，但与第二代、第三代人权概念在原理上却有较多相通之处。① 台湾学者李明辉也认为，传统儒家文化中的民本思想，固然与现代意义的民主思想不可同日而语，其中也不包含第一代人权所含涉的各种权利，但就第二代人权而言，民本思想因赋予君主保民养民的重要义务，因而能提供丰富的思想资源。② 中国传统法律文化中的权利资源，不仅为中国学者所乐道，也为国外学者所关注。如美国汉学家金勇义就有如下观点："中国传统的法律制度，除去命令和禁律外，也包含有许多明确的和不那么明确的旨在确定诸如财产权等的法律条文。"③ 国外学者的研究成果又为国内学者所掌握。研究还发现，中国古代保障的"权利"是多方面的，不仅对财产权有详细规定，还包括对于生命权的尊重、对人身自由权的保护等。④ 这些研究都揭示了中国传统法律文化蕴含的现代价值，推动了传统法律文化的现代化进程。

再次，权利问题研究彰显了现代法律文化的价值取向，并经由现代法律价值取向的彰显，促使整个国家、社会、公民的现代法律意识和观念水平得以普遍提高，从而促进了法律文化从传统向现代的转变。传统法律文化的现代化就是要使传统法律文化向现代法律文化转变。我国传统法律文化以政府的绝对权力和私人的绝对义务为内核，其法律价值以秩序为依归；现代法律文化则以民主、自由、平等、权利、法治等为基本价值取向。权利是人类文明社会所具有的一种实质性要素，它既是人的基本价值追求，也是社会文明演化进取所不可少

---

① 夏勇：《人权概念起源》，中国政法大学出版社 2001 年版，第 87、186 页。

② 黄俊杰：《传统中国文化与现代价值的激荡》，社会科学文献出版社 2002 年版，第 228 页。

③ 金勇义：《中国与西方的法律观念》，辽宁人民出版社 1989 年版，第 108 页。

④ 王运红：《中国传统法律文化中的权利资源》，载《河南科技大学学报（社会科学版）》2009 年第 1 期。

的力量。① 权利与民主、自由、平等、法治等现代法律价值相互交融，共为一体。英国民主理论家林赛认为，民主制度的必备条件包括言论自由和人的平等权利。可见民主把权利作为自己的价值追求并以此为自身实现的条件②。权利与法治息息相关。"法治的基点在人"，"对于人来说，权利始终是并且也不能不是第一位的"。因此，"法治也就当然要求所有的社会活动主体高度重视和珍视自己的权利，同时又要对他人的权利彼此给予同样的尊重与珍视"③。只有权利成为目的、权力成为手段的地方，才谈得上法治。④ 权利与自由、平等的关联更为紧密，不仅自由和平等均可体现为权利并形成为自由权利、平等权利，而且要通过权利保障自由和平等的实现。权利问题研究，不仅与民主、自由、平等乃至法治等问题的研究同步深化，而且权利问题研究的深化还有助于民主、自由、平等乃至法治等问题的研究深度和广度的提升与拓展，进而也就促进法律文化从传统向现代的转变。

（二）外来法律文化的中国化

人类文化是多元的，世界法律文化也是多元的。不同时空下的民族（国家）在其社会历史演变中产生了各具特色的不同法律文化传统。法律文化与其他形态的文化一样，天然具有交流、传播、互融等特点。人类文化正是在互相吸引、互相包容、互相渗透中，吸取精华，剔除糟粕，不断得到繁荣与发展。中国进行现代化建设，既应保持法律文化的历史延续性、民族性，也应对外开放，加强法律文化的交流，吸收世界上法律文化的优秀成果，为我所用，以保证现代化的

---

① ［美］爱·麦·伯恩斯：《当代世界政治理论》，曾炳钧译，商务印书馆1983年版，第6—27页。

② 俞荣根：《民权：从民本到民主的接转——兼论儒家法文化的现代化》，载《学习与探索》1999年第1期。

③ 姚建宗：《法治的多重视界》，载《法制与社会发展》2000年第1期。

④ 周永坤：《社会优位理念与法治国家》，载《法学研究》1997年第1期。

顺利发展。① 外来法律文化的中国化，就是要努力实现法律文化的洋为中用。我们通常所说的"外来的法律文化"主要是指西方法律文化。西方法律文化的冲击，无疑是引起现代中国法制变革的重要动因之一。借鉴作为人类文明成果之一的西方法律文化，是中国法律文化发展的题中应有之义。

西方法律文化的基本特色是私法文化的传统与发达，而西方私法文化的传统与发达是建立在发达的商品经济和对个人权利的承认之上的，因为私法是一种理性化、私人化的民事性法律体系及其意识，与市场和个人有着不可分割的内在联系。从法哲学上透视，可以说私法文化的传统与发达正是对市场自由和个人权利尊重的体现，是西方文化的核心价值在法律上的表达。它在推动经济市场化、政治民主化和社会法治化的同时，还保护和促进了人权的发展，这是它持久的价值所在。② 从西方社会的历史发展来看，是在经过文艺复兴而形成的人道主义文化和资产阶级启蒙思想家关于人权理论的不断发展以后，王权才不得不逐渐降至次要地位的。英国的《自由大宪章》（1215 年）、《权利请愿书》（1628 年）和《权利法案》（1689 年）；法国的《法国宪法》（1791 年）和《拿破仑法典》（1804 年）；美国的《独立宣言》（1776 年）和《美利坚合众国宪法》（1789 年）等都是重视公民权利、限制王权的传世经典文献。伸张权利、限制公权（包括王权在内），是西方法律文化的主流。

如何评价西方法律文化对中国传统法律文化的冲击，固然是一个十分复杂的问题，但不可否认的是，西方法律文化中的权利学说、人权思想确确实实对中国权利问题研究和法律文化建设提供了知识资源和理论支持。权利问题研究中许多问题的论证借助了西方权利（人权）理论、观念、思想。当代中国权利问题研究的兴起，固然是学界对中国国内思想解放、经济转型、政治发展等现实国情下权利呼求的

---

① 刘作翔：《法律文化理论》，商务印书馆 1999 年版，第 170 页。

② 张中秋：《论西方私法文化的传统与发达》，载《江西社会科学》2005 年第 8 期。

回应，但是不可否认，它也确实与西方法律文化价值观念的影响有关，甚至可以说，没有西方法律文化观念的传输，就不可能有我们现在所能看到的以西方话语表述的权利思想和权利理论。① 在进行权利问题研究时，学者们对西方的权利观念和学说表现出了极大的兴趣和热情。他们不仅仅翻译、引进了大量的西方权利学说经典论著，而且发表了大量的介绍类文献；也不单单以西方权利理论作为学术论证的资源，而且有意识地将西方权利理论与中国的传统文化和社会实践对接，进行着学术本土化的智识努力。如夏勇教授认为，"作为西方政治法律文化之精髓的权利理论、人权观念就并不是与中国传统格格不入的。在这里，明智的、可行的，不是辨否，而是引发；不是移植，而是会通。既然我们把着眼点放在寻求人类共同法则并进而探明中国变法维新之路，那么，就不该把精力过多地放在满足纯文化学旨趣的辨别识异，甚至简单地以己之短比人之长，或以人之短比己之长，以致淡化或忘却我们的文化使命和社会责任"②。

我国的权利问题研究，在相当大的程度上，吸收借鉴了西方的人权理论，促成了人权普世价值的认同。权利问题的研究，既参与着外来法律文化中国化的进程，构成了其中的强音，同时也推动了外来法律文化中国化的进程。

（三）先进法律文化的社会化

法律文化的社会化，是指作为一种极其重要的文化类型的法律文化在整个社会中的普及、传播活动及其发挥功能和实现的程度。法律文化社会化更重要的含义在于将法律文化作为社会调整文化的重要内容和社会调整机制的重要手段，赋予法律文化在社会生活中高于其他

---

① 这里借鉴了赵明教授的说法。赵明：《近代中国的自然权利观》，山东大学出版社2003年版，第21页。

② 夏勇：《朝夕问道：政治法律学札》，上海三联书店2004年版，第8—10页。

社会调整文化和调整机制的重要地位。① 先进法律文化的社会化就是要让先进法律文化深入到社会的方方面面，为人民所接受和认同，并以此指导自己的思想和行为。一种法律文化社会化的程度，往往通过这种法律文化在社会上的传播、渗透及获得认知、认同、支持的程度来体现。对于法律文化，从义务本位到权利本位是法律文化发展的历史进步和必然规律。② 重视人权的法律文化相对于无视人权的法律文化更为先进。而先进法律文化不应成为空中楼阁和桌面的花瓶，而应实实在在地融于真真切切的生活，化为现实的力量。这一切，都需依靠民众权利意识的培养，单纯灌输和强化"法律意识"很容易演化为"守法意识""服从（管理）意识"。而法治的精髓在于权利的保障，在于人权的高扬。要使先进法律文化生活化，就不仅仅是权利的呼唤、权利的确证、权利的法律化，而是权利的生活化，就要十分关注权利的实践。重点不在"普法"，而在"维权"、护权和践行权利，弘扬权利文化。

权利问题研究表现出的强烈的实践向度，不仅推动着而且践行着先进法律文化的社会化。改革开放三十多年来，权利问题研究从权利言辞的论证到对权利实践的关怀，从大写的权利到具体的权利，权利本位理论逐步由观念走向"实证"，由逻辑推衍转向部门法学运用，无疑是在践行着先进法律文化的社会化、大众化和实践化。

综上所述，民众权利意识的崛起和思想界权利问题研究的兴起不仅伴随着外来法律文化的中国化，而且还推动着传统法律文化的现代化，并践行着先进法律文化的社会化。在三种转化相互交融的合力下，带来了当代中国法律文化基调的彻底转变，即转变为一种权利法文化，或谓之权利文化。权利文化是"以权利为本位的文化"，是崇尚个人权利和人权的文化。"权利文化对人权的保护和尊重，不仅表现在对人们正当权利要求的精神支持与制度保障方面，更重要的是权

---

① 刘作翔：《法律文化理论》，商务印书馆1999年版，第179页。

② 张文显：《马克思主义法理学》，高等教育出版社2003年版，第262页。

利文化内在地具有限制、规范政府权力的基因和机制。""只有权利的要求成为社会的普遍要求，只有权利的制度成为社会的中枢制度，只有权利的文化成为社会的主流文化，法治才能由社会理想变为社会现实。"① 权利文化的张扬，使得人们习惯于从权利的角度理性思考法律乃至社会生活的方方面面，这样"权力至上"的价值观才能渐渐从思想界和知识界失去市场。

目前，法律文化基调的转换已呈现出了大体的轮廓，但旧有观念的影响也还依然存在，从诉权保障的角度看，应进一步推动法律文化基调的转换。

二 诉权保障与诉讼文化的现代转型

诉权保障的实现需要法律制度的变革与演进，而制度的变革与演进如果以观念的更新为前提则事半功倍，反之亦然。诉讼文化作为法律文化的重要组成部分，与诉权保障的联系尤为密切。诉讼文化可以被理解为人们有关诉讼的群体性认知、评价、心态的总和。与人权进步和法治文明相适应的诉权保障呼唤诉讼文化由传统形态向现代转变，即改造或重构国民的诉讼文化心理和价值观念。

（一） 从无讼厌诉到健诉尚讼

就中国传统诉讼文化而言，不好争讼，甚至鄙视、厌恶诉讼活动，一直是典型特征之一。② 尽管厌讼情绪并不是绝对地在中国古代各个时期、各个地方都占据着主导地位，但是中国社会在诸种特定条件综合作用下形成了厌讼主义传统确为不争的事实。对此，学界已有诸多考证和论述。从经典著述、官箴文书、士吏言谈到遣词用语、民

---

① 齐延平：《人权与法治》，山东人民出版社 2003 年版，第 215—216 页。
② 樊崇义主编：《诉讼原理》，法律出版社 2003 年版，第 30 页、第 237—238 页。

间家谱都可以找到反映这一事实的佐证。

孔子讲："听讼，吾犹人也，必也使无讼乎！"（《论语·颜渊》）可见，孔子倡导"无讼"为贵，不提倡大家通过诉讼的方式来解决纠纷。《易经·讼卦》中说："讼，有孚。窒惕。中吉；终凶。利见大人，不利涉大川。"也是主张争讼不是上策，难达目的，最后的结果凶险。

在中国传统社会里，官方历来追求无讼的"治境"，从皇帝"圣谕"到官箴文书、官吏著述，劝民息讼之音不绝于耳。朝廷和官员以劝民息讼为己任，或倡导止讼之善，或宣讲诉讼之害，从而形成了一种强大的教化氛围。如宋代有"清介自守"之誉的黄震，曾在抚州等地为官。他在《词诉总说》中说："讼乃破家灭身之本，骨肉变为冤雠，邻里化为仇敌，贻祸无穷，虽胜亦负，不祥莫大焉。但世俗惑于一时血气之忿，苦不自觉耳。抚州礼仪之乡，何有于讼，近亦间负珥笔之谤，识者固羞之，况当饥歉之余，正宜省事之日，譬如病后，将息为上，又岂人户争讼之时。惟是当职德薄，不足以任教化之责，恐或者未能忘讼，勉为依例门放，以通民情。"① 明代名吏素有"青天"美誉的海瑞在任地方官时曾感"词讼繁多"，而究其原因，他在《兴革条例》中认为"大抵皆因风俗日薄，人心不古，惟己是私，见利则竞。以行诈得利者为豪雄，而不知欺心之害；以健讼得胜者为壮士，而不顾终讼之凶。而又伦理不纯，弟不逊兄，侄不逊叔，小有蒂芥，不相能事，则执为终身之憾，而媒孽汗告不止。不知讲信修睦，不能推己及人，此讼之所以日繁而莫可止也"。② 这段记述表明，在海瑞看来，健讼行为是与"风俗日薄，人心不古"乃至"欺心""不逊"等道德败坏相连的，而非什么正当、正义之举，说明其内心深处依然为息讼思想主宰。清代汪辉祖《佐治药言》专门谈了"息讼"，其认为："词讼之应审者，什无四五……官府当予矜全，可息便息，宁人

---

① 《黄氏日抄》卷七《词诉约束》之一，见《名公书判清明集》附录五。
② （明）海瑞：《海瑞集》（上编），陈义钟编校，中华书局1962年版，第114页。

之道，断不可执持成见，必使终讼，伤同党之和，以饱差房之欲。"清代裕谦在《戒讼说》直陈"讼则终凶，害多不测。小而结怨耗财，废时失业；大且倾家荡产，招祸亡身"，其总结了争讼十弊：坏人心、耗货财、误正事、伤天伦、致疾病、结怨毒、生事变、损品望、召侮辱、失家教。《澎湖厅志》"劝民息讼告示"中规定："凡有户婚、田土、钱债、口角、斗殴细故，实系理直者，不如邀同公亲……理处息事，既不伤和气，又不须花钱，毋得亲听讼师言语，动辄告状。"①康熙皇帝在 1670 年冬亲自制定的圣谕十六条中就包含"敦孝弟以重人伦""笃宗族以昭雍睦""和乡党以息争讼""明礼让以厚风俗""解仇忿以重身命"等等②。前三句是在提倡家庭内部、宗族内部、邻里之间的和睦相处，后两句则是在提倡礼让与化解仇恨。据学者研究，古代司法官吏惯常使用的息讼之术有四：一是"拖延"术，即受理案件后以拖延的方法来促使诉讼当事人主动放弃和撤销诉讼；二是"拒绝"术，即对于一般所谓"民间词讼"常常不予受理，以减轻讼累，阻却兴讼之路；三是"感化"术，即在诉讼过程中本着"以德化人"之心，恳切劝谕，使当事人主动息讼，这是古代司法官最得人心的手法，它几乎构成了传统中国司法审判的基本内容和模式；四是设"教唆词讼"罪，将鼓励、怂恿他人兴讼或私自代拟诉状者以"教唆词讼"罪论处。③

历代统治者对无讼理想、息讼观念和贱讼取向的宣扬，影响可谓深远，以至在社会中对诉讼的负面价值判断几乎深入人心。从日常用词用语看，"讼"往往作为不光彩的事情来表述。根据范忠信教授的考证：古人在说到诉讼行为及其参与者时，常常要加上明显含有贬义

---

① 夏勇主编：《走向权利的时代（修订版）》，中国政法大学出版社 2000 年版，第253 页。

② （清）康熙：《圣谕十六条》，载《圣祖实录》康熙九年十月癸巳。

③ 马作武：《古代息讼之术探讨》，载《武汉大学学报（哲学社会科学版）》1998 年第 2 期。

的前缀或后缀词，以示鄙弃。如"滋讼""兴讼""聚讼""讼棍"等等皆是。特别是"滋讼"之"滋"就是"故意挑起事端""惹是生非"之意；"讼师""讼棍""好讼之徒"等简直可以译为"道德败坏之徒"；"讼学""讼术""讼辞"等简直可以译为"卑鄙伎俩""害人之术"；而"滋讼""兴讼""聚讼""健讼""好讼""包揽词讼"等等几乎成了"干坏事"的同义语。① 由此视之，古人一再倡导"止讼""息讼""贱讼""去讼""无讼"也就不难理解了。诉讼被视为恶行，甚至将兴诉讼视为有辱全家全族的大丑事，相反地却把"无讼"看作是家族之幸，以至许多家族大户都以几十年"无字纸入官府"自誉自励，同时还将息讼、无讼的思想记入祖训家法，以规范后人的行为。如安徽黔县南屏叶氏《祖训家风》就告诫后人："族内偶有争端，必先凭劝谕处理，毋得遽兴词讼。前此我族无一字入公门者，历有年……族中庶以舞弄刀笔，出入公门为耻，非公事不见官。或语入呈词，讼事则扭捏而不安，诚恐开罪祖先，有辱家风。"②

　　徐忠明认为，"'无讼'观念实质上是官方与士人阶层的一种理想，是一种文化大传统的价值趋向……'厌讼'观念则主要是民间文化小传统的法律心理反应，它实际上观照出对官方司法体制与实践的一种信仰危机，是对官方司法腐败的一种疏离。"③ 其实，文人士人提倡着"无讼"的理想，官方营造着"息讼"的政策和语境，下层社会充满着"厌讼"情绪，自上而下合力作用必然是造就一个"贱讼"的一致观念，整个社会对诉讼采取的是回避的、消极的主观心理，"避诉"成为人们通行的选择。历经千百年的文化洗礼，这种"避诉""无讼"的观念已在中国社会根深蒂固，其惯性深刻且广泛地影

---

① 范忠信：《贱讼：中国古代法观念中的一个有趣逻辑》，载《比较法研究》1989年第2期。

② 转引自张中秋《中西法律文化比较研究》（第四版），法律出版社2009年版，第352页。

③ 徐忠明：《从明清小说看中国人的诉讼观念》，载《中山大学学报（社会科学版）》1996年第4期。

响着现代人的诉讼观，从思想上禁锢了现代人诉权的行使。时至今日，在普通中国人的心目中，仍广泛存在着诉讼不光彩、不名誉的观念。在无讼、厌讼、贱讼的整个社会环境下，奢论诉权保障是荒诞的。要促进诉权保障，就必须扭转"厌诉""贱讼"的社会心态，培育"健诉""尚讼"的文化氛围。

所谓"健诉""尚讼"，并不是说无条件地赞同、支持或认同那些对一个案件不断告诉或纠缠不清及上诉等行为或人，而是指在民众和社会上培养崇尚重视对通过诉讼解决纠纷的机制的认同和"习惯"，支持那些规范健康的诉讼心理和诉讼行为。"健诉""尚讼"主张当事人对于诉讼法律制度的运用及诉讼程序的选择和诉讼裁判的结果心悦诚服，持一种接受信赖的心态。当然"尚讼"意识的培育并非能一蹴而就，它须经历各方面长期的共同努力。首先，应当培养公民诉讼意识。国家应关注个体权益并提倡通过诉讼解决纠纷以维护合法权益。公民应将诉讼视为解决纠纷的合法正当途径。其次，增强法律制度的亲和力。法律是统治阶级意志的体现，我国是人民民主专政的国家，因而立法者所制定的法律应是体现民众意志的良法。诉讼制度与诉讼程序应满足民众的多样化需求。对于纠纷的解决者而言，他们须保持中立客观立场，通过正当法律程序依法做出判决。最后，公民"尚讼"意识的培养还有赖于国家为公民参与诉讼创造条件、提供保障。当然，笔者所倡导的"尚讼"意识并非提倡一切纠纷均通过诉讼解决。根据利益最大化原则选择不同的纠纷解决方式，笔者认为是必要的也是可行的。总之，在社会关系异常复杂的市场经济时代，倘若全社会缺乏对"诉讼"的正确理解，依法治国的目标是难以实现的。[①]

令人欣慰的是，在我国现代民主政治和市场经济条件下诉讼文化有了一定的转型。"一元钱官司"的出现正体现了传统诉讼心理的现代转型。诉讼法律心理的转变有助于国民对诉讼法律认识的加深和促

①　邓伟艳：《论中国诉讼文化的转型》，载《湖南财经高等专科学校学报》2006 年第 4 期。

进诉讼法律思想体系的形成。

（二）从国家至上到以人为本

长期以来，在国家主义的政治哲学、高度集权的政治体制的影响下，"国家至上""权力优先""义务本位"的观念盛行在社会中，渗透进制度里，外化于实践中。随着政治民主化、经济市场化、法治理念宪法化的推行，以及以人为本发展观的提出和不断阐释，诉讼中的上述观念也应相应发生改变。为此，有人提出："我国诉讼法律制度的设计必须进行创造性转换：即诉讼制度、诉讼程序的设计必从以国家权力为基点转换到以个人权利为基点进行，诉讼活动必从关注抽象的国家利益转变到关注诉讼中具体的个体利益。实现此种创造性转换将会导致诉讼由国家主导转换为由当事人主导，这利于当事人权益保护，也利于增强法律的可信度和判决结果的可接受性，同时也表明了诉讼活动的民主性与科学性。"诉讼文化从国家至上到以人为本的转变，"意味着个人不再是国家通过诉讼实现其社会政策的工具；意味着诉讼应当成为个人解决纠纷、寻求正义的神圣路径；意味着为了国家、社会利益，可以不惜牺牲个人利益的泛道德哲学应该退出诉讼的历史舞台"①。

从"权力本位""义务本位"向"权利本位"的转变，意味着诉讼应当高扬民主的旗帜，实现从司法机关主导向诉讼当事人主导的转变；意味着诉讼中权利对权力、权力之间的有效监督和制约；意味着诉讼中当事人主体地位的彰显与自我归责、自我服从程序运作机制的形成；意味着"为达目的不择手段"的唯结果论、程序工具论的彻底解体和消亡；意味着兼备公正性、独立性、理性化、人道性和民主性特征的诉讼程序在中国的真正建立；意味着诉讼中要树立一种人文关怀，这种人文关怀应表达对独立个体的人格尊严、人性自由等的真情关切。因此，诉讼观念上实现从极端的"国家本位""权力本位"

---

① 樊崇义主编：《诉讼原理》（第 2 版），法律出版社 2009 年版，第 69 页。

"义务本位"向"个人本位""权利本位"的转变内容丰富，意蕴深长。当然，必须明确，我们说"个人本位""权利本位"，并非不要国家、不要权力、不要义务，只是说诉讼活动的特殊性决定了"个人""权利"应当在其中居于优势地位。这一转变对于诉讼制度的修改完善意义重大。相当长时间内，我国诉讼活动中，国家权力被不恰当地强调，当事人诉讼主体地位名存实亡，诉讼参与人诉讼权利得不到切实保障，司法机关滥用权力现象时有发生等，无一不与"国家本位""权力本位""义务本位"的影响休戚相关，所以，观念的转变势在必行。这既是诉讼民主化、科学化的必然要求，也是诉讼法制现代化的应有之义。要转变观念，一方面必须加强理论研究，用新的理论取代产生于计划经济时代的旧理论，在广泛宣传教育的基础上使普通民众、立法人员、司法工作者树立新的诉讼理念；另一方面，要用"个人本位""权利本位"的观念检视现行各种诉讼制度，修改完善或废止某些明显不恰当的规定。① 以人为本的法律表述就是以人的权利为本，在诉讼中以当事人的诉权为本。

（三）从漠视程序到程序优先

诉权保障是要通过程序来保障权利的实现。中国的传统诉讼文化不重视程序，即使在一定程度上存在对公正的追求，也顶多只是突出判决结果的公正。"结果的正确在传统的以判决为中心的见解之下，除了判决忠实地实现实体法内容以外，并无其他意义。"② 中国传统诉讼文化在程序上对当事人诉讼权利的漠视是极其明显的。中国古代社会中，不仅民刑不分，而且实体法与程序法也没有截然的区别，由此导致了人们诉讼程序观的淡漠及司法实践中对程序的肆意违反和粗暴

① 宋英辉、吴卫军：《诉讼法学研究：观念的更新与变革》，载《人民法院报》2001年9月28日第3版。

② ［日］谷口安平：《程序的正义与诉讼》，王亚新、刘荣军译，中国政法大学出版社2002年版，第50页。

践踏。并且，中国古代治理中，"以情代法"的现象比比皆是，在
"情理法"三者的排序中，情是第一位的，并且"以情代法""徇情
断案"受到赞誉，传统诉讼文化所具有的强烈的伦理性昭然若揭。往
往不同官吏在审理案件时选取的断案方式与审判程序，具有完全不同
的风格与特点。历代官吏在裁断案件、处理纠纷时往往并不重视程序
的规范性与正当性，加之法律对程序规则的规定本身就较为粗糙和缺
乏系统性，导致司法实践中诉讼运作的个性化色彩极其浓厚，非程序
化现象严重。

即使到了中华人民共和国成立之后，长期以来，无论在理论界还是实
务界，许多人依然认为诉讼法是实现国家实体法的工具，是无产阶级专政
的工具。"重实体，轻程序""程序虚无"的习惯做法，更是充分证明了程
序工具主义的危害性。自从日本学者谷口安平教授提出"诉讼法乃实体法
发展之母体"的理论之后，渐渐的诉讼价值单一的工具主义法律观念得以
改变，人们开始关注诉讼价值的内在价值即诉讼的目的性价值。从实体为
重到程序优先，是诉权保障的要求，也是现代法治的必然。常怡教授曾指
出：法律正义是当代法学理论和法治实践的一个基本范畴，法律实体正义
与法律程序正义是并行存在的同等重要的法律正义价值观。公正的法律程
序体现法律的正义，法律程序正义包括程序法定、程序民主、程序公开、
程序便利、裁判者中立、主体对话权利平等、程序权威等基本要素与要求，
违反立法程序和司法程序的法律、法规或判决、裁定不应具有法律效力。
现代法律程序正义是科学地制定与实施法律的重要条件，它既体现了立法、
行政、司法等国家权力的科学配置，又明确了公民权利在法律程序中应有
的保障。①

从封闭到开放，厌讼主义在中国的形成、发展乃至成为一种传统
意识，是中国古代社会发展中的结果。在当代中国法律文化的构建过
程中，既要适应法律全球化和中国社会发展的新需要，健全和完善法

---

① 常怡、黄宣：《新中国民事诉讼法学 60 年的回顾与展望》，载《河北大学学报（哲
学社会科学版）》2009 年第 4 期。

律体系和法律体制，比如，突破长期存在的"重实体法、轻程序法的历史传统"，又要采取各种有效措施，帮助全体国民树立包括法律程序正义理念在内的现代法律文化观念，塑造现代法律文化精神，最终使法律制度与法律观念相一致，使法律文化的内部结构相协调，逐步构建和完善中国特色的现代法律文化。

三　诉权保障与当代法官文化的建设①

诉权保障就是要保障当事人通过司法寻求公正或者说"诉讼正义"。诉权的实现和保障离不开司法，而司法必然要靠具体的司法者来完成，因此对诉权的满足和保障最终要通过法官的行为来实现。德沃金曾说，"一位法官的点头对人们带来的得失往往要比国会或议会的任何一般性法案带来的得失更大。"② 而行为是要受意志的支配，意志通常又不可能脱离文化系统而任意生发。可以说，诉权保障能否实现以及在多大程度上得以实现，与支配法官意志的法官文化是不可分的。那么，何为法官文化，诉权保障要求具有怎样的法官文化，我们应当如何建设法官文化，这些都是我们在探讨诉权保障时需要重点思考的问题。

（一）法官文化的概念、构成及类型

1. 法官文化的概念

樊崇义教授认为：法官文化"是指在司法活动过程中，影响甚至决定法官行为的一系列法治思想、司法意识、司法思想、司法道德、

---

① 本部分主要内容曾以《当代中国法官文化建设论纲》为题投于 2011 年 6 月召开的全国"永嘉信杯"法律人社会责任研讨会（西安），并获二等奖；后提交中国法理学研究会 2012 年学术年会，被收入徐显明主编：《科技、文化与法律：中国法理学研究会 2012 年学术年会论文集》，中国法制出版社 2013 年 9 月版。

② ［美］德沃金：《法律帝国》，李常青译，中国大百科全书出版社 1996 年版，第 1 页。

司法理念、司法规则等文化要素，简言之，就是司法者的综合素质"。
"法律知识结构应该是法官文化要素的核心。"① 笔者认为，这一观点
是值得商榷的。其一，文化与素质是不同的概念范畴，尽管二者存在
很大的交集，但绝不能将二者等同，文化仅为素质的一个要素，以
"司法者的综合素质"指称"法官文化"，未能揭示出法官文化的实
质内涵。其二，文化与知识也属于不同的概念范畴。法官文化绝不等
同于法官知识。现在有知识没文化的人和现象大量存在。其实，法官
文化中的"文化"不仅是指法官的文化知识素养，更重要的乃是指对
法官行为起支配或主导作用的精神因素。法官是法官文化的承载者，
"法官文化"语境中的"法官"是一个整体性的概念，排除了每一个
法官的个性，以"法官职业中人"即"法官"中的普通人为衡量标
准。因此，法官文化指涉的应是整个法官职业中人的共有的东西，或
者说是抽象的职业法官所具有的标记。在此意义上，法官文化是一种
职业文化，是一种行业文化。在此意义上，法官文化是中性的，不可
以说小法官言谈举止体现出的是落后的法官文化，大法官言谈举止体
现出的则是先进的法官文化，某法官声名狼藉体现出的是法官文化的
糟粕，某法官素有清誉，体现出法官文化的精华。

2. 法官文化的构成

　　笔者在此采用周小明教授的观点。"法官文化"意指支配法官裁
判行为的法官的一切主观方面，情感的、心理的、感性的、理性的、
经验的、思想的，统统包括在内。法官文化从大类上又可分为两个层
面：一是无意识、潜意识和偶发的情绪、情感层面；一是思想理性层
面。② 法官文化的两个层面都会对裁判活动发生作用，但相比较而言，
思想理性层面发挥的作用更为重要和明显。在思想理性层面，角色意

---

①　樊崇义：《法律知识结构应该是法官文化要素的核心》，载《河南省政法管理干部学院学报》2002 年第 3 期。

②　周小明：《法官文化与司法公正》，载《浙江大学学报（人文社会科学版）》1992年第 1 期。

识、知识构成、价值观和价值判断构成了法官文化的主要方面。本书将研究重心主要置于此。

3. 法官文化的类型

有学者将各国法官的违宪审查意识的差异结合各国法官之造法意识差异作为划分法官文化的标准，将世界各国法官文化大致分为四类：第一类，激进型。认为正义高于法律，以最终实现正义为己任，具有创造法律的自觉与勇气，在实践中勇于承担造法职能。第二类，保守型。认为法官有义务忠实于法律，但没有权力审查法律是否违反正义。第三类，中间型。中间型法官文化是传统与激进思想斗争的产物。第四种类型，发展中型。这种文化类型下的法官缺乏行使违宪审查权的心理承受能力和专业技术能力，也缺乏法治信念，通常自我定位于无条件执行当权者命令的角色形象上。① 显然这样的类型划分对于我们进行法官文化建设是有启示意义的。不同类型的法官文化由不同的因素所造就，不同文化类型的法官承担着不同的社会功能。激进型和中间型法官文化代表着现代法治国家对法官文化发展的要求。我国当下的法官文化距离现代法治国家法官文化的标准还非常遥远，塑造新型法官文化是我国实现法治的当务之急。

（二）诉权保障对良好法官文化的吁求

法官并非人人可做的职业，一个胜任的法官不仅仅应当满足对其专业素质的要求，更应是对良好优秀法官文化的认同。与新时期诉权保障相适应的优秀的主流法官文化起码应该具备以下要求：

1. 尊崇和执行法律

法官应是法律的代言人，法官必须严格依法办案和维护法律的尊严，这是法官的本原角色。法官首先应是一个法律工作者，是法律职业群体的一员。德沃金将法院视为法律帝国的首都，法官则是法律帝

---

① 庄晓华：《法官文化及其分类研究——以宪政文化为视角》，载《理论学刊》2006年第3期。

国的王侯。它意味着在法律制度与具体案件之间，必须以法官为中介，来沟通法律规范与社会生活的实际关联，法律的文本规范是通过法官基于案件事实的解构后重构为裁判规范来实现法律世界与生活世界的对接的。如果法官不守法，犹如王侯不爱自己的王国，此时"国"将不"国"，王侯亦非王侯。因此，法官必须保持对法律的尊崇和敬畏，必须认真对待法律。当法官对法律有所轻慢时，法官也就是在摧毁自己的职业根基，不尊崇法律的人也许还是"官"甚至是权力很大、级别很高的"官"，但他/她已不配称为"法官"，无论是其自称为"法官"还是被称呼为"法官"都是不合时宜的。拉德布鲁赫有过至为精辟的论述，他说："法律不仅想成为用以评价的规范，而且欲作为产生效果的力量。法官就是法律由精神王国进入现实王国控制社会生活关系的大门。法律借助于法官而降临尘世。"[1] 正是基于此种认识，按照最高人民法院法发〔2010〕53 号发布的《法官职业道德基本准则》第 4 条的要求，法官应"牢固树立社会主义法治理念""忠于法律"；第 5 条则更明确具体，要求法官"坚持和维护中国特色社会主义司法制度，认真贯彻落实依法治国基本方略，尊崇和信仰法律，模范遵守法律，严格执行法律，自觉维护法律的权威和尊严"。

法官必须有坚定的法律信仰，并负有建立社会公众对法律信任的使命。古语云：王子犯法，与庶民同罪。法官应坚持"法律面前人人平等"的原则，坚持依法办案。法官要有一种法律至上、唯法是命、献身于法律事业的精神，不仅忠诚于法律，还要勇做捍卫法律的模范。意大利宪法第 101 条则明确规定："法官只服从法律"。法官是社会矛盾纠纷的最终裁判者，法官对矛盾纠纷作出司法裁判的依据是且只能是法律，从这一意义讲，法官就是法律的执行者和捍卫者，如果法官在司法过程中不能依法裁断，而是徇私枉法，势必会导致社会公

---

① ［德］拉德布鲁赫：《法学导论》，米健、朱林译，中国大百科全书出版社 1997 年版，第 100 页。

众失去对法律的信任。

2. 追寻和践行正义

法官应当是正义的执行者和正义的守护神，这既是法官本原角色的要求，也是法官职业应具备的价值追求。法官必须秉持公正的立场，通过审判活动寻求正义的实现。德沃金教授指出："法官必须判定的不仅仅是谁应得什么，还应判定谁的行为端正，谁履行了公民职责，谁蓄意或因贪婪或浑浑噩噩而忽视了他人的责任或过分强调他人对自己的责任。如果判决不公，社会可能使某个成员蒙受一种道德上的伤害，因为这种判决会在某种程度或某个方面给他打上一个违法者的烙印。当无辜者被判定有罪时，这种伤害最为严重，但是倘若一个原告虽有合理要求而被法庭驳回，或一个被告走出法庭被加以不应有的耻辱，那么这种伤害也够大的了。"① 以色列最高法院院长阿哈隆·巴拉克（AharonBarak）则指出："法官应反映其所生活的民主社会的基本价值。""法官应践行正义。""法官的职责是实现社会与个人、公共需要与个人权利之间的微妙平衡。并且，当天平处于微妙的平衡时，法官应给予最重要的价值之一——正义特殊的倾斜。"②

追寻和践行正义，坚持公正裁判是对法官的基本要求之一。基于此，法官应崇法务实，而不是玩法弄法。台湾学者对此曾有明了的论述。"法律人知法，若能以专业知识协助社会运行发展，此乃全民之福"，反之玩法弄法，则当然易让民众对司法制度丧失信心。"美国自水门事件、克林顿绯闻案，每次发生涉及总统的争议，都会发现背后政治操作的踪迹。台湾也有一样的状况，尹清枫案、国安密账案、高雄捷运弊案，钻法律漏洞、精通法律的政客穿梭其间，大玩野蛮的法律游戏，即使所为完全合法，但是却完全不符合民众对于法律正义感

---

① ［美］德沃金：《法律帝国》，李常青译，中国大百科全书出版社1996年版，第1—2页。

② ［以］阿哈隆·巴拉克：《法官的角色》，孔祥俊译，载《法律适用》2002年第6期。

情的期待。"①

　　3. 秉持中立与独立

　　法官应当是一个居中的裁判者和独立的裁判者，这也是法官角色的基本要求。法官必须是中立的，必须是与当事人无利害关系的，法官在审判过程中要保持中立的立场、态度，又要保持中立的原则和形象。法官办案不应偏袒任何一方当事人，这是程序公正的基本要求。法官中立既是司法公正的内在要求也是司法公正的外在表现形式。法官中立要求法官作为裁判者在整个诉讼过程中始终要保持和体现中立，不仅内心要秉持中立的立场和信念，而且要对外树立和时刻保持中立的形象。中立往往也就意味着公正。"这就是人们在纷争时要去找法官的原因。去找法官也就是去找公正。因为人们认为，法官就是公正的化身。其次，找法官也就是找中间，人们的确有时把法官叫作中间人，因为找到了中间也就找到了公正。所以公正也就是某种中间，因为法官就是一个中间人。"② 阿哈隆·巴拉克的论述很是贴切："我们应对当事人保持中立。中立并不意味着对当事人的困境麻木不仁。中立并不意味着对民主、分权、司法独立或者人权漠不关心。中立意味着公平和不偏不倚。它意味着当事人和人们对法官道德完善性的信任，以及相信法官的唯一动机是维护法治，而不是维护其自己的权力和威望。中立意味着法官看重的是向法官提出的主张，而不管提出主张的当事人的地位是否重要。任何人在法官面前都是平等的。"③ "在人们的观念中，法院在一切国家机关中总是最受尊敬的，法官在所有官员中总是最不偏袒人的。因此，受法庭的公正审判是人们申冤求生的一种权利，是人间疾苦的一种救济。"④

---

　　① 杨智杰、钱世杰：《法律人的第一本书》，台湾五南图书出版股份有限公司 2009 年版，第 153 页。

　　② ［古希腊］亚里士多德：《尼各马可伦理学》，廖申白译注，商务印书馆 2003 年版，第 138 页。

　　③ ［以］阿哈隆·巴拉克：《法官的角色》，孔祥俊译，载《法律适用》2002 年第 6 期。

　　④ 龚祥瑞主编：《西方国家司法制度》，北京大学出版社 1993 年版，第 124 页。

　　《法官职业道德基本准则》以规范性文件的形式把"中立"规定为法官基本的道德行为准则，其第 13 条规定，法官应当"自觉遵守司法回避制度，审理案件保持中立公正的立场，平等对待当事人和其他诉讼参与人，不偏袒或歧视任何一方当事人，不私自单独会见当事人及其代理人、辩护人"。《法官行为规范》的一些规定也体现了法官中立的要求（如第 29 条第 5 项、第 26 条第 3 项、第 30 条第 4 项和第 6 项、第 40 条第 3 项、第 49 条、第 81 条第 1 项）。

　　法官应当是一个独立的裁断者。法官独立裁判，意味着"每个法官均应自由地根据其对事实的评价和对法律的理解，在不受来自任何方面或者由于任何原因的直接或间接的限制、影响、诱导、压力、威胁或干涉的情况下，对案件秉公裁决。法官在作出判决的过程中，应独立于其同事及监督者，任何司法体系或者不同等级的司法组织，均无权干涉法官自由地宣告其判决"。[1] 正如加拿大最高法院前首席大法官安东尼奥·拉默所言："法官不仅独立于行政机关，而且也互相独立。""法官独立这一基本事实是法官角色中的一个重要问题。法官的核心工作是一种个人的工作，即法官以个人的最大努力来决定案件。法院内部的机制必须促进而不是抑制这种个人的作用。"[2] 所以，法官独立就是指法官在审判过程中依据法律和良知独立作出裁判，而不应听从于或受命于法律和良知之外的其他干扰。马克思认为："独立的法官既不属于自我，也不属于政府。"[3] 对此，胡玉鸿认为：这意味着法官在两种意义上独立：一是超越"自我"，不受个人成见、利益、好恶等方面的羁绊，用自己的良心和智慧公正断案；二是独立于政府，也就是说，法官不是官僚体系中的一个部件，而是具有制度上和

---

　　① 王守君：《国外有关法官权利、义务的规定》，载《人民法院报》2000 年 5 月 5 日。

　　② ［加拿大］安东尼奥·拉默：《法官的角色与作用》，陈鹏译，载《人民司法》1999 年第 11 期。

　　③ ［德］马克思：《第六届莱茵省议会的辩论（第一篇论文）》，《马克思恩格斯全集》（第 1 卷），人民出版社 1995 年版，第 181 页。

组织上的相对独立性的法律专职人员。① 总之，不应该存在法官之上的法官，更不应该存在指挥和指示甚至指使法官如何裁判的幕后法官和太上法官。

4. 精通法律且视野开阔

既精通法律又学识渊博、视野开阔，是理想的法官知识构成。法官进行司法，乃是以解决社会矛盾纠纷为主要功能的社会活动，有效进行裁判就要求法官必须具有完善、合理的知识结构。法官裁判的依据是法律，因此具备和精通法律专业知识，是对法官职业的基本要求。精通法律，对于法官而言，不仅要知道法律条文的规定，还要知道法律规定的价值追求，即不仅要熟悉法条，而且要深谙法理。当今世界各国无一不要求法官必须具备相应的法律专业知识，只是程度不同而已。如在英国，法律明确要求法官必须具备法律知识，而且法官任现职前必须从事较长时间的律师职业，使得法官的法律专业知识扎实、系统，具有连续性。在美国，一般而言，必须具有法学学位是各州对大多数法院提名法官的唯一法定要求。现代社会中的法官经常要面对一些独特的、专业性的、不确定的和涉及价值冲突的案件，要胜任审判工作，仅仅有法律专业知识是远远不够的，还需要大量的实践性的、具体的知识或信息作为其形成正当性裁判的有益补充，而这些知识可能涉及经济、政治、科学、哲学等专业领域，也可能仅是一些生活的常识或习惯。② 完善、合理的知识结构，是法官在司法的过程中据以获得合法性和合理性裁判，实现合情合理地执法进而维护司法权威的前提条件和重要保障。这就包括各种各样的知识，既包括从教育机制中所得到的体制内知识（但不仅仅是法律知识），也包括日常生活经验等法学体制外的知识；既包括书本上的法律知识，也包括一

---

① 胡玉鸿：《在政治、法律与社会之间——经典作家论法官的角色定位》，载《西南政法大学学报》2004 年第 6 期。

② 冯军、刘涛：《德性、知识、理性、经验——法官的素质解读》，载《学习与探索》2004 年第 1 期。

秀的行业文化和卓绝的个体文化产生和存在的必要土壤。

有论者在论述法官文化时，提及法官文化建设可供选择的具体方法包括指导、交流、训练、设计、奖励等。① 这些方法，不论是指导、交流、训练，还是设计、奖励等，都需通过法院来组织实施，即需要借助于法院文化建设来实现。再者，在法院建设中不断完善选拔、任用、惩戒等各项机制也有利于法官文化建设的良性发展。此外，我们欣喜地看到最高人民法院以法发〔2010〕31 号文件下发了《最高人民法院关于进一步加强人民法院文化建设的意见》，该意见提到很多切实可行的方法，不仅适用于法院文化建设，对法官文化建设也是有益的。

3. 完善制度，建立和健全法官职业保障

文化建设与制度建设从来都是相辅相成、同步推进的关系。一方面是制度的完善需要文化的推进，另一方面，制度的改进则有助于融合各种文化的交流，推进文化建设。当前的法官文化建设问题就是在对单向度推进制度建设反思基础上提出的。法官不可能生活在真空之中，法官的言行必然受到制度环境的制约。为保障法官严格执法、独立公正地审判案件，需要建立和健全法官职业保障体系。尤其是要充分保障法官的职业权力，坚决摒弃和抵制对审判权的各种不正当侵袭及干预行为；切实建立法官的身份保障，确保法官除正常工作调动外，非因法定事由，非经法定程序，不被辞职、降职、免职或处分；逐步完善法官的经济保障制度，不断提高法官的职业收入，维护法官职业尊荣，以增强法官职业的吸引力。通过各项制度建设，促进法官文化向健康良性的方向发展。

4. 兼收并蓄，继承和借鉴各种先进文化

文化总是具有一定的传承性，也是具有一定的传播性的。当代中国法官文化建设不可能也无必要从零做起。建设中国法官文化应从国情出发，辩证取舍、择善而从。既要继承优秀的民族传统文化，尤其

---

① 郎佩娟：《司法改革中的法官队伍与法官文化建设》，载《中国行政管理》2009 年第 6 期。

是中国传统司法文化的合理性因素如人道精神和民本思想等，又要学习和借鉴其他行业的先进文化；同时，在当代世界全球化进程下，还要注意吸收国外法治文化的有益成果，汲取其中有益的养分。当然，在兼收并蓄中，也要坚决抵制腐朽文化的消极影响。

5. 扩大共识，宣传和推广优秀法官文化

法官文化建设单单依靠法官个体的努力以及法官共同体行业的努力，是远远不够的。从一定意义上可以说，法官文化建设不仅仅是法官个体的私事和个人修养的提升，也不单单是法官共同体行业内的自我修行，而是整个社会共同的伟业。建设优秀法官文化，受益的必然是整个社会，而缺乏优秀法官文化对社会正义和文明进步的制约也必然要全社会来承担。因此，建设法官文化，不仅要在法官内部凝聚共识，通过内强素质外塑形象，全面展现优秀法官文化，而且要注重借助常规性的旁听制度、参观制度以及媒体、网络等大力宣传先进法官文化，使社会普通民众切实感受到优秀法官文化的运行，从而对优秀法官文化产生理解和认同，继而逐步培养对法官的敬仰和对法律的信任。我们知道，文化往往是在传播中得以发展，故此对优秀法官文化的宣传和推广，其意义也就不单单在于传播，同时也是优秀法官文化的自我完善和强化。

法官文化建设是一个涉及诸多方面的题目，以上几点不可能做到"面面俱到"。路漫漫其修远兮！然而既已启航，相信中国法官文化建设的前景值得期待。

四 诉权保障与中国律师文化的培育

（一）律师文化概念的提出及其内涵

1. 律师文化概念的提出

在当今社会，无论对于国家的法治建设还是对于公民个人的诉权保障，律师都发挥着极其重要的作用。国外有学者曾指出："律师的人数和分布与各个国家的国民意识，特别是与诉讼等法律需求量有直接的关系。但这种关系也如同鸡和蛋的关系一样，如果法律专家的活动范围有限，就会妨碍国民意识的增强，使得法律事务的工作量不能随人口、经济活动的发展有相应的增长。"① 我国亦有学者对此作出精辟的揭示："在现代社会中，一个人可以一辈子不和法官、检察官打交道，但是不可能不和律师打交道。因此，律师的品格和言行是人们认知法律的主要信息源。律师不正当的行为会严重损害法律的权威，破坏民众对法律的信赖基础，影响法律共同体在民众中的形象，会对一国的法治建设造成不可估量的损害。从功能来看，律师应当成为法治建设共同体的有机组成部分。在立法、司法、执法等各个环节中，律师都起着重要的作用。在立法活动中，律师可以发挥自身掌握的法律知识、法律技巧、法律思维，促进立法的民主化和科学化，以法治理念和精神强有力地影响立法。在美国，大多数国会议员都出身于律师，是他们在制定国家法律的过程中起着决定性的作用。在执法环节，公职律师参与行政执法，必然会将法治的理念和行为方式带入到政府的管理中去，为政府依法行政提供有力保障。律师对行政行为的监督，为维护行政相对人的合法权利提出代理意见，成为制约行政权力、促使依法行政的重要手段。在司法环节中，律师参与诉讼，一方面可以保障当事人的合法权益，防止其受到司法专横的不法侵害；另一方面，能保证法官客观公正地掌握法律事实，准确适用法律。因而律师是一国法治建设共同体的有机组成部分，律师的活动在一国的法治建设中发挥着独特的、不可取代的重要作用。缺少律师的积极参与，任何国家想要实现法治，都只能是痴人说梦。"②

_____

① ［日］田中英夫、竹内昭夫：《私人在法实现中的作用》，李薇译，法律出版社2006年版，第17页。

② 倪正茂、陈颖健、李绍章：《中国律师：法治建设共同体的有机组成部分》，载《法治论丛》2005年第1期。

　　律师正向社会功能的发挥，离不开优秀律师文化的浸润和滋养。"文化决定成败"① 的理念已为众多的事实所证明，不仅对于一个企业如此，对一个行业、一个国家同样如此。律师行业的发展，同样与律师文化的培育息息相关。目前围绕律师文化的诸多讨论，在相当程度上是与管理部门对律师文化课题的提出密切相关的。司法部《2004年中国律师业发展政策报告》明确提出"积极培育律师文化"，"将文化建设为核心的管理理念引入律师行业，大力倡导律师文化建设"。司法部《2006 年中国律师业发展政策报告》则进一步提出："推进律师文化建设"报告要求"把建设先进的律师文化作为推进律师工作发展的重大举措，认真研究部署律师文化建设的目标、任务和措施，推动开展文化建设活动，培育律师正确的价值观、义利观，培养更多具有坚定的理想信念、科学的执业方式、良好的职业道德、健康的生活情趣的律师，培养一批具有专业品牌、团队精神的律师事务所，在律师行业文化建设中发挥示范和带动作用"。司法部 2009 年《关于在律师队伍中开展"中国特色社会主义法律工作者"活动的意见》提出"加强律师文化建设，培育和形成符合中国特色社会主义核心价值体系的律师执业精神"。司法部赵大程副部长 2010 年 12 月 27 日在中华全国律师协会第七届第三次理事会上的讲话中提到，"如何按照建设中国特色社会主义核心价值体系要求，研究形成中国特色社会主义律师文化，培育中国特色社会主义律师执业精神"，是需要认真研究落实的重要任务。2012 年为适应形势发展对律师文化的需求，第八届全国律师协会增设了律师文化建设委员会。

　　2. 律师文化概念的内涵

　　目前围绕律师文化的讨论已有一些，但人们对于律师文化的含义和所指，认识并不一致。有人认为：所谓的"律师文化"应当是指律师这一特殊的法律人共同体所共同形成，并存在于这一特殊的法律人

---

　　① 齐东平、白庆祥：《文化决定成败：中外企业文化镜鉴案例教程》，中国经济出版社 2008 年版。

共同体内部，服务于这一特定的职业和角色的执业精神、道德准则、价值观念和行为规范的总和。① 有人认为，律师文化是律师之所以为律师的文化标记，包括对律师权利、使命、伦理、思维方式、执业技巧等方面的共同观念。② 有人认为，律师文化是律师这一社会群体在社会经济政治制度下，在法律服务实践中形成的，为广大律师认可并共同遵守的价值理念和行为规范的总称。它由律师群体文化、律师集体文化、律师个体文化共同组成。③ 还有人认为，律师文化分为两个层级，初级层次是维护当事人合法权益；终极层次为维护法律的正确实施和社会公平正义。两个层级的内核都应当是律师文化内核的应有之义，二者不可或缺、有机统一。④ 还有人提出，律师行业要高度重视政治文化建设，而加强律师行业政治文化建设的四个文化基因包括：红色文化、公益文化、党建文化和大局文化。⑤ 以上这些观点，都从不同的侧面揭示了律师文化的某一方面的内涵。笔者认为，对于律师文化的认识，起码应包括以下几个方面：

首先，律师文化属于文化的范畴，它不同于具体律师制度。律师文化既与律师制度紧密关联彼此渗透，又与具体律师制度各自独立有所区隔。律师文化指涉的是支撑具体律师制度的深层次的理念，是藏于具体律师制度背后的精神。这种理念或精神对律师制度的形成和运行发挥着引领性的作用。

其次，律师文化属于社会性文化的范畴，它不同于知识性的文化。律师文化不同于律师的专业知识素养。律师文化不应仅仅是对律师执业者的知识性要求。律师文化必须包涵一种高于知识性要求的精

---

① 黄长江：《律师文化建设的道德误区——以律师职业的"伦理底线"为研究视角》，载《法治研究》2007 年第 9 期。

② 聂京波：《论律师文化》，载《西昌学院学报（社会科学版）》2007 年第 1 期。

③ 宋占文：《论律师文化》，载《中国司法》2006 年第 3 期。

④ 陈志远、陈罗兰：《律师文化的定位与发展——以浙江为例》，载《中国司法》2013 年第 2 期。

⑤ 赵小鲁：《律师行业要高度重视政治文化建设》，载《中国律师》2014 年第 4 期。

神性元素。这种元素可以引导律师产生精神动力、行业凝聚力和职业荣誉感。

再次，律师文化是一种行业文化。我们知道，行业文化是一个行业在长期运行过程中经过提炼而形成的价值观念、行为方式、行为规范。一个行业一旦形成某种文化后，就会成为该行业从业人员共同的理念，并形成行业特色，如印度软件行业的软件文化，美国工商行业的管理文化，英国科研行业的原创文化，德国制造行业的精密文化，法国服务行业的时尚文化，瑞士酒店旅游行业的服务文化，巴西体育行业的足球文化等等。在这样的行业文化氛围中，本行业的从业者都应主动、积极地去适应。[①] 文化对于行业而言是一种品质性的东西，正如生物的基因。文化是社会组织、社会运动得以萌发、成长、发展的"根"。一个行业、一个族群，其文化蕴涵、文化改良、文化再造状况，对该行业、族群的存续、发展可以起到质的决定性作用。律师文化建设的主要目的之一，即是发掘、锻造出能够系统回答上述种种问题的，隐藏在律师业表面内的质的规定性的东西，从而从思想上、理论上廓清模糊认识，找到本行业的根本与前进方向。离开行业文化与文化的传承，律师业是无法走向未来的。[②] 因此，作为一种行业文化，律师文化必然呈现鲜明的行业文化特质，体现律师行业所特有的价值理念、行为规范。

（二）诉权保障呼唤优秀的律师文化

律师文化的优劣对于诉权保障有着截然不同的影响。诉权保障呼唤优秀的、健康的律师文化，排斥劣质的、落后的律师文化。与新时期诉权保障相适应的优秀的主流律师文化起码应该具备以下要求：

[①] 卞秉彬：《关注行业文化 顺利进入行业》，载《成才与就业》2005 年第 23 期。

[②] 龚顺荣：《浅谈律师文化建设》，http://www. ctlawyer. cn/index. php/Index – article – cctid-32-id-860，2012 年 10 月 3 日查阅。

1. 勤勉敬业与讲求艺术

作为律师，必须勤勉敬业，坚持不懈，坚忍不拔。勤勉敬业是维护当事人权利的要求，也是律师个体成功和律师整体社会美誉度的基本要求。"律师所看到的，往往只是社会的黑暗面，并经常与各种纷扰、不幸、欺诈、误会打交道，为当事人争得最大的利益。他们在法庭上引经据典、高谈阔论，哪怕上诉再三遭到最高当局的驳回，他们仍然要收集证据从头干起。"① 律师应勤勉地从事必要的工作和研究，以便使自己达到胜任合格的目标。律师对其当事人及法律制度所负的义务，是在法律规定的范围内热诚地为当事人进行代理，他要为自己所做的法律工作进行充分的准备，并给予适当的注意，而不应懈怠受托的法律实务。勤勉敬业，就是要求你的律师应维护你的权利，辛勤工作，一丝不苟。② 有关的伦理法典也要求律师必须勤勉敬业。联合国《关于律师作用的基本原则》第 14 条规定："律师在保护其委托人的权利和促进维护正义的事业中，应努力维护受到本国法律和国际法承认的人权和基本自由，并在任何时候都根据法律和公认的准则以及律师的职业道德，自由和勤奋地采取行动。"

随着法律的不断完善和公民法律意识的日趋提高，社会对法律服务的需求逐渐多元和多样。律师办案不仅要勤勉和肯投入，而且要更加重视办案的技术性和艺术性。律师的办案艺术，即律师将自己渊博的法律知识、专业技能与具体法律业务相结合的办案技巧，它贯穿于律师执业活动的全过程，从解答法律咨询、代书、调查取证到法庭举证、论辩，乃至参与谈判、社会交往都有发挥律师办案艺术的空间。律师职能和社会地位的提升，其实也对律师的素质和工作提出了更高的要求，仅是走程序将难以胜任。正如一个业界前辈所言："一起诉讼的胜败取决于律师能否以其独创性、才能、机智、法律知识和辩护

---

① ［美］丹诺：《舌战大师丹诺自传》，王炳译，法律出版社 1995 年版，第 156 页。

② ［美］菲利普·赫尔曼：《巧用律师：在美国遇到麻烦时的法律对策》，袁岳译，中国政法大学出版社 1992 年版，第 143 页。

来成功地应付与处理这种局面。成功地做到了上述几点的律师就已经极好地和令人叹服地展示了他的艺术。""律师的艺术就是运用于具体案子整个过程的诸才能、品质和要素的巧妙的综合，任何一个其他职业都不会像律师业那样，除了知识和研究，还要求将人类的精神与智慧应用于如此多样的有关人类事务的条件、事件与背景。"①

2. 独立执业与团结协作

我国现行《律师法》对律师职业的定位为"为当事人提供法律服务的执业人员"，这一定位凸显了律师职业的独立性。律师职业独立性有着丰富的内涵，最重要的是律师的执业独立。律师的执业独立要求律师在执业活动中，独立地进行辩护或代理以及独立地提出意见或建议，律师对于案件所涉及的所有专业问题的判断来自于自己对于事实的掌握和对于法律的理解，完全是依赖自己的意志独立作出的，律师自己对这种判断正确与否负责。律师独立性的另一重要标志在于律师独立于国家的官方机构，独立于国家公权力的控制。律师在其执业活动中，在律师职业行为规范许可的范围内，思想独立、行动独立、责任独立，其具体执行的业务活动不能够受到某个组织甚至不受某个政治组织的左右，不受政府立场的左右，不受某个时期政策的影响，也不受政治利益的影响，本着尊重事实和法律的精神，独立地进行职业判断和从事执业活动。② 如果律师唯国家马首是瞻，听命于行政指令，将无力承担保障人权、制约国家权力的职责。律师独立执业是发挥律师在实现社会正义、保障人权（尤其是诉权）方面重要作用的必然要求。

当前团队意识薄弱是律师队伍的一大弊病，许多律师习惯于单兵作战、各自为营，缺乏团队合作精神。不可否认，律师的业务活动有

---

① ［印］A. K. 柯蒂：《律师的职业及其艺术》，刘同苏译，载［印］米尔思等《律师的艺术》，刘同苏、侯君丽译，中国政法大学出版社 1992 年版，第 142—149 页。

② 许身健：《独立性是律师职业的根本属性》，载《检察日报》2009 年 12 月 30 日第 6 版。

着浓重的个人色彩。在具体业务承办方面，通常是由各个律师自行与当事人洽谈案情，独立处理各项相关事务，即使存在案件讨论制，多数情况下也形同虚设，这样无疑会制约律师的服务质量，进而可能对当事人的诉权保障产生不利影响。尤其是随着法律和社会规则的日益细化以及法律事务和各类纠纷的日趋复杂，仅仅依靠单个律师的能力将会遇到一定的困难。团队意识培养的一个重要载体是律所文化。优秀的律所文化不仅可以增强律师事务所的凝聚力、创造力和持久力，从而引领律所持续稳健发展，而且，直接影响着每一个律师尤其是青年律师的成长与培养。律师可借助律所的团队合作精神，参与整体协同作战，在合作中实现律师间的优势互补，资源共享，从而促进每一个律师的健康成长。律所文化建设作为一项系统工程，须从多个方面入手。在精神层面，更多的是通过凝练和确立共同的服务理念和发展愿景，培育提升律师的职业认同感，培养律师团队合作精神，提高律师对律所的认同和归属感。在制度层面，通过向律师提供人文关怀（建立年度聚餐、学习进修、度假考察、特别问候、保健疗养等制度），不断强化律师的归属感。① 在强调合作共赢的今天，律师行业加强团队协作，在提供法律服务的过程中，既能充分发挥团队成员个体的专长，又有效利用团队整体的协作机制，集团队智慧，形成解决法律问题的最佳方案，进而为当事人提供高水准的法律服务。

　　3. 经营意识与公益理念

　　中国社会传统上是农业社会，现在正处于从农业社会向商业社会的转型期。而现在的中国社会对商业道德和商业伦理本身的认识并不完整，在融入商业社会的过程中，坑蒙拐骗的现象在一些地方和一些方面的确比比皆是。物欲横流，争名夺利，虽不排除一些人在赚足了钱后会拼命捐钱以获取精神满足，但更多的人是在拼命赚钱，以实现物质追求。这在律师行业也有一定的体现。一些律师，拜金主义思想严重，金钱至上，唯利是图。部分律师对自身的性质和地位，也存在

---

① 陈信国：《青年律师培养的着力点与路径》，载《中国律师》2014 年第 4 期。

着比较严重的误解和偏差。不少律师也认为自己是自由职业者，只要能给客户提供高质量的服务，维护好客户的利益，获得丰厚的经济回报就是成功的标志。诸如此类看法的后果就是可能使律师事业堕入铜臭泥坑。当前中国律师重非诉、轻诉讼，在诉讼中重经济诉讼，轻刑事、行政诉讼的价值取向就表明了这一危险倾向的存在。由于传统观念和一些负面现象的影响，一些人在讲到律师文化时总爱提到律师应该少一些"商人气息"。其实这是一种错误的见解，这种见解不仅暗含着对"商业""商人"的歧视和误解，而且也透露出对律师职业不适当的定位。尽管赚钱并不是也不应是律师的唯一追求，律师还应为维护民众权益和推进法治进程贡献力量，但不能以此否定律师的商业性。律师作为向整个社会提供法律服务的经营者，必须具有经营的意识和头脑。许章润先生曾有洞见地指出："就其本质而言，律师业乃是通过向涉及法律事务者提供专业服务而营利，利润动机是此种服务的根本推动力，与维护民权等理想化、道德化诉求不甚搭界。否则，就社会整体而言，反倒奇怪了。"[1] 只有具有经营的意识和头脑，才能将律师业务做精做大做强，才能有利于律师更好地利用专业技能服务于诉权保障。

公益理念是每一个公民和现代人的一项基本素质。律师要具备公益理念并不是要从整体上否定商业律师（要求每一个律师都做公益律师），而是律师应胸怀公益之心，愿在力所能及的情况下投身公益事业。比如，利用自身的专业优势，承担法律援助义务。美国律师协会要求，一名律师每年应当努力至少提供 50 小时免费的公共法律服务。[2]

4. 诚实守信与仗义护法

律师在执业活动中要求必须忠实于自己的当事人，尽全力维护当事人的合法利益，严守诚信原则。诚信是律师服务业的内在灵魂，对

---

① 许章润：《说法、活法、立法》，中国法制出版社 2000 年版，第 155 页。
② 黄文艺：《法律职业话语的解析》，载《法律科学》2005 年第 4 期。

律师的诚信要求具有重要的价值。对于一个律师来说，做一个诚实、正直和有骨气的人是比任何其他东西都更为重要的品质。"世界上的任何珍宝都无法与学问相媲美，而没有一种学问像法律学问那样对君主和臣民同等对待。……看看那些在你前面生活过的法律先哲吧，你绝不会发现他们在法律学问方面有什么超人之处，他们只是从诚实、严肃和正直那里汲取了自己所需的养份（分）。"①　"言而无信，行之不远"，律师行业工作的本质和特点，决定了律师应当以诚信作为安身立命之本和拓展业务之源。为进一步推进律师行业诚信体系建设，提升律师行业诚信形象，促进律师依法规范诚信执业，2014 年 5 月 13 日中华全国律师协会制定印发了《律师和律师事务所诚信信息管理办法》（律发通〔2014〕23 号），要求各地律师协会要以贯彻实施《律师和律师事务所诚信信息管理办法》为契机，深入开展律师队伍诚信建设，完善相关制度和诚信监督工作机制，创新方式方法，切实解决当前律师行业诚信建设方面存在的突出问题，着力把律师行业诚信建设提高到一个新的水平。

　　律师是法律服务的提供者，不仅具有服务从业者的品质，更应坚守法律人的秉性。作为服务从业者，律师无疑应诚实守信，而作为法律人，律师则应秉持正义和法律。罗伯特·G. 西蒙斯在他著的《律师的责任》一书中论道："一个人若投身于法律这一职业，其宗旨就必须是先主持正义而后考虑生计。"律师行业是以信仰法律和自觉遵守规则为基础和前提条件的，律师行业是通过捍卫法律和规则而实现服务价值的，其价值最终将产生社会利益（实行法律功能和效益）和经济利益（律师的收入）。如果医院追求的目的是金钱，人们的生命就会受到践踏；如果法律职业人追求的结果是金钱，公平、正义的最后一道防线就会倒塌。正如有论者所指出的："律师对职业的责任，

---

　　① ［印］基舒·普拉萨德：《律师应该具有什么样的素质》，刘同苏译，载［印］米尔思等《律师的艺术》，刘同苏、侯君丽译，中国政法大学出版社 1992 年版，第 150—158 页。

意味着律师对当事人尽职服务的责任，意味着律师对律师行业共同利益的责任，意味着律师对社会公共利益的责任。律师对当事人的职业责任，要求律师的服务要服从于当事人的法定利益，而不应当超越当事人的法定利益，这是现代律师职业伦理的共同要求。律师必须自觉抵制委托之外的利益诱惑，律师的法律服务行为应避免公众对律师行为的正当性产生合理怀疑。律师的职业责任还意味着律师对行业的责任，律师事业的持久性发展要求每个律师必须肩负对律师行业的利益和声誉的维护。律师职业责任还意味着律师对国家和社会法律上的责任，委托之外无责任是对律师职业责任的狭隘误读。律师职业责任的公共性是律师职业存续的生命所在，律师法律服务客观上具有社会公共产品的特征，律师对社会上的不公不义之事，有责任通过适当的法律程序和途径寻求修正和改革。客户责任、行业责任与社会责任的并行不悖，是现代律师职业责任更高层次的要求。"① 律师在执业活动中，应坚持诚实守信与仗义护法并行不悖，以自身行为促进公平正义，积累行业美誉。

5. 理想主义与现实主义

健康的律师文化主张，作为一名成功的律师，应当是理想主义与现实主义的混合体和统一论者。律师不仅应充分地关注实实在在的现实法律问题和难题，而且应充满建设法治社会的理想。律师首先作为一个人，固然需要赚钱来养家糊口，但赚钱不是律师的唯一追求，为社会的法治进程贡献力量才是我们更为重要的责任。我们希望这种责任感能保持发扬，能够有更多的律师在法治进程中作出更大的贡献。

律师为理想而奋斗，而不能脱离现实。有些权利在目前的社会条件下可能还不能实现，作为理想可以为之奔走、呼吁，但必须接受现实，而不随意挑战现行法律和社会秩序。

---

① 李本森：《诚信乃律师天职之德》，载《中国律师》2014年第2期。

（三）培育中国律师文化的对策建议

律师文化就如同法律文化，并不是完全自生自发的，它既有历史延续和传统承续的因素，也可以通过有步骤地设计促使其有规划地发展，从而形成自己的鲜明特色。律师文化培育是一项复杂的系统工程，是一个包含从提出、凝练到发展成为体系，从理念上宣扬到行动中贯彻，从个别先进律师的思想观念到律师行业整体的共同意识的过程，不仅要做大量艰苦卓绝细致的工作，而且要不断探索切实可行的方式方法。有关法官文化建设的构想，对于律师文化的培育同样具有现实价值，为避免重复和拓宽视野，下面用另外一种形式来论述律师文化培育的建议。

1. 创新机制，营造法律共同体的共同思想文化基础

律师说到底是法律共同体的一环，律师文化的培育和发展需要在法律共同体文化的背景或环境支撑下运行。没有法律共同体文化的支撑，律师文化也难以一枝独秀。在我们现行的司法体制下很难形成法律共同体，比如现行的法院和检察院实际是行政体制，甚至于律师协会也或多或少有些行政体制的影子。然而，行政体制的思想文化基础和行为准则与法律共同体是完全不同的。也正因为这样，实践中的中国法律人（包括法官、检察官、律师以及法学家）的思想文化基础以及精神追求存在相当大的差异，这是一个大问题，也是影响中国法治文化发展的一个十分重要的原因。不论是作为律师，还是法官等法律人，当初选择从事法律职业时，哪一个不是充满法治理想和对社会公平正义的向往！可是，随着时间的推移，身份地位的转换和现实生活的压力，每个人也都在发生改变。①

需要创新机制，将对律师的认识提高到律师是社会主义法治建设

---

① 宋绍富：《用心培育律师文化——"〈律师文摘〉创刊十周年纪念文集"选登（之十九）》，2011-11-12，http：//lvshiwenzhai. 19720605. fyfz. cn/art/1043527. htm，2012年10月3日。

共同体有机组成部分的高度，将律师文化建设上升到社会主义法治文化建设的层面，不断提高律师的社会地位和威望，努力营造法律共同体的共同思想文化基础。对此，有论者提出：有效的平衡机制是确保律师作为社会主义法治共同体的有机组成部分的科学方法。比如，针对律师权利在很大程度上是来源于当事人的委托这一状况，可以建立起一套由立法科学规制、司法切实保证的"权利源体制"，以真正解决诸如律师的调查取证权、会见权等难以顺利且充分实现的疑难问题。再比如，作为社会主义法治建设共同体的法官、检察官和律师之间，也需要一套相互独立、彼此平等的"制约机制"，以强化原本处于弱势一方的律师的司法地位，实现由其本质属性决定的律师职业群体功能。①

2. 正视现实，引导确立正确的律师职业精神和思想

现实是过去发展的结果，未来景象的形成则也有赖于对现实的认知和基于现实的各种努力。律师文化培育必须正视现实。赵大程同志在全国律师文化建设座谈会上的讲话中提到：律师事业发展面临新的社会环境。当前，我们正处在一个思想活跃、观念碰撞、文化交融的时代，先进文化、有益文化和落后文化、腐朽文化同时并存，正确思想和错误思想、主流意识形态和非主流意识形态相互交织，各种思想文化有吸纳有排斥，有融合有斗争，有渗透有抵御，这种交流、交融、交锋不仅发生在国际、国内，也发生在律师队伍中。对此，必须加以正视，通过建设律师文化，发展壮大律师队伍的核心价值体系和主流意识形态，引导律师形成正确的执业精神、执业思想。②通过引领塑造一支负责任的法律职业队伍，应该是律师文化建设的核心，确立"对职业负责、对法律负责、对行业负

---

① 倪正茂、陈颖健、李绍章：《中国律师：法治建设共同体的有机组成部分》，载《法治论丛》2005年第1期。

② 《赵大程同志在全国律师文化建设座谈会上的讲话》，2007-03-21，http://www.law-lib.com，2012年10月3日查阅。

责、对社会负责"的职业责任感和使命感是律师文化的焦点，也是归宿点。①

3. 德才并举，构筑全面协调的律师文化建设子系统

律师文化建设是一个复杂系统，由若干子系统作为支撑，应从丰富律师的文化内涵、增强律师的文化底蕴、提高律师的文化层次、塑造律师的健康心理四个方面提高律师的文化品质，培养律师崇高的职业精神、先进的思想理念、正确的价值取向、杰出的现代意识、良好的职业操守、高尚的伦理道德、深厚的文化素养、精湛的服务技能。②律师文化建设子系统既要重视品德，也要重视才能，应包括（但不限于）以下各项：（1）崇尚法治的价值取向。律师应当是实现法律信仰的先锋和法律文化的传播者。他们的职业基础和职业习惯都决定了他们的思维和习惯是把一切可以解决的问题都不用暴力和战争的方式解决。他们追求客观事实和锱铢必较，追求正义而与同行们"同室操戈"，律师其收费服务的方式传达"相互认可"的法律精神。律师不仅仅是法律知识的劳动者，更是法律价值的守护者和法律精神的活载体。也许正是因为如此，贺卫方教授才会说："律师是一个把社会所有冲突都希望纳入法律解决之中的职业。"③（2）忠诚敬业的职业精神。律师必须对自己的当事人负责，律师的责任是在法律的框架下最大限度地维护委托人的利益。"每个律师的职责都是帮助他或她的客户获得对自己客户最有利的诉讼结果，而不论该结果在抽象意义上是否最公平。这种制度基于下述理论，即在两个或多个律师都是一心一意地追求他们自己客户利益的情况下，他们之间的相互对抗会导致最佳的结果，即使它不是一个完善的结果，许多人断言它至少比其他诉

---

① 王玉亮：《职业观和责任感的重塑——论律师文化建设的目的》，山东优秀律师论坛优秀资料论文集，2007 年 9 月，第 116—119 页。

② 浙江省律师协会：《浙江省律师文化建设纲要》，2012 年 2 月 12 日。

③ 蔡庆发：《法治社会与律师》，2006-07-25，http：//china. findlaw. cn/lawyers/article/d1291. html，2012 年 10 月 3 日查阅。

讼制度可能产生的结果要好。"① 律师正是通过对具体的当事人的负责来维护和追寻正义，从而实现长远、整体的正义的。（3）持续不断的学习文化。律师协会在律师学习文化营造方面应发挥积极作用。如北京市律师协会开展进行的"青年律师阳光成长计划基础培训班"就很有代表性。培训班由多位资深律师授课，课程设置则围绕律师基本功"听、说、读、写"展开。通过讲授《刑辩风险及律师自律》来让青年律师掌握听什么、怎么听；通过《法律顾问业务》及《律师谈案技巧》讲授律师应该说什么、怎么说；《律师阅卷技巧》的设置，是为了让青年律师知道读什么、怎么读；《非诉律师》及《英文写作》让青年律师体会的则是写什么、怎么写。这些课程设置的目的就是让青年律师了解，真正的好律师是如何"听、说、读、写"的，让青年律师知道如何在日后的办案过程中提高自己。同时，培训班开设有口碑极佳的课程，如多位资深律师参与互动的《案源聊聊透》《演讲与口才》等，还开创了《律所开放日》的课程，让青年律师近距离接触知名律所，了解优秀律所文化。② 法律服务业属于知识密集型行业，其服务质量的高低取决于律师的道德素质、知识水平和服务技能。广大律师应当树立终身学习的理念，在法律知识、法学前沿、法理真谛的把握上要先人一步、高人一筹。③ 律师唯有坚持不断地学习，才能更好地完成自身使命，以更好地服务于当事人，赢得社会的信任和赞誉，服务于法治事业。

4. 强化管理，坚持解释主义与功能主义结合的路径

律师文化培育要与律师文化管理的提升融在一起。律师文化本身

---

① 宋冰编：《读本：美国与德国的司法制度及司法程序》，中国政法大学出版社 1998 年版，第 201 页。

② 中国律师网编辑：《180 余名青年律师参加"阳光成长计划"2012 年第一期培训》，2012 - 09 - 12，http：//www. acla. org. cn：8088/main/lvshiwenhua/3033. jhtml，2012 年 10 月 3 日查阅。

③ 祖文光：《广大律师应树立终身学习观念 坚持操守》，2011 - 05 - 04，http：//ms. enorth. com. cn/system/2011/05/04/006484912. shtml，2012 年 10 月 3 日查阅。

是一种社会存在，它是律师行业存在和发展中的意义呈现。作为一种客观存在，律师文化在由全体律师从业人员所编织的意义之网下，有条不紊地运行着。但是，如果仅仅将律师文化培育或建设看作是对已有的律师文化现象的体系化梳理，将会偏离文化培育的本初之意，也会使"律师文化"这一概念所承载和蕴涵的意义黯淡失色。律师文化体系的构建与提升无疑是极其必要的，对于律师文化的诠释是必须要做的。然而，这仅仅是律师文化工作的一部分，并且是其中极其基础的一部分。更重要的是，在律师文化培育中，要特别注重文化理念体系的系统表达与文化建设实践相结合，加强律师文化管理，通过管理使广大律师从业人员从内心信念和价值观上形成对优秀律师文化的认同，进而转化成执业中的自觉行为。

《管子·权修第三》中有一段话："凡牧民者，欲民之正也；欲民之正，则微邪不可不禁也；微邪者，大邪之所生也。微邪不禁，而求大邪之无伤国，不可得也。凡牧民者，欲民之有礼也；欲民之有礼，则小礼不可不谨也；小礼不谨於国，而求百姓之行大礼，不可得也。凡牧民者，欲民之有义也；欲民之有义，则小义不可不行；小义不行於国，而求百姓之行大义，不可得也。凡牧民者，欲民之有廉也；欲民之有廉，则小廉不可不修也；小廉不修於国，而求百姓之行大廉，不可得也。凡牧民者，欲民之有耻也；欲民之有耻，则小耻不可不饰也；小耻不饰於国，而求百姓之行大耻，不可得也。凡牧民者，欲民之修小礼，行小义，饰小廉，谨小耻，禁微邪，此厉民之道也。民之修小礼、行小义、饰小廉、谨小耻、禁微邪，治之本也。"其所说的"欲民之有正"，须有"礼""义""廉""耻"，正是说的文化上的倡导和要求，揭示的正是文化的解释意义。所谓"凡牧民者，欲民之修小礼、行小义、饰小廉、谨小耻、禁微邪，此厉民之道也。民之修小礼、行小义、饰小廉、谨小耻、禁微邪，治之本也。"用现代汉语表述，其意思大体为："凡治理人民，要求人民修小礼、行小义、饰小廉、谨小耻、禁止小的坏事，这都是训练人民的办法。而人民能够作到谨小礼、行小义、饰小廉、谨小耻并禁止小的坏事，则是治国的根本。"显然，这里的"民之修小礼、行小义、饰小廉、谨小耻、禁微邪"讲的是文化的执行，其揭示的是文化的功能。

当我们把文化视作一项管理要素时，我们要做的，是将律师的文化解释与律师行业承载的社会功能活动紧密结合。这样，对于律师文化而言，就不仅仅是从律师的执业实践活动中，挖掘可以予以解释和传播的文化元素，进而作出结构化、体系化、清晰化的表达与阐释，而且要将提炼出的文化元素与律师在业务实践中的功能活动相结合，发挥作为组织意义的文化对实践的指导作用。要坚持不懈地贯彻文化解释工作，更要注重文化解释在微观的功能活动中的渗透。作为文化管理，两者都是常态的工作，而不仅仅是一个攻坚战。① 律师文化既要实现"上纲上线"（形成自身的理论体系），又要实现"入脑入心"（使优秀律师文化逐渐为全体律师执业人员真正"认知"和广泛"认同"），从而提升全体律师执业人员共同的价值观或精神境界。

5. 注重实效，不断创新律师文化培育的内容和载体

为了使律师文化对内滋养律师行业的生命力，激发律师的创造力，铸造律师业的凝聚力，对外树立中国律师的形象，增强律师业竞争力，我们坚持从实际出发，以多种形式使律师文化落在实处，见于行动。具体而言，可采取的措施包括：（1）开展多样的文化活动。积极开展"律师文化周""律师文化建设巡礼""律师文化论坛"等律师文化活动，形成律师行业的整体合力，营造律师文化建设环境。推动管理规范、文化深厚的律师事务所设立"社会开放日"，每年定期向社会开放，让社会大众实地了解律师行业。认真组织开展律师宣誓活动，将誓词作为指引律师执业活动的行为准则，增强律师职业的庄严感和荣誉感。（2）抓好会刊、所刊和网站建设。利用律师行业的报刊网站宣传行业先进典型，鼓舞士气，营造"人人知晓先进文化、人人学习优秀文化、人人践行先进文化"的良好氛围。通过对律师文化

---

① 李明：《企业文化管理要坚持解释主义与功能主义相结合》，2010 - 06 - 17，http：//blog. sina. com. cn/s/blog_ 4d15ae300100ji8r. html，2012 年 10 月 3 日查阅。

理念的宣传推广，进一步激发广大律师爱岗敬业的工作热情和热爱生活的乐观态度，加深广大律师对文化理念的理解，使文化理念变为广大律师的自觉行动，推动律师业的健康快速发展。把协会会刊、律师事务所所刊办出风格，办出特色，充分发挥会刊、所刊的精神引领作用，使会刊、所刊真正成为荟萃律师思想文化的精神家园和交流律师工作方法、业务经验的重要平台。加强网站建设，在协会网站、律师事务所内网上开设律师文化建设专栏，为广大律师加强学习、参与文化建设提供有效载体。（3）营造良好律师文化氛围。充分利用大厅、走廊等公用区域，建立"文化长廊""文化橱窗""文化墙"，展现律师精神风貌。有条件的地方可开辟专门场所，建立律师历史展览室、博物馆，宣传和展示律师文化的深厚底蕴和律师事业的发展成就。开展律师事务所文化建设评比活动，通过精心设计所徽、所训，创办或改进所刊、所讯，设立图书阅览室、文艺活动室，打造律师事务所文化品牌。（4）繁荣律师文化创作。加强律师文化史料、资料的收集、整理、研究、利用，开展老律师口述史研究，记录和整理律师行业发展的历史，编辑出版一批高质量的律师文化专题刊物。鼓励作家、剧作家、编剧等文艺工作者、文艺创作者深入律师法律服务工作前线，体验生活，创作出一批时代鲜明、内涵丰富、形式新颖、群众喜闻乐见的律师文艺作品。（5）加强律师文化建设研究。广泛动员律师事务所和律师共同参与，凝聚一批关注律师行业发展、有专长、有见地的科研院所研究人员和文化部门、宣传部门的同志共同研究。坚持实事求是的科学态度，既尊重一般文化的共性，又尊重律师文化的独特个性，既善于从哲学、政治学、法学、文化学、伦理学、管理学、制度经济学等多学科的视角，又善于从历史与现实、理论与实践、现状与未来等多个层面展开广泛深入研究。坚持洋为中用，重视吸收借鉴国外的有益经验和做法，多做律师业发达的西方国家的法律执业精神形成与发展的研究思考，多做基础性的研究论证工作。（6）推进律师文化对外交流。努力推进律师文化对外交流，通过举办中外律师文化研讨会、论坛等形式，开展律师协会、律师事务所与外国及港澳台同行的文化交流，促进形成全方位、多层次、宽领域的对外律师文化交流格局，进一步提升中国律师文化国际影响力。①

中国律师文化经由不断培育而健康发展，必将对中国法治的成功转型和中国诉权保障的提升产生积极影响。

---

① 中华全国律师协会：《关于征求〈关于进一步加强律师文化建设工作的意见（征求意见稿）〉的通知》，2012 - 05 - 04，http：//www. acla. org. cn：8088/main/wenjiangonggao/909. jhtml，2012 年 10 月 3 口查阅。

第四章

诉权保障的法权关系分析①

——以诉权与审判权的关系为视角

一项诉讼必然自始至终交织着诉权和审判权，正是审判权和诉权的行使构成了诉讼的基本内容。在诉讼过程中，诉权与审判权各自围绕自身的目的，依照一定的运行规律和要求共同推进和拓展着诉讼的进程。可以说，一项诉讼必然是经由诉权和审判权的互动来完成的，只有在诉权和审判权之间寻求一种必要的平衡才有可能最大限度地实现公正的目的，完成诉讼的价值。因此，正确认识和准确定位诉权与审判权关系，不仅是二者之间关系的协调、适度、平衡发展的需要，也是推进社会和谐的必然要求。

一 诉权与审判权关系的类型考察

（一）审判权本位型

审判权本位型的关系是指审判权在诉讼过程中处于绝对的主导和强势地位，在诉权和审判权的配置上重视审判权而轻视诉权，案件事实之调查和诉讼程序之进行由执掌审判权的法院主导，一切诉讼法律关系都围绕审判权而产生、发展、变化。其代表国家是苏联和我国。

---

① 本章主要内容曾以《诉权与审判权关系论纲》为题，发表于《司法改革论评》（第12辑），厦门大学出版社 2011 年版。

这种关系的产生是历史的政治、经济、意识形态多种原因交互作用的结果。在我国民事诉讼中有如下的体现：第一，人民法院享有案件事实的职权调查功能。在审判实践中，人民法院主动去调查证据。由于调审的不分，造成以判压调的现象时有发生，严重地侵犯了当事人的诉权。第二，在立案审查标准上贯彻实体审查标准，排斥了当事人应当享有的基本人权——接受裁判权。另外，在诉讼保全程序、执行程序、再审程序中都存在侵犯当事人诉权的现象。第三，诉讼程序的终结上，由人民法院主导。例如，当事人行使撤诉权要经过人民法院的批准，而国外的运作情况是原告行使撤诉权须经过被告的准许。①

在审判权本位型的关系中，审判权凌驾于诉权之上，法院从自身利益出发来决定法院受案的范围与对象，而诉权被视为审判权的产物。以下观点正是审判权本位的体现："……诉权和审判权在诉讼上的地位和作用，则有主次之分，有统治与服从之别。就整个诉讼程序来说，除起诉阶段外，审判权居主导地位，对诉讼程序的进行、发展和终结，起着决定性的作用，诉权则居次要地位，起次要作用。"② 审判权本位是权力本位在司法领域的重要体现和反映。

（二）诉权优位型

英美法系的当事人主义诉讼模式下，在审判权与诉权的划分中诉讼权限侧重当事人，诉讼按照当事人的意志进行，当事人在诉讼中起主导作用，就是一种典型的诉权优位型。随着改革开放以来的经济社会的变革，当事人主义观念在我国逐渐得到了倡导与践行。有学者提出：在市场经济条件下，二者应遵循这样的规则来调整彼此之间的相互关系，权利所及范围是主体自身意志可以支配的自治领域，权力不可触及这一领域，而且应当充分保护这一领域的独立性和完整性。具

---

① 刘秀明：《对民事诉讼法律关系实质和类型的思考》，载《广西社会科学》2008 年第 10 期。

② 王锡三：《民事诉讼法研究》，重庆大学出版社 1996 年版，第 2 页。

言之，即市场经济体制下的民事诉讼结构应当是以当事人行使诉权为本位，与审判权相比，诉权应被置于制约审判权行使的优先地位，而审判权的行使则应以保障当事人诉权充分实现为宗旨。[①]

二　诉权与审判权关系的逻辑分析

正确认识诉权与审判权关系，是与合理厘定诉权的性质以及审判权的性质密切相关的一个问题。没有对诉权性质和审判权性质的科学界定，也就不可能对二者关系作出科学合理的界定。

（一）诉权性质的考证

诉权的性质问题是传统诉权理论的一个基本内容。从诉权学说发展的历史看，关于诉权究竟是什么性质的权利，已形成若干不同的理论流派，概况而言，主要有诉权私权说、诉权公权说、诉权否定说。这些学说为洞察诉权性质奠定了基础。结合不同学说，笔者认为认识诉权性质，起码应把握以下几点：

1. 诉权属于权利的范畴

诉权否定说主张以"法律地位"代替诉权的概念，认为当事人能够请求司法机关就其发生的争议的实体权利义务作出裁判，并不是基于诉权，而仅仅是基于其"法律上的地位"而已。日本学者中村宗雄在《诉权学说与诉讼理论之构造》中对诉权否定说提出了批评，他认为：现代国家的民事诉讼制度，对于一切可起诉的民事案件，法院均应当审理并应予以裁判；在此制度下当事人的法律地位，与在行政法范畴内仅消极地期待行政机关为适当的行政措施的情况，迥然不同；当事人对于司法机关应享有起诉的权利，法院相应地负有裁判的义

[①]　赵钢：《正确处理民事经济审判工作中的十大关系》，载《法学研究》1999 年第 1 期。

务，此项关系非"法律地位"所能解释。① 我国学者赵正群亦曾指出：就其性质而言，诉权是权利，而非通常理解的资格。两者的区别在于，资格为特定的法律地位，其内涵是主体权利义务的总和。而诉权只限于其中的诉讼权利部分，不包括其应承担的义务。只能说作为诉讼当事人的资格，是取得诉权的根据，不宜说诉权就是"作为当事人的资格"，两者内涵及其在诉讼活动中的作用均不相同。诉权的享有与诉讼角色分配实际上并无必然联系。诉权的有无，仅取决于是否具有当事人资格，与当事人的诉讼角色分配并无实际关联。② 以上中外学者的分析都至为精辟，由此可见，诉权属于权利的范畴，而不仅仅是所谓的"法律地位"或"当事人资格"。

2. 诉权是道德的权利

尽管许多诉权以法定权利的形式出现，但这并不是说诉权就是法定权利。作为法定权利的诉权只是诉权的一种表现形态，是作为道德权利的诉权向法定权利的形态变化，诉权的法定权利形式源于诉权的道德权利属性。诉权的原初形态是道德权利，它高于实在法。诉权是与社会同时产生的，是个人服从社会权威的"回报"，它是放弃人所固有的自我保护的权利进入社会所换来的一项最为重要的权利。③明确诉权的道德权利属性，可以为诉权的历史发展性提供理论依据，它不仅对于完善有关诉权的立法欠缺具有重要的理论意义，而且还可为诉权立法欠缺时推动司法能动，从而经由权利的司法生成推动诉权乃至权利的发展。

3. 诉权属于公法权利

诉权是要求掌握国家审判权的机构对一定的权益提供司法保护或对存在的纠纷给予法律裁决的权利，这无疑是符合公法的通性的，因此应属公法性质的权利。从诉权的起源来看，诉权是随着国家和法律

---

① 转引自江伟等《民事诉权研究》，法律出版社 2002 年版，第 33 页。

② 赵正群：《行政之诉与诉权》，载《法学研究》1995 年第 6 期。

③ 周永坤：《诉权法理研究论纲》，载《中国法学》2004 年第 5 期。

的产生应运而生的。诉权不是个人对个人的一项私法权利，而是个人对国家的一项司法解决请求权，是国家为个人实现自己的要求而提供的一种司法解决途径，因此，诉权应当是也必然是一项公法的权利。[①]美国著名法学家 G. 勒斯克说："社会的每一个成员都有权通过法院强制实现对于社会的其他成员的任何请求。如果某人有一项请求，并确有正当根据认为这项请求是合乎实际的，那么他便有权向法院起诉以实现这一请求"。[②] 尽管诉权通常是为了保护私权利而行使的权利，但诉权的行使必然诉及"公共权力"，离开公共权力的介入就不再是所谓的"诉权"，因此就公法权利与私法权利的划分而言，诉权具有明显的公法权利性质。

4. 诉权主要体现为一种程序性权利

诉权必须在诉讼程序中，依赖于审判权的保障才能实现。根据权利内容的性质不同，权利可以分为实体权利和程序权利。诉权是当事人平等享有的获得司法救济的程序性权利。从诉权的实现方式来看，自产生起它都是通过诉讼活动来实现的，行使诉权的全部内容就是主体能动地进行诉讼活动，实施诉讼行为，这就从根本上决定了诉权的程序法权利性质。[③] 诉权与诉讼程序具有密不可分的联系，诉讼程序的发动依赖于诉权的行使，而诉权的深化发展又不能脱离开诉讼程序。离开了诉讼程序，诉权就失去了其发挥作用的舞台与基地，成为漂泊不定的存在。[④] 诉权是一项程序性权利，不同于诉讼中的实体请求权。两者的区别在于，诉讼中的实体请求权往往直接源于当事人的实体权利，是其实体权利受到侵害或产生纠纷后的特殊形态，其在诉讼发生时，只是一种法律上的假设，能否确实实现，需取

---

① 喜子：《反思与重构：完善行政诉讼受案范围的诉权视角》，载《中国法学》2004年第 1 期。

② 转引自常怡主编《比较民事诉讼法》，中国政法大学出版社 2002 年版，第 136 页。

③ 李丽娟：《请求权与诉权关系研究》，载《河南理工大学学报（社会科学版）》2006 年第 4 期。

④ 刘军容：《程序保障的理论视角》，法律出版社 1999 年版，第 275 页。

决于诉讼结果；而诉权在诉讼活动中则具有直接实现性，是为实现实体上的请求权而进行诉讼的程序性权利。① 虽然诉权主要体现为一种程序性权利，但并不应因此否定其在程序方面的实体意义。诉权具有独立的权利内容，它可以促使审判权的回应性启动和迫使诉权对象被动性应诉。

5. 诉权应当是一项基本人权

人权是人之为人应该享有的权利，诉权作为一项基本人权是法治发展到一定阶段的必然要求，亦是国际人权公约保障的对象。"在法治国家，请求法院作出裁决，这是人民对于国家享有的基本人权。"② 《世界人权宣言》第 8 条规定："当宪法或法律赋予的基本权利遭受侵犯时，人们有权向有管辖权的法院请求有效的救济。"第 10 条进而规定："人人完全平等地有权由一个独立而无偏倚的法庭进行公正的和公开的审讯，以确定他的权利和义务或判定对他提出的任何刑事指控。"《公民权利和政治权利国际公约》第 14 条第 1 款规定："所有的人在法庭和裁判所前一律平等。在判定对任何人提出的任何刑事指控或确定他在一件诉讼案中的权利和义务时，人人有资格由一个依法设立的合格的、独立的和无偏倚的法庭进行公正的和公开的审讯。"《欧洲人权公约》第 6 条也有类似规定。

诉权应当是一项基本人权，不仅有国际立法的现实例证，还可从学理上加以论证。有代表性的如莫纪宏先生的观点。他认为："从法律制度上看，相对于政府的保障责任而言，唯一可以从平等性和穷尽性来保障法律上人权的实然性的只有诉权，也就是法律制度应当保证公民个人可以享有自由地陈诉保障人权要求的权利。这种权利相对于其他法律上的人权而言是基础性，也是绝对的。如果一种法律制度不能绝对地保障公民提出保障人权要求的权利，那么，法律上所确定的人权也就不具有实然性的价值，法律上的人权应然性也就无法得到实

---

① 赵正群：《行政之诉与诉权》，载《法学研究》1995 年第 6 期。
② 常怡主编：《比较民事诉讼法》，中国政法大学出版社 2002 年版，第 145 页。

然性的支撑，法律在保障人权中的作用就不可能超越于道德对人权的保护水平。所以说，诉权是现代法治社会中第一制度性的人权，只有诉权是可以要求政府承担无限的保护责任的，这种保证责任不仅是可能的，也是现实的。"① 诉权作为一项基本人权，应当被推定或被定位于是一项宪法上的权利，一项在原则上属于公民的不可剥夺与任意限制的基本权利。

（二）审判权性质的审视

1. 审判权属于公权力的范畴

从现代法治和法学理论而言，审判权与司法权均专属于法院，所以人们在使用概念时往往对二者不作区分，习惯于将审判权与司法权视为同等的概念，认为审判权就是司法权，司法权就是审判权。这里首先需要澄清的是审判权不同于司法权。既然一个谓之"审判"，一个谓之"司法"，二者的意涵取向是不同的。司法权是国家权力系统的一个重要环节，或者说是公共权力系统内部的一项重要权能，它是相对于制定规则的立法权和执行规则的行政权而言的概念，通常享有主体是国家（现代社会的发展使得有关国际组织和机构也享有了一定的司法权）；而审判权本质上是以个案中的法律解释权与裁量权以及诉讼进程的协调指挥权为内容的。可以说，对于整个制度而言是司法权，在个案中体现为审判权。一定意义上也可以说，司法权是笼统的、抽象的权力，审判权则是具体的权力；或者说，司法权是审判权的权力基础，而审判权是司法权的权力运用。

2. 审判权的启动与运行具有被动性、回应性

审判权的特有属性是其被动性。纠纷解决的途径往往有和解、仲裁等多种，提起诉讼仅是解决纠纷的一种途径。这种途径即诉讼程序的启动只能依赖于诉权主体积极主动地行使诉权，而审判权只能以回应诉权的方式介入诉讼，在缺乏诉权运行的前提下审判权不能主动审理和解决

---

① 莫纪宏：《论人权的司法救济》，载《法商研究》2000 年第 5 期。

纠纷，此谓之"不告不理""法院只能在当事人请求的范围内裁判"。被动性是审判权区别于经常带有主动性的行政权的重要特征之一。在诉权提起的情况下，抽象的、静态的司法权得以转化表现为具体的、动态的审判权，以回应诉权和协调诉讼程序的运行。其实，不仅在启动方面，审判权呈现被动、回应的特点，而且在运行方面，审判权也具有消极被动的一面。一个显著的表现就是法官在证据认定和评析等司法过程中，是以非常消极的态度处理之，正如美国一位法官所描述的，"我们的法官消极地等待着当事人出示东西，他们几乎从来都不知道——经常也不怀疑——当事人会选择不出示什么东西"。[①]

3. 审判权具有强烈的职责性、义务性

审判权的行使不仅是权力也是职责和义务。审判权的存在要求在相当程度上排斥了私力救济。"国家禁绝私人动用暴力的任性冲动而使自己垄断了暴力。只有在国家能够向个人提供充分和合理的法律救济机制的前提下，禁绝私人暴力的动用才是具有正当性。"[②] 审判权不仅指在诉讼程序中的裁判权和法律解释权，同时意味着必须提供对诉权的保障，作为审判权之执行主体的审判人员是无权任意取舍的。因此，国家对诉诸司法的权利进行应答和回应是其应尽之义务而非国家给予公民的福赐或恩惠。[③] 德国思想家洪堡曾说，"在社会里，公民安全主要赖以为基础的东西，就是整个个人随意谋求权利的事务转让给国家。但对于国家来说，从这种转让中产生了义务，国家有义务为公民完成他们现在再也不许自己去完成的事情。因此，如果在公民之间有争端，国家就有义务对权利进行裁决，并且在占有权利上要保护拥有权利的一方。"[④] 这段话的理论基础是社会契约论。按照卢梭对社会

---

① 齐树洁主编：《美国司法制度》（第2版），厦门大学出版社2010年版，第11页。

② 李琦：《论法律上的防卫权》，载《中国社会科学》2002年第1期。

③ 左卫民等：《诉讼权研究》，法律出版社2003年版，第8页。

④ ［德］威廉·冯·洪堡：《论国家的作用》，林荣远等译，中国社会科学出版社1998年版，第137页。

契约的阐述：当"自然状态中不利于人类生存的种种障碍，在阻力上已超过了每个个人在那种状态中为了自存所运用的力量"时，"要寻找出一种结合的形式，使它能以全部共同的力量来维护和保障每个结合者的人身和财富，并且由于这一结合而使得每一个与全体相联合的个人又只不过是在服从其本人，并且仍然像以往一样地自由"。① "国家"就是一个由全体个人所结合的公共人格。根据"主权在民"的理念，包括司法权在内的国家公共权力产生于保障民众权利的需要。司法权是国家权力谱系的一个重要环节。因此，社会契约论适用于解释具体诉讼活动中权利—权力制约关系，即当事人在将争议提交诉讼解决的同时，保留了制约法官滥用权力的权利。而法院在获得公民将纠纷提交其解决的权力的同时，实际上承担着相应的义务。②

西方有句古老的法谚——法官不能拒绝裁判。其意思是，法官作为审判者对于向法院提起的诉讼案件，不得以法律没有规定为由拒绝审理和判决。有关法官对纠纷解决负有义务的经典表述为1804年《法国民法典》第4条规定："审判员借口没有法律或法律不明确不完备而拒绝受理者，得依拒绝审判罪追诉之。"1810年的《法国刑法典》第185条中对拒绝审判罪规定了刑罚。最高人民法院《法官行为规范》第16条亦规定"不得因法定起诉要件以外的瑕疵拒绝立案"。③

审判权从宪法和法律的规定看整体上专属于法院，而到个案则是法院中的法官在具体实施。法官是法院的审判"专员"，对外代表法院行使审判权。根据权责相一致的原则，法官作为法院的代表，不仅应行使审判的职能和权力，而且也应承担起审判的职责和义务。可以说，审判权相对于审判权的行使者个体而言是一种"岗位"职责，而对于行使诉权的个体而言就是一种公法义务。

---

① ［法］卢梭：《社会契约论》，何兆武译，商务印书馆，第18页、第19页。
② 齐树洁：《程序正义与司法改革》（第2版），厦门大学出版社2010年版，第369—370页。
③ 最高人民法院法发〔2010〕54号，2010年12月6日。

4. 审判权的行使具有中立性、居间性

在诉讼法律关系中，审判权主要体现为在诉讼中担负着组织、主持、指挥诉讼进程，对案件作出实体判决，并决定各种程序事项的职责。作为社会正义屏障的审判权，"必须在发生争端的双方之间严守中立，既不偏袒一方，也不歧视另一方，更不直接介入控辩双方之间发生的争端，帮助一方对另一方实施攻击或者防御"。"只有保持这种中立无偏的地位，才能不仅在实质上而且在外观上具有公正的形象，取得控辩双方的共同信任，从而以人们能够'看得见'的方式实现社会正义。"① 保持中立性和居间性是对审判权的起码要求。

(三) 诉权与审判权的关系辨析

对事物间关系的逻辑分析是科学构建彼此关系和理性推进相互关系发展的基本前提。诉权与审判权属于两个不同的法权范畴，诉权属于当事人权利的范畴，审判权则表现为国家权力。诉权与审判权的关系是权利与权力关系的特殊表现形式。从法治、宪政和现代法学的角度讲，权利产生权力，权力为权利服务，权利制约权力。这一原理完全适用于诉权和审判权的关系。换言之，公共权力应当受到的约束和限制同样适用于审判权。就诉权与审判权的关系而言，二者既有相互冲突的一面，又有彼此融通的一面，兹分析如下。

1. 诉权与审判权具有一致性

首先，从起源看，诉权与审判权同时产生，互为条件，诉权与审判权是一对对应的概念。在诉讼活动出现之前，既不存在审判权也不存在诉权。没有审判权，诉就没有请求的对象，诉权也将无从谈起，更不可能实现，也就不能称其为"权利"；没有诉权，审判权就没有处理的对象，也不存在审判的可能，也就无法构成审判之权。仅在诉权产生的前提下，审判权才具有了审判之权；同样，仅在审判权产生之后，有关诉的愿望才可能成为现实，诉权才具有切实的意义。因此

---

① 陈瑞华：《司法公正与司法的被动性》，载《人民法院报》2001年3月19日第3版。

可见，审判权的产生离不开诉权的存在，诉权的存在也离不开审判权的产生。其次，从内在关系看，诉权是审判权的逻辑前提，审判权是诉权的重要保障。从现代法治的基本要求来看，审判权的存在是以诉权的实现为目的的。如果诉权不能得到很好的实现，审判权就会失去存在意义和其自身应有的权力价值。在诉讼法律关系中诉权与审判权相互对应，共同作用，推动着程序发展，促进诉讼目的的实现。假如没有审判权，那么诉权将无从行使；而假若缺失了诉权，审判权也就无从启动与运作。我们不否认，一些法律条文明确规定了审判权但没有明确诉权。然而依据权利推定的基本规则，完全可以从权力推定权利，即从审判权之确立推定诉权之存在。

2. 诉权与审判权存在着一定的冲突

诉权与审判权不仅存在着一致性，也存在一定的矛盾性。在权利分析上，此长彼消、此大彼小，审判权与诉权之间存在反向关系。审判权的膨胀，一般会导致诉权的萎缩；审判权的自律、立法的约束必然促进诉权的保障。[①] 道理是显见的，如果确认某项行为或措施属于审判权的正当范围，则将限制诉权在此项行为上任意处分；而如果确认某种行为属于诉权的正当范围，则将限制审判权在此处的任意干涉。

3. 诉权与审判权既相辅相成又相互制衡

正是因为既体现着一致的一面，又存在冲突的一面，才决定了二者在诉讼法律关系中，除了相互配合、相互协调外，还相互制约。"诉权保障与司法权所拥有的合法性资源、司法权在国家政治体系中的现实地位存在着密切的关联。"[②] 诉权对审判权具有请求与制约的双重功能，审判权对诉权兼具维护和监督的双重职能。就诉讼而言，就是诉权和审判权的一个互动过程。诉权与审判权既有此消彼长的关系，也有同步增进的关系。审判权的作用范围"直接反映法院可司法或可裁判的事项范围，决定当事人裁判请求权的实际保障

① 杨荣馨主编：《民事诉讼原理》，法律出版社 2003 年版，第 76 页。
② 蒋秋明：《诉权的法治意义》，载《学海》2003 年第 5 期。

程度，是一个国家法治文明及其实现程度的重要标尺"。① 事实上，审判权作用范围与诉权行使范围是一个问题的两个方面，二者存在十分密切的联系。审判权作用范围决定着可以得到司法保护的范围和程度，从而影响着诉权受保障的状况。在此意义上，审判权作用范围应该同可行使诉权的范围与可能相匹配。如果前者大于或宽于后者，说明立法技术出现了不周延现象；如果后者大于或宽于前者，则说明很大一部分诉权是虚置的。审判权与诉权的范围是相对应的，诉权受到限制，司法权也就相应地会受到限制。长期以来，由于我国法律所规定的起诉权权能内容并不充分，相应地限制了人民法院对司法审判权的行使。② 正如学者指出的：当事人的诉讼权利应当有足够大，以至于在诉讼请求范围内可以对抗审判权，即何种纠纷要求审判或提出何种诉讼请求都由当事人决定；而审判权也应当有足够大，即足以排除各种干扰保证审判的顺利进行，对当事人的诉讼请求和证据依法独立作出判断和裁判。③

三　诉权与审判权关系的重建原则

通过以上对诉权与审判权关系的逻辑分析，不难看出，二者既存在对抗关系，又存在融通之处，二者既可以此消彼长，也可以是共生共荣。诉权与审判权关系的重建原则应当是：既按外在客观事物的尺度，又按内在需要的尺度进行选择，将孤立的价值选择与科学的认识实践结合起来。

---

① 江伟：《民事诉讼主管机制的扬弃与超越——评廖永安〈民事审判权作用范围研究〉》，载《湘潭大学学报》2008 年第 3 期。

② 莫纪宏、张毓华：《诉权是现代法治社会第一制度性权利》，载《法学杂志》2002年第 4 期。

③ 高壮华：《论市场观念下的审判权与诉权关系》，载《经济经纬》2003 年第 5 期。

（一）合目的性原则

这项原则的意思是，事物的产生有其目的，因此事物必须适合其目的。诉权和审判权关系的建构不仅要符合诉讼制度设计的目的，而且也必须符合社会发展的目的要求。诉讼的设置，在于解决纠纷，维护秩序；当今社会发展的要求和趋势是促进社会和谐。因此，诉权和审判权关系的建构不能偏离诉讼制度的基本目的；否则，诉讼不但没有解决纠纷，还可能引发新的矛盾——诉权和审判权的对抗。和谐社会作为一个系统的社会发展指导思想，对于引领人们的思想和行为以形成社会合力推动社会发展，具有导向意义。秉持和谐导向性，无疑应当是诉权与审判权关系建构的一项重要原则，它也是和谐社会目标下构建诉权与审判权关系时合目的性原则的具体体现。

（二）程序主体性原则

无论是诉权的实现还是审判权的运用都要通过程序来完成。保障诉权与审判权理性运行的一个重要原则就是程序主体性原则。程序主体性原则又称诉权主体程序主体性原则，或当事人程序主体性原则。当事人程序主体性原则，所要阐明的是诉讼制度"为谁而存在"的问题。按照当事人程序主体性原则的要求，诉讼程序应当以"当事人为中心"而构建，尊重当事人的意愿，保障其权利和自由，让其发挥决定、支配和主导作用；而法院则应当为满足当事人的诉讼要求提供妥当的"司法服务"，为当事人进行诉讼创造具有"亲和性"和"易于理解"的诉讼空间。当事人程序主体性原则，还要求建立以当事人为主导、畅通主体之间的"对话"与"沟通"，形成既有"分权"又相互"协作"的诉讼构造关系。[①] 程序主体性在民事诉讼中，又称为民事诉讼中的主体理念，就是承认程序主体的独立人格理念，以及程序

[①] 唐力：《当事人程序主体性原则——兼论"以当事人为本"之诉讼构造法理》，载《现代法学》2003 年第 5 期。

主体对自己独立人格的自我承认理念。一方面，程序主体地位的确立与强化，要求立法者在设计民事诉讼目的时应将真正赋予并保障当事人享有程序主体权放在首要位置。这不仅意味着当事人能够有机会通过自己的努力形成令自己满意的诉讼结果，也意味着诉讼程序对作为自主、理性主体的当事人尊严与价值的充分肯定；① 司法者在民事诉讼活动中更要尊重诉讼主体的人格，居中裁判的法官尤其要把当事人放在"主体"地位看待，避免把当事人放在"客体"地位加以"审问"，甚至出现"诉讼伤害"。另一方面，作为诉讼主体自身来说，也要强化主体理念，不仅要承认自己的独立人格，更要尊重对方的独立人格，防止诉讼中的"恶意攻击"，以真正做到民事诉讼的"人格关怀文明"。②

　　程序主体性原则，要求必须切实维护诉权持有者的主体性地位，避免将诉权主体作为司法审判的客体来对待；整个诉讼均按照诉权主体的意志、意愿和意思展开，同时依据自我选择、自我负责之基本法理，诉权主体必须认可与服从司法判决。这样，当事人在实体领域中的诉求在进入程序之后，便在诉讼这一"法的空间"里置换成了程序上的需求，当事人从实体权利的享有者、支配者，转换成了程序的利用者、支配者，成了程序主体。③ 根据程序主体性原则，衡量司法审判是否正当的依据不仅在于司法判决的内容是否具有正当性，还在于审判程序本身能否保证诉权主体参与。当然主张程序主体性原则，并不是要否定审判权的权威，而是特别申明审判权主体在适用法律原则进行司法裁判时，必须尊重诉权主体的人格权、处分权以及其他各项诉讼权利；并为诉权主体能够理性、有效地参

---

　　① 李祖军：《论程序公正》，载《现代法学》2001 年第 3 期。

　　② 李绍章：《追寻诉讼文明的轨迹——民事诉讼中的"民法理念"散论》，载《山西省政法管理干部学院学报》2002 年第 2 期。

　　③ 周成泓：《规则、原则、程序——对法律原则的一个诠释》，载《贵州大学学报》2006 年第 3 期。

与诉讼、影响诉讼的进程乃至最终的结局提供便利和保障。如我国民事诉讼法学者王亚新先生指出,司法审判在许多方面的特点都可以视为在制度上对判决的可变性加以严格限制的必要或非必要的条件,但这些条件中最直接也最具根本性意义的因素恐怕还在于诉讼审判所特有的程序以及体现于其中的当事人对抗结构[①]。这种当事人相互对抗的程序结构意味着把更多的诉讼行为作为权利赋予当事人,而不是作为权力留给法官。尽管最终作出判决的是法官,但当事人却是形成判决的主体。在整个诉讼过程中,尽管法官主持着程序的进行,却一直处于被动的地位[②]。程序主体性原则是科学性原则在诉讼领域的具体体现。

(三) 司法被动性原则

司法权的被动性就是要求不管是民事诉讼、刑事诉讼还是行政诉讼、宪法诉讼,司法的裁决都必须在诉权当事人的请求和抗辩的基础上进行。司法的被动性理念并不否认审判者是诉讼程序的控制者这一事实,也不排斥审判者在纠纷解决过程中积极主动地发挥其作用,它只是表明审判者行使司法权的边界范围要受当事人意志的制约。这种理念并非鼓励司法机关无所作为,而是弘扬司法机关有所为有所不为的司法美德,表明法官应以谨慎的方式行使对当事人纠纷"最后决定"的权力。[③] 在一定程度上,司法权的谦抑恰恰构成了其受到民众尊敬和仰视的原因之一。贯彻司法被动性原则不仅要克服传统的权力中心主义的影响,而且要对新时期的司法能动思潮保持警醒,正确认识和处理司法被动与司法能动的关系。遵守司

[①] 王亚新:《对抗与判定:日本民事诉讼的基本结构》,清华大学出版社 2002 年版,第 351 页。

[②] 王亚新:《社会变革中的民事诉讼》,中国法制出版社 2001 年版,第 41 页。

[③] 黄金桥:《司法的被动性与审判职能定位》,载《湖北社会科学》2003 年第 11 期。

法权的被动性，主要是指案件的受理和诉讼的发动，并不意味着法官在纠纷处理中陷于消极被动的地位。[①] 也应看到，我国正处在经济高速发展、利益格局多元、社会矛盾频发时期，适度的司法能动有助于法院应对处于变革时期的社会对司法的诉求，亦可填补立法缺失可能带来的弊端。[②] 同时，司法能动性与司法被动性并不是截然对立的，它们是一个事物的两个方面，两者可以和谐地统一于司法权的正当行使过程。司法被动性主要是就司法的程序运作而言的，司法能动性则主要就实体的运用而言；司法能动性与司法被动性从不同角度诠释司法权的本质属性，并共同作用于诉讼中，其根本目的在于克服立法过程中的固有缺陷并最大限度地保护当事人的利益。司法被动性通过程序的规制和当事人处分权的行使以抑制司法权的滥用，而司法能动性则通过赋予法官在事实判断和法律适用中的必要权限以最大限度地实现社会正义。[③] 实践中一些法院的法官以司法能动为由，上门揽案，"找米下锅"，积极开拓案源，听说企业债权要不回来后，主动上门积极表示愿去帮助企业要债。类似情形，呈现的是审判权主动出击，这已超出了司法能动的合理范围，有悖于司法被动性原则，衍化为司法主动。由此可见，学者们提出的司法能动会不会违背司法规律的忧虑，绝不是空穴来风。最高人民法院副院长沈德咏在接受媒体专访时曾指出：司法能动不能盲动，必须坚守法律边界。要正确处理好司法能动与司法被动性的关系。只是在特定的情况下，司法权的行使才变得更加积极、主动、活跃。司法能动并没有从根本上改变司法权运用的被动性和中立性等司法应当恪守的规律。应该清醒地认识到，能动不是盲动，司法能动不能恣意妄为，司法权不能无限膨胀。司法能动

---

① 王瑶：《浅析平衡司法被动性与能动性》，载《江苏法制报》2010 年 8 月 19 日第 A07 版。

② 张榕：《司法能动抑或司法克制》，载齐树洁主编《东南司法评论》（2010 年卷），厦门大学出版社 2010 年版，卷首语。

③ 张榕、陈朝阳：《中国司法能动性的开启及其规制》，载《厦门大学学报（哲学社会科学版）》2004 年第 5 期。

应该有其坚守的边界和分际。① 坚持司法被动性并不是要否定司法能动，但更不能以司法能动为由否定司法被动性。被动性是司法权的基本特征，司法被动是司法的基本规律。司法能动不等于主动司法，司法能动应受到被动性、中立性和合法性等司法原则的制约。

（四） 立足国情原则

国情就是客观现实，国情性应当成为制度设计和移植、借鉴国外经验的首要考量，否则制度设计虽然符合工具理性，但却可能因为失去中国本土资源的支持而在实践与操作的层面变得窒碍难行。② 法国思想大师孟德斯鸠在《论法的精神》中发表了如下至理名言："法律应该和国家的自然状态有关系；和寒、热、温的气候有关系；和土地的质量、形势与面积有关系；和农、猎、牧各种人民的生活方式有关系。法律应该和政制所能容忍的自由程度有关系；和居民的宗教、性癖、财富、人口、贸易、风俗、习惯相适应。最后，法律和法律之间也有关系，法律和它们的渊源，和立法者的目的，以及和作为法律建立的基础的事物的秩序也有关系。应该从所有这些观点去考察法律。"③ 世界各国的立法和司法改革的实践经验也表明了一国法律的制定和修改必须从本国的实际国情出发，充分考虑本国的历史传统和现实需要，关注本国的政治、经济、社会、文化等各方面的状况，尤其要注意到本国由来已久的法律习惯与传统及当下社会公众的承受力和适应力。当然，立足国情原则不是绝对的，不能成为违逆现代文明大潮和科学精神的借口。

上述各项原则的关系应该是互补共生的，而不是彼此排斥的。概

---

① 沈德咏：《司法能动不能盲动　必须坚守法律边界》，载《法制日报》2009 年 7 月 28 日第 3 版。

② 齐树洁主编：《民事司法改革研究》（第 2 版），厦门大学出版社 2004 年版，第 45 页。

③ ［法］孟德斯鸠：《论法的精神》（上册），张雁深译，商务印书馆 1959 年版，第 7 页。

言之，秉承和谐导向是目的性使然，立足国情体现了坚持现实性、可行性原则，司法被动性与程序主体性原则反映了科学性的要求。科学重建诉权与审判权关系的原则应当是上述各项原则的综合考量，而不是偏执于其中的某项原则而忽视其他原则。

四 诉权与审判权关系的当代建构

当代社会和谐命题的提出，源于权利的诉求。诉权与审判权关系的建构，既要有利于诉权之间的和谐，也要有利于促进诉权与审判权的和谐。基于以上对诉权与审判权关系类型考察、逻辑分析及建构原则的探究，笔者认为，在和谐社会目标下，科学建构诉权与审判权的关系，应把握好以下几点：

（一）转换诉讼理念，逐步建立起对审判权的约束机制

长期以来，我国事实上存在着的国家权力与公民权利不平衡及在此基础上形成的"国家权力优越"等观念，表现在诉讼领域，就是审判权的"权力"意志远远强于诉权的"权利"意识，并且权利约束权力的观念相当匮乏。正如陈桂明先生指出的：需要特别强调的是，我国民事审判中最缺乏的是对当事人诉权的充分有效的保护，而不是对审判权力的进一步关怀。[①] 必须摒弃不合时宜的诉讼观念，树立既顺应世界发展潮流，又符合中国国情的新的民事诉讼理念。就我国当前的改革来说，一方面要牢固树立诉权为公法权利的观念，建立诉权对审判权的约束机制；另一方面，为防止司法专横，还应建立审判权的自我约束谦抑机制。这就需要努力戒除神秘主义审判，积极推行审判公开和司法民主，完善对审判权的监督。近年来，各级人民法院不断顺应时代要求，注意倾听各方声音，创造了不少有

---

① 陈桂明：《诉讼公正与程序保障》，中国法制出版社 1996 年版，第 185 页。

效的工作机制。最高法院发布的许多规定都有助于实现对审判权进行监督。如：1998 年发布的《人民法院审判人员违法审判责任追究办法（试行）》和《人民法院审判纪律处分办法（试行）》均规定了对法官不正确行使审判权造成错案要追究责任。2009 年 3 月最高人民法院发布的《人民法院第三个五年改革纲要》明确提出"改革和完善人民法院接受外部制约与监督机制"。2009 年 4 月发布的《最高人民法院关于进一步加强民意沟通工作的意见》要求："进一步推进司法决策民主化、科学化，更好地接受民主监督，深化司法公开、促进司法公正、提高司法公信"；"维护好、保障好人民群众的知情权、参与权、表达权和监督权等合法权益"；"积极推行审判、执行信息网络公开制度；加大庭审网络直播力度"。2010 年 8 月发布的《最高人民法院关于进一步加强人民法院文化建设的意见》则要求"进一步建立健全立案、刑事审判、民商事审判、行政审判、审判监督、执行等重要岗位的办案规范和标准，严格规范广大干警的职权行使和职务言行，确保实现公平正义，树立司法公正形象"。这些文件都为建立审判权的约束机制提供了很好的制度基础。目前，全国大部分法院实行了深化审务公开尤其是网上审务公开，进行网上庭审直播，不定期实行院领导与网民直接交流；北京全市 25 家法院全部具备了网络直播的能力，已经完成网络直播 861 场，平均每个工作日北京法院都有 2—3 场直播；重庆、江苏等地的法院积极设立便民邮箱，公布院长电子邮箱，拉近了与民众的距离；江苏省高级人民法院还随机从当月所结案件中抽取 5%—10% 的案件，向当事人发放征求意见函，并及时反馈意见等。① 这些做法一定程度上反映了各地法院转换诉讼理念，深化司法公开，进一步推进司法决策民主化、科学化，更好地接受民主监督的具体实践。

---

　　① 罗东川、丁广宇：《我国能动司法的理论与实践评述》，载《法律适用》2010 年第 2、3 期（合刊）。

（二）调整诉讼模式，努力寻求审判权与诉权间的平衡

审判权与诉权关系的定位，与诉讼模式是一个紧密关联的问题。不同的诉讼模式下，诉权与审判权的关系也呈现出不同的特征。当今世界主要存在两大类型的诉讼模式，即当事人主义诉讼模式和职权主义诉讼模式。我国长期以来审判权一头独大，与之相应，存在和奉行的是职权主义模式。改革开放以后，职权主义模式的弊端渐次呈现，因其不能适应社会发展的需求而广受诟病，革弊除陈的呼声甚嚣尘上，发端于英美的当事人主义模式顺势而起，在有意无意间几乎成为毋庸置疑的当然之理想模式。然而随着以当事人主义模式为前景的审判方式改革在实施中遭遇各种尴尬，甚至陷于困境，审判权让出的"空间"因诉权行使能力的不均衡导致诉讼中的"弱肉强食"乃至基本公平正义的不保，我们就不得不反思，欧风美雨固然有其科学的内核，但移植我国，未必能保障可避免水土不服。因此，在批判地继承当事人主义和职权主义诉讼模式的优点的基础上构建协同主义诉讼模式或可成为选择。① 按照学者的观点，协同主义应包括以下内容：（1）由当事人负第一线的证据收集责任。（2）在当事人之间证据收集能力发生不平衡而导致当事人诉讼地位不平等的情形下，法院始介入负第二线的协助当事人收集证据的责任。（3）法院负有阐明并公开其关于诉讼资料及法律适用的心证的义务，以形成法院与当事人协同发现案件真实、共同促进纠纷解决的机制。（4）当事人负有真实义务，禁止当事人故意作出不真实陈述或者故意对他方当事人及证人等所作出的真实陈述进行争执或保持沉默；不负举证责任一方当事人对证据的提供与案件事实的证明负有协力义务。② 由此可

---

① 姚晟旻：《论协同主义诉讼模式下的释明权制度》，载齐树洁主编《东南司法评论》（2009年卷），厦门大学出版社2009年版。

② 奚玮：《协同主义民事诉讼模式的建立与和谐司法的实现——以证据收集为中心》，载《河北法学》2008年第3期。

见，"协同"主要是在诉讼中保持诉权与审判权的协同，努力克服当事人主义模式下审判权消极行使和职权主义模式下审判权肆意扩张的不利影响，使审判权有所不为又有所为，从而达到既促使审判权积极作用的发挥又避免审判权扩展可能带来的危害；与此同时，诉权在得到伸张的同时要承担与之相应的责任，使诉权行使受到合理的规制以防范诉权之滥用。

（三）改革诉讼制度，促进审判权与诉权实现有机结合

审判权与诉权的关系必然也必须通过具体的诉讼制度来体现和保障，因此必须通过对具体诉讼制度的改革来实现法院审判权与当事人诉权的有机结合。针对我国诉讼制度现状，重点应当从以下制度进行改革：一是扩大法定诉权范围，杜绝法院对应立案却不立案的专断性行为；二是适当扩大和完善简易程序，赋予当事人一定的程序选择权，以有效发挥简易程序快捷、简便的优势，切实提高诉讼效率；三是建立法官释明制度，法官应适时就相关事实认定和法律适用等事项向当事人作出说明；四是健全证据制度，尤其要完善自由心证制度，缩小法官依职权调查取证的范围；五是完善诉讼调解制度，遵从调解的自愿性原则，规范调解程序。

近年来，最高人民法院和各级人民法院推行的许多改革举措都有助于促进审判权与诉权的结合。最高人民法院 2006 年发布的《关于人民法院为建设社会主义新农村提供司法保障的意见》和 2009 年发布的《关于进一步加强司法便民工作的若干意见》，都要求各级人民法院进一步增强服务意识，拓展服务领域，丰富诉讼服务的方法和措施，提高服务水平，真正让人民群众感受到司法以人为本，享受到司法人文关怀。河南省高级人民法院向社会公开承诺做好十件实事，包括在立案信访窗口配备了饮水机、桌椅、笔、稿纸等物品，方便群众使用。广西各级法院建立"立案110"制度，设立流动立案点和导诉台，实行节假日立案，建立便民服务速裁小组和预先登记立案制度。江苏各级法院推行柜台式、一站式服务，并在全省设立了固定巡回审

判点 679 个①。东莞市第一人民法院建立社区法官机制，以"就地立案、就地调解、就地审判、就地执行、就地结案"为工作机制，通过巡回办案、接待来访咨询与开展法律宣传，指导和参与调解纠纷，经当事人申请，社区法官对调解协议进行司法确认，出具民事调解书。② 以上不同的制度改革措施都是人民法院改进司法工作的缩影，充分反映了人民法院进行制度创新，努力实现司法便民利民的决心和实际行动，在一定程度上都促进了审判权与诉权的有机结合。

科学建构诉权与审判权的关系，不仅要对二者关系的历史类型作出合理的梳理界定，对其逻辑关联作出严谨缜密的分析，而且要努力探究建构的基本原则何在，而更为关键的是，要通过一点一滴的、具体的理念更新和制度建构来推进。

---

① 罗东川、丁广宇：《我国能动司法的理论与实践评述》，载《法律适用》2010 年第 2、3 期（合刊）。

② 东城法庭研究室：《社区法官机制的构建与思考》，载陈斯主编《法官视野中的司法》，厦门大学出版社 2010 年版。

第五章

诉权保障的法文献学分析①

——以宪法性法律文献为线索的考据

对于"法文献学"一词的理解可能会见仁见智，这里所说的"法"指的是"国家法"，即由国家制定或认可，反映国家意志并以国家强制力保障实施的规范性文献。相应地，"法文献学"则用以统称各种法律性文献，所说的"诉权保障的法文献学分析"即为坚持以法律性文件为线索对"诉权保障"进行考据和解析。一如我们所知，诉权保障是一个全球性和全人类共同的问题，而不是一国或一地区独有的现象。由于经济、社会和法治发展的不平衡、不同步，不同的国家或地区，不同层面的法律文献对于诉权保障问题或许作出相同或不同的规定。但由于所要解决的问题具有相同性或相似性，因此对在汗牛充栋的相关文献中所出现的主要诉权保障规范进行梳理，审视不同的制度设计，对于我们来说，无疑具有重要的借鉴和启示意义。本章拟从分析外国宪法性文献有关诉权保障的具体规定、国际性宪政文本对诉权保障的规定入手，审视中国诉权保障的宪法性文献的历史与现实，进而从宪法文献角度提出完善中国诉权保障的设想。这样处理，期望对中国诉权保障法律文献的完善有所裨益，因为它是用一种比较直观和相对容易理解的方式来展示和分析在诉权保障问题上不同制度环境下的具体做法。

---

① 本章内容曾以《诉权保障的法文献学分析》为题，发表于《司法评论》第 2 卷，中国检察出版社 2011 年 10 月版。

一　外国宪法性文献①有关诉权保障的具体规定

诉权是宪法上的一个重要问题，将诉权载入宪法是诉权得以保障的最有效、最可靠的途径。现代社会，许多国家在宪法中将诉权确立为公民的一项基本权利，诉权入宪是现代文明的重要成果。在这一部分，笔者拟梳理各国宪法性文献有关诉权保障的具体规定，主要是考察世界其他国家的宪法有无对诉权作出规定，如果作出了规定，具体而言究竟是怎样的规定，如果没有作出规定，那它是不是不保障诉权，假使保障又是借助什么方式或形式来进行的。这些问题构成考察的重点。

（一）英国宪法性文献有关诉权保障的规定

根据考证，历史上第一次以宪法形式对诉权加以保护的是 1215 年 6 月 15 日英王约翰签署的《自由大宪章》。② 大宪章全文共 63 条，其主要内容是限制国王的权力，它宣告了 "国王在法律之下"，并将此凝诸文字。《自由大宪章》强调用法律程序保障公民权利，防御王权侵犯，同时表达了对依法审判和诉讼程序的尊重，对诉权作出了明确的规定。第 40 条规定："余等不得向任何人出售、拒绝或延搁其应享之权利与公正裁判。" 大宪章取消国王干涉法庭从事司法审判的权力；未经同级贵族的判决，国王不得任意逮捕或监禁任何自由人或没收他们的财产。第 17 条规定："一般诉讼应在一定地方审问，无须追

---

① 这里对宪法性文件的引用主要来自：（1）董云虎、刘武萍主编：《世界各国人权约法》，四川人民出版社 1994 年版；（2）北京大学人民代表大会与议会研究中心和中国政法大学宪政研究所主办的 "人大与议会网"（http://www. e-cpcs. org）；（3）世界宪政网（http://www. globalcon. cn）；同时，参酌了其他资料。

② 林喆主：《公民基本人权法律制度研究》，北京大学出版社 2006 年版，第 89—90 页。

随国王法庭请求处理。"第34条规定："自此以后，不得再行颁布强制转移土地争执案件至国王法庭审讯之敕令，以免自由人丧失其司法权。"第18条规定："凡关于强占土地、收回遗产及最后控诉等案件，应不在该案件所发生之州以外地区审理。其方法如下：由余等自己，或余等不在国内时，由余等之大法官，指定法官二人，每年四次分赴各州郡，会同该州郡所推选之武士四人，在指定之日期，于该州郡法庭所在地审理之。"第19条规定："州郡法庭开庭之日，如上述案件未能审理，则应就当日出庭之武士与自由佃农中酌留适当人数，俾能按照事件性质之轻重作出合宜裁决。"第21条规定："伯爵与男爵，非经其同级贵族陪审，并按照罪行程度外不得课以罚金。"第36条规定："自此以后发给检验状（验尸或验伤）时不得索取或给予任何陋规，请求发给时，亦不得拒绝。"第38条规定："自此以后，凡不能提供忠实可靠之证人与证物时，管家吏不得单凭己意使任何人经受神判法（水火法）。"第39条规定："任何自由人，如未经其同级贵族之依法裁判，或经国法判决，皆不得被逮捕，监禁，没收财产，剥夺法律保护权，流放，或加以任何其他损害。"第45条规定："除熟习本国法律而又志愿遵守者外，余等将不任命任何人为法官、巡察吏、执行吏或管家吏。"

《自由大宪章》是人类历史上最早具有典范性的人权法律文本，具有深远的世界影响。它奠基了英国的自由传统，与此后的《权利请愿书》《权利法案》一脉相承，还深深影响了欧洲大陆的人权思想，使欧洲的文艺复兴的人文精神更加灿烂辉煌。

1628年的《权利请愿书》重申了《大宪章》中有关保护公民自由和权利的内容，规定非经同级贵族的依法审判，任何人不得被逮捕、监禁、流放和剥夺财产及受到其他损害。《权利请愿书》全文共有8条，其中第2条规定：

又据名为"英格兰各项自由之大宪章"之条例明定，凡自由人除经其同侪之合法裁判，或依国法外，皆不得加以拘捕、监禁，或剥夺其管业权、各项自由及自由习惯，或置诸法外，或加以放逐，亦不得以任何方式加以毁伤。当爱德华三世御极之第二十八年，国会亦曾制定法律规定，任何人除经依法律正当程序之审判，不论其身份与环境状况如何，均不得将其驱逐出国，或强使离开所居住之采邑，亦不得予以逮捕、拘禁，或取消其继承权，或剥夺其生存之权利。但在最近，又不幸而有与上述规定及其他善良意美之英国法律相违背之事发生。是即陛下若干之臣民，竟至无端而遭受监禁。迨以陛下所颁之人身保护状呈请法院予以救济时，依照向例，法院应即令斥监禁机关说明加以监禁之原因。但原因莫可究诘，而监禁之机关仅谓乃系遵奉经由枢密院所颁之陛下特别诏命办理。且又将被押者还监，而其实未曾控以依法应由彼等负责之任何罪名。

1689 年英国《权利法案》（the Bill of Rights）[1] 否定了在审讯中滥施酷刑的历史传统，其内容并不多，只有 13 个条文。第 10 条规定："不应要求过多的保释金，亦不应强课过分之罚款，更不应滥施残酷非常之刑罚。"此外，与诉权保障联系较为密切的条款还有第 3 条和第 11 条。第 3 条规定："设立审理宗教事务之钦差法庭之指令，以及一切其他同类指令与法庭，皆为非法而有害。"第 11 条规定："陪审官应予正式记名列表并陈报之，凡审理叛国犯案件之陪审官应为自由世袭地领有人。"

后来英国资产阶级革命时期，大宪章被用来作为争取权利的法律根据，并成为英国确立君主立宪制宪法性文件之一。

（二）美国宪法性文献有关诉权保障的规定

美国不仅是世界上经济最发达的国家，而且一定意义上也是世界

---

[1]　全称《国民权利与自由和王位继承宣言》（An Act Declaring the Rights and Liberties of the Subject and Settling the Succession of the Crown）。

上诉讼最频繁的国家。然而，寻遍美国宪法的每一个条文，却找不到明确规定"诉权"的字样和条款，但这绝不是说美国的诉权保障缺乏宪法依据。我们知道，美国人奉行实用主义哲学，实用主义哲学又使其诉权保障的依据从宪法的角度随处可觅。

其一，关于"司法权"的规定可视为间接规定了诉权。1787 年《美利坚合众国宪法》第 3 条是关于司法权的规定，该条第 1 款规定："合众国的司法权属于最高法院及国会随时规定设置的下级法院。最高法院和下级法院的法官如行为良好可继续任职，并应在规定的时间得到服务报酬，此项报酬在他们继续任职期间不得减少。"第 2 款规定："司法权的所及范围如下：一切基于本宪法、合众国法律以及根据合众国权力所缔结或将缔结的条约而产生的普遍法律的衡平法的案件；一切涉及大使、其他使节和领事的案件；一切有关海事法和海事管辖权的案件；以合众国为当事人的诉讼；两个或数个州之间的诉讼；一州与另一州公民之间的诉讼；各州公民之间的诉讼；同州公民之间对他州让与土地的所有权的诉讼；一州或其公民同外国或外国公民或国民之间的诉讼。""涉及大使、其他使节和领事以及一州为当事人的一切案件，其初审权属于最高法院。对上述的所有其他案件，无论是法律方面还是事实方面，最高法院有上诉审理权，但须遵照国会所规定的例外与规则。""一切罪案，除弹劾案外，应由陪审团审判；审判应在犯罪发生的州内举行；但如不只在一个州内发生，审判应在国会以法律规定的一处或数处地点进行。"这里规定了联邦法院可以行使司法权的案件或者争议的三项条件：一是必须是涉及真正相争或对抗的当事人；二是必须存在一项起源于法定事实情形的可被承认的合法利益；三是争议的问题是可以通过运用司法权力加以解决的。只要某一案件或争议具备这三项条件，就可以向联邦法院提起诉讼。这就更加具体地规定了公民所享有的司法救济权。司法权所及的范围事项，也就是当事人可以诉诸司法的范围，由司法权的范围就可以当然地推导出可以行使诉权的案件范围。由此可以认为，美国宪法通过司法权的规定间接地规定了诉权。

其二,"向政府诉冤请愿的权利"的规定可视为包含了诉权的内容。1791年12月15日批准的宪法第1条修正案规定"国会不得制定关于下列事项的法律:确立国教或禁止信教自由,剥夺言论自由或出版自由;剥夺人民和平集会和向政府诉冤请愿的权利"。美国的"政府"不同于我国的政府,我国的政府仅指行政权的部门,而美国存在一个大政府的概念,它的"政府"分为立法、行政和司法三个分支。因此,"向政府诉冤请愿的权利"可以理解为包含了行使"诉权"的内涵。

其三,宪法上的正当程序条款构成了对诉权的切实保障。美国的正当程序条款主要体现在宪法修正案的第5条和第14条。1791年美国联邦宪法第5条修正案规定:"未经法律的正当程序,不得剥夺任何人的生命、自由和财产。"1867年第14条修正案又将其扩大适用到各州,规定"无论何州未经正当法律程序不得剥夺任何人的生命、自由或财产;亦不得拒绝给予在其管辖下的任何人以同等的法律保护"。正当程序是公正审判的基本要求和制度保障。现代诉讼强调程序正义,不仅是因为程序正义有助于实现实体正义,更重要的还在于它有助于使那些受法庭裁判结果直接影响的人真正拥有独立的诉讼主体地位,并且他们的人格尊严即其内在价值得到承认和尊重。[1] 正是这种对权力恣意的限制,以及对诉讼主体人格尊严的承认和尊重使正当程序与诉权保障具有了非常密切的联系。正如学者所指出的:一个不尊重当事人程序主体地位、漠视其主体权利的程序显然将使得当事人怠于行使诉权,相反,一个充分尊重当事人主体地位的程序却能促使当事人积极地行使诉权。[2] 按照修正案第5条起草人麦迪逊的说法,此一正当程序是为了防止立法或行政部门僭越专擅侵害民权的金城堡

---

① 陈瑞华:《刑事审判原理》,北京大学出版社1997年版,第73页。
② 相庆梅:《从逻辑到经验:民事诉权的一种分析框架》,法律出版社2008年版,第69—70页。

垒，而法院则是维护其功能的卫士。① 因此，尽管正当程序没有直接提及诉权，但毫无疑问正当程序条款保障诉权的目的是非常明确的。

除此以外，美国宪法上的"接受裁判权"，也可视为诉权的具体化内容。接受裁判权和诉权的含义都包含有接受公正审理的意思，它们无疑是一体两面的。享有接受裁判的权利规定在美国宪法修正案第5条和第6条，第7条则规定了民众有接受陪审团审判的权利。下面可以看一下这几条的具体内容。修正案第5条规定："非经大陪审团提出报告或起诉，任何人不受死罪或其他重罪的惩罚，唯在战时国家危急时期发生在陆、海军中或正在服役的民兵中的案件不在此限。任何人不得因同一犯罪行为而两次遭受生命或身体伤残的危害；不得在任何刑事案件中被迫自证其罪；未经正当法律程序，不得剥夺任何人的生命、自由或财产；非有恰当补偿，不得将私有财产充作公用。"第6条规定："在一切刑事诉讼中，被告应享受下列权利：由犯罪行为发生地的州和地区的公正陪审团予以迅速和公开的审判，该地区应事先已由法律确定；获知控告的性质和原因；同原告证人对质；以强制程序取得有利于自己的证据；并取得律师帮助为其辩护。"第7条规定："在习惯法诉讼中，争执价额超过20元，由陪审团审判的权利应予保护；案情事实经陪审团审定后，除非依照习惯法的规则，合众国的任何法院不得再行审理。"

（三） 德国宪法性文献有关诉权保障的规定

德国宪法性文件关于诉权保障的规定是值得我们关注的。德国著名法学家鲁道夫·冯·耶林有一篇《为权利而斗争》的著名演讲享誉全球。其实，为权利而斗争的观念对德国人的影响很深，以至于德国在宪法中不仅规定了公民有利用法院的权利，而且还把保障公民的诉讼权利规定为国家的义务。德国宪法取得的成就举世瞩目，"按照一个美国人的说法，基本法和联邦宪法法院法在最近几十年里已经取代

---

① 荆知仁：《美国宪法与宪政》，三民书局1993年版，第77—78页。

美国宪法而成为了'世界民主宪政的主导模式'"。① 同时，"德国基本法之所以能成为继美国联邦宪法之后第二部对世界宪政产生重大影响的成文宪法，与它站在魏玛宪法肩上，充分汲取魏玛共和时期种种宪政经验教训"关系甚重②。德国1919年《魏玛宪法》第105条第1款规定："不得设置特别法院。无论何人，不得剥夺其受法定法官裁判之权利，但法律所定之军事会议及戒严法院，不在此项规定之内。"1949年《德意志联邦共和国基本法》与《魏玛宪法》相比，则更关注人民权利，它将基本权利规范放在首位，置于组织规范的前面，并且权利规范构成了基本法的实质核心内容。《基本法》第1条第1款规定："人的尊严不可侵犯。尊重和保护人的尊严是一切国家权力的义务。"第3款规定："下列基本权利作为可直接实施的法律，使立法、行政和司法机构承担义务。"这两款规定使德国的人权保障享誉全球。该法第19条第4款对诉权保障作出了明确的规定："任何人的权利如遭到公共机关的侵犯，可向法院提出诉讼。如管辖范围没有明确规定，可向普通法院提出诉讼。"

此外，在《基本法》第九章"司法"中首先就联邦宪政法院的组成、功能和权限作出了明确规定。从法律传统和诉讼文化的角度看，德国是一个成文法国家，同时职权主义色彩较强，诉讼由职业法官审判，一贯追求严格依法办事。基本法对关于司法职权的规定，尤其是联邦宪法法院所具有的不可比拟的广泛的管辖权，成为了诉权保障的重要依据。如《基本法》第93条第1款第4项规定："（a）任何人如就公务机关损害第20条第4款，第33、38、101、103或104条中规定的基本权利之一或权利之一，提出关于违反宪法的申诉时，有权予以裁决。（b）在镇或联合乡就其根据第28条应享的自治权受到州法

---

① ［德］克劳斯·施莱希、斯特凡·科里奥特：《德国联邦宪法法院：地位、程序与裁判》，刘飞译，法律出版社2007年版，第6页。

② 刘练军：《〈联邦德国宪法纲要〉读后：基本法的功能性与开放性及其启示》，载《北方法学》2010年第2期。

以外的法律的损害，可向相应的州宪法法院提出申诉的条件下提出关于违反宪法的申诉时，有权予以裁决……"这种广泛的宪法司法管辖，使联邦宪政法院得以依据基本法排除、避免种种的宪法基本权利侵害，为诉权保障开辟了宽广的领域。《基本法》第103条（法院中的基本权利）规定："在法院被控告之人，有请求公平审判之权。行为之处罚，以行为前之法律规定处罚者为限。任何人不得因同一行为，而依一般刑法多次受罚。"

（四）日本宪法性文献有关诉权保障的规定

日本脱亚入欧走向强国之路始于明治维新。明治维新的成功源于成功移植了西方的现代法律制度和精神，也包括其许多人权观念。明治以来的日本宪法都对公民诉权作出了明确的规定。1889年《大日本帝国宪法》第24条规定："日本臣民接受法定法官审判之权不得剥夺。"1946年《日本国宪法》（即现行宪法）第32条规定："不得剥夺任何人在法院接受裁判的权利。"该宪法第六章是为"司法"专章，其中第76条明确地对一般性接近法院的权利予以规定："一切司法权属于最高法院及由法律规定设置的下级法院。不得设置特别法院。行政机关不得施行作为终审的判决。所有法官依良心独立行使职权，只受本宪法及法律的拘束。"这一规定又与美国宪法相关条文如出一辙，日本制宪时实际在美国控制之下。

（五）俄罗斯宪法性文献有关诉权保障的规定

1977年《苏维埃社会主义共和国联盟宪法》第37条第1款规定："对在苏联的外国公民和无国籍的人保证给予法律规定的各项权利和自由，包括有权向法院和其他国家机关提出申诉，以保护属于他们的个人权利、财产权利、家庭权利和其他权利。"第58条第2款规定："对公职人员违反法律、擅越权限、损害公民权利的行为，可根据法律规定的程序向法院提出控告。"

1993年《俄罗斯联邦宪法》第18条规定："人和公民的权利与

自由是直接有效的。它们规定着法律的意图、内容和适用、立法权和执行权、地方自治的活动并受到司法保证。"第 33 条规定:"俄罗斯联邦公民有亲自诉诸于国家机关和地方自治机关,以及向这些机关发出个人的和集体的呼吁的权利。"第 46 条第 1 款规定:"保障对每个人的权利和自由提供司法保护。"第 2 款规定:"对国家权力机关、地方自治机关、社会团体和公职人员的决定和行为(或不作为),可以向法院投诉。"第 3 款规定:"每个人都有权根据俄罗斯联邦的国际条约诉诸于维护人权与自由的国际组织,如果现有受法律保护的所有国内手段都已用尽的话。"第 47 条第 1 款规定:"任何人不得被剥夺在法律上向具备管辖权的法庭提起诉讼,并由相应的法官审理其案件的权利。"第 2 款规定:"被控实施犯罪的人有权要求法院在联邦法律规定的情况下由陪审员参与审理其案件。"第 118 条第 1 款规定:"俄罗斯联邦的审判权只能由法院行使。"第 2 款规定:"司法权通过宪法、民法、行政法和刑事诉讼程序来实现。"第 3 款规定:"俄罗斯联邦的法院系统由俄罗斯联邦宪法和联邦宪法性法律来规定。不许成立特别法院。"

(六) 其他国家宪法性文献有关诉权保障的规定

1874 年《瑞士联邦宪法》第 58 条规定:"任何人不得被剥夺由正常法官审理的权利,因此,不得设立特别法庭。教会审判权应予废除。"第 110—114 条规定了联邦法院和联邦行政法院受理民事案件、刑事案件、行政案件和其他案件的范围,也为诉权的行使提供了宪法依据。

1982 年《土耳其共和国宪法》第 36 条第 1 款:"每个人都有通过合法方法和程序,以原告或被告身份在法院进行诉讼的权利。"第 2 款规定:"任何法院都不得拒绝受理属于其管辖权范围内的案件。"第 37 条规定:"任何人不受法定主管法院以外的司法机关的审讯。不得设立其后果将使人受到法定主管法院以外机构审讯的拥有审判权的特别法庭。"土耳其宪法对于诉权的规定,可以说是相当有特色和较为周全的,它既规定了原告的诉权又规定了被告的诉权,既规定了当事人的诉权又规定了法院在管辖权范围内不得拒绝当事人行使诉权时的审判义务，既规定了法定主管法院的管辖权又规定了不得设立特别法庭。

1986年《菲律宾共和国宪法》第16条规定："人人皆有要求司法机关、准司法机关或行政机关迅速处理其案件的权利。"

1991年《泰王国宪法》第186条规定："根据法律办理诉讼案件是法院的权力和职责。"

1814年《荷兰王国宪法》第17条规定："任何人均不得被剥夺依法向法院提出申诉的权利。"

1992年《蒙古国宪法》第16条是关于公民享有的基本权利和自由的条文，该条第14项规定："当认为蒙古国法律和国际公约中规定的权利和自由受到侵犯时，为维护该项权益有权向法院提出申诉，要求补偿由他人非法造成的损失；有权拒绝为本人、家庭成员、父母和子女提供证词；有权进行自我辩护，要求获得法律咨询，查验证据；有权要求公正审理，审理本人案件时亲自参加，对法庭裁决不服时越级上诉和要求赦免。禁止要求自供、逼供和施以暴力。在法庭依法确认有罪前不能将任何人视为罪犯。惩处罪犯时不得株连其家庭成员和亲属。"

1947年《意大利共和国宪法》第24条规定："为保护其合法的权利和利益，任何人都有权提起诉讼。""在诉讼的任何状态和阶段中，辩护权都是不可侵犯的。""共和国以专门的制度保障贫穷的人在任一法院提起诉讼和进行辩护的能力。""法律规定对司法错误进行赔偿的条件和方式。"第25条规定："任何人不得被剥夺由法律规定有管辖权的审判官进行审理的权利。任何人仅依其违法行为实施前已生效的法律才能被处罚。"

《加拿大宪法》第24条第1款规定："如果本宪章所保障的任何人的权利或者自由被侵害或者被否定时，他可以向管辖法院申请，以便获得该法院根据情况认为适当的和公正的补救。"

1931年《西班牙共和国宪法》第35条第1款规定："公民可独自或结社向立法、行政和司法机构请愿。"1978年《西班牙王国宪法》第 24 条第 1 款规定："人人在行使其合法权益时，均有权获得法官和法庭有效保护，不得在任何情况下发生无保护现象。"该条第 2 款规定："同样，所有的人有权得到进入法律预先规定的审判、进行辩护和得到律师帮助、被告知其被指控的罪名、及时接受公开的诉讼审理、实施完善的保证、使用与其辩护有关的证据、不作自我定罪的陈述、不自我招认犯罪和在审判作出前推定无罪的权利。法律规定在案件审理中由于亲属关系或职业秘密不得强迫其作关于所谓的犯罪的陈述。"第 53 条第 2 款规定："任何公民都可以在以优先从速审理原则为基础的初审法庭上，或在适当情况下，向宪法法院递交寻求保护的个人申诉，要求本法第 14 条的第 2 款第 1 分款所承认的对自由和权利的保护。后者程序仅使用于第 30 条所承认的良知反悔的情况。"

《葡萄牙共和国宪法》（1976 年颁布，1982 年第 1 次修改）第 20 条（诉讼法律和向法院申诉的权利）第 1 款规定："任何人都有依法提起法律诉讼并受到法律保护的权利。"第 2 款规定："任何人为保卫自身权利而向法院起诉的权利受到保障；司法机关不得因起诉人财力不足而予以拒绝。"第 206 条（司法职能）规定："法院在行使司法权时，负责为公民受法律保护的权益提供保障，制止对民主法制的破坏，解决公私利益的冲突。"

1973 年《阿拉伯叙利亚共和国宪法》第 28 条第 4 款规定："向法院起诉、上诉和辩护的权利受法律保护。"

《朝鲜民主主义人民共和国宪法》（1972 年通过，1992 年和 1998 年两次修改）第 69 条第 1 款规定："公民可以请愿和提出申诉、控告。"第 2 款规定："国家对请愿、申诉和控告，必须按照法律规定公正地进行审理。"朝鲜宪法不仅规定了公民的诉权，而且在法院职权方面也作出了规定。其第 156 条是对"法院任务"的规定，其中第 1 项规定为："通过审判活动，保护朝鲜民主主义人民共和国的政权和社会主义制度、国家及合作社的财产以及宪法赋予人民的权利与人民的生命财产"。

　　1974 年《南斯拉夫社会主义联邦共和国宪法》第 180 条第 1 款规定:"任何人在与法院和决定他的权利、义务和利益的国家机关和其他的机关和组织交涉时,有权使自己的权利受到同等的保护。"第 2 款规定:"保障任何人都有权对法院和决定他的权利或有法律根据的利益的国家机关以及其他机关和组织的决定,提出上诉或者采取其他法律手段。""通过作为独立的社会机构的律师界以及通过其他形式的法律援助保证法律援助。"第 203 条第 1 款规定:"本宪法所保障的自由和权利不得剥夺,也不受限制。"第 4 款规定:"保证本宪法所保障的自由和权利受到司法保护。"第 216 条规定:"如果法律对某些案件没有规定其他司法保护,国家机关或行使公共权力的自治组织和共同体据以决定权利和义务问题的最终单行文件的合法性,由法院在行政诉讼中裁决。"第 218 条规定:"法院保护公民的自由和权利以及劳动者、自治组织和共同体的自治地位,并保障宪制和法制。"1992 年《南斯拉夫联盟共和国宪法》第 26 条第 1 款规定:"在法律规定的诉讼程序中,任何人对自己的权利都拥有同样的维护权。"第 2 款规定:"当事人对解决其权利或合法利益的决定不服,其申诉权或其他合法手段受到保护。"第 67 条第 4 款规定:"本宪法所承认和保障的自由和权利受法院保护。"第 68 条规定:"作为独立自主职业的律师,依法向公民和法人提供法律帮助。"第 120 条第 1 款规定:"关于最终管理文件的合法性问题,如果法律没有规定别的司法保护,则由主管法院在管理纠纷内作出决定。"第 127 条第 2 款规定:"当国家机关和法人认为,因是否符合宪制和法制尚有争议的文件危害了它们的权利或利益时,在联盟宪法法院的审理程序由国家机关和法人提出。"

　　1979 年《伊朗伊斯兰共和国宪法》第 34 条规定:"每个人有权起诉,任何人都可以向有资格的法庭起诉。所有人都可以向法庭起诉,不得禁止任何人向根据法律规定有权审理案子的法庭起诉。"

《大韩民国宪法》①第27条第1款规定："所有国民享有得到宪法及法律所定法官根据法律进行裁判的权利。"第2款规定："不是军人或军务员的国民，在大韩民国领域内，除关于军事机密、哨兵、提供有毒饮食物、俘虏、军用品的罪中法律规定的情况及宣布非常戒严的情况外，不受军事法院的裁判。"第3款规定："所有国民享有得到迅速裁判的权利。刑事被告人除有相当理由外，享有不迟延地得到公开裁判的权利。"该条第4款和第5款则分别规定了刑事被告人的无罪推定和刑事被害人在裁判过程中的陈述权。

1949年《印度宪法》第三篇为"基本权利"，其中第32条为"实施执行本篇所赋予权利之补救"条款。第1款规定："通过适当程序赋予促请最高法院实施本篇所赋予权利之权利应受到保障。"第2款规定："实施本篇所赋予的任何权利，最高法院有权发布指令、命令或令状，包括人身保护状、命令状、禁令、追究权力令与移送复审令等令状，视何者为适当而定。"第3款规定："在不损害第一、二两款所赋予最高法院权力的原则下，议会得以法律授权任何其他法院，在其管辖权范围内，行使在第二款授予最高法院之任何权力。"

（七）小结

由以上所列举的情况可以看出，综观世界各国各地的宪政实践历史和现实，诉权保障已经受到了普遍的关注和重视，许多国家从公民基本权利的高度对公民诉权予以了明确规定。从宪法高度对诉权进行保障的方式大体上有两种，一是明示的权利保障，二是默示的权利保障。采取默示性诉权保障的国家虽然没有在宪法上明确确认公民的诉权，但其基于所崇尚的普通法和自然法的基本理念以及

---

① 《大韩民国宪法》于1948年7月17日制定，经过九次修改，形成现在的宪法。第一次：1952年7月7日；第二次：1954年11月29日；第三次：1960年6月15日；第四次：1960年11月21日；第五次：1962年12月26日；第六次：1969年10月21日；第七次：1972年12月27日；第八次：1980年10月27日；第九次：1987年10月29日。

强大的司法职能，当事人一般可通过正当程序的方式享有事实上的诉权，英国和美国即是如此。同时，许多国家不仅在宪法上规定了公民享有诉权，而且还建立了相应的保障制度。诉权作为宪法权利是世界的通例，这无疑为公民诉权的顺利行使提供了宪法上的依据和保障。

二　国际性宪政文本对诉权保障的规定

诉权的宪法化与第二次世界大战之后自然法的复兴、人权保障的凸显有着很大的关系。同时，其与诉权的国际化也密切相关。诉权的国际化是指在国际公约上对诉权予以规定和保障。

（一）全球性宪政文本对诉权保障的规定

1. 《世界人权宣言》

首先值得关注的是《世界人权宣言》。1948 年 12 月 10 日联合国大会通过的《世界人权宣言》（联合国大会第 217 号决议，A/RES/217）着眼于"二战"前及战争期间侵犯和践踏人权的现象，第一次在国际范围内系统地规定了所有人都应毫无区别地享受的各种基本权利和自由。《宣言》第 7 条规定："在法律前人人平等，并有权享受法律的平等保护，不受任何歧视。人人有权享受平等保护，以免受违反本宣言的任何歧视行为以及煽动这种歧视的任何行为之害。"第 8 条规定："当宪法或法律赋予的基本权利遭受侵犯时，人们有权向有管辖权的法院请求有效的救济。"第 10 条进而规定："在确定当事人的民事权利与义务或审理对被告人的刑事指控时，人们有权充分平等地获得独立、公正的法院进行的公正、公开的审理。"此外，《宣言》确立的诉讼程序中的公正、公开、平等原则和罪刑法定原则（第 7 条、第 10 条、第 11 条）也对诉权保障具有积极作用。就其性质而言，《宣言》只是联合国大会的一项决议，并不是一项国际公约，因而从国际法上说，它不具有法律约束力，但作为一份旨在维护人类基本权利的文献，《宣言》明确将诉权确认为人人应当享有的一项基本权利，无疑是具有深远意义的，它为其后的诉权国际保护奠定了基础。

2.《公民权利和政治权利国际公约》

1966 年的《公民权利和政治权利国际公约》重申了《世界人权宣言》的有关内容，以法律方式具体规定了公民权利和政治权利等个人权利和基本自由，在国际人权领域具有重大影响。《公约》各项条文中与诉权联系较为密切的主要是第 9 条和第 14 条。《公约》第 9 条规定：

一、人人有权享有人身自由和安全。任何人不得加以任意逮捕或拘禁。除非依照法律所确定的根据和程序，任何人不得被剥夺自由。

二、任何被逮捕的人，在被逮捕时应被告知逮捕他的理由，并应被迅速告知对他提出的任何指控。

三、任何因刑事指控被逮捕或拘禁的人，应被迅速带见审判官或其他经法律授权行使司法权力的官员，并有权在合理的时间内受审判或被释放。等候审判的人受监禁不应作为一般规则，但可规定释放时应保证在司法程序的任何其他阶段出席审判，并在必要时报到听候执行判决。

四、任何因逮捕或拘禁被剥夺自由的人，有资格向法庭提起诉讼，以便法庭能不拖延地决定拘禁他是否合法以及如果拘禁不合法时命令予以释放。

五、任何遭受非法逮捕或拘禁的受害者，有得到赠偿的权利。

该公约第 14 条规定：

一、所有的人在法庭和裁判所前一律平等。在判定对任何人提出的任何刑事指控或确定他在一件诉讼案中的权利和义务时，人人有资格由一个依法设立的合格的、独立的和无偏倚的法庭进行公正的和公开的审讯。由于民主社会中的道德的、公共秩序的或国家安全的理由，或当诉讼当事人的私生活的利益有此需要时，或在特殊情况下法庭认为公开审判会损害司法利益因而严格需要的限度下，可不使记者和公众出席全部或部分审判；但对刑事案件或法律诉讼的任何判刑决应公开宣布，除非少年的利益另有要求或者诉讼系有关儿童监护权的婚姻争端。

二、凡受刑事控告者，在未依法证实有罪之前，应有权被视为无罪。

三、在判定对他提出的任何刑事指控时，人人完全平等地有资格享受以下的最低限度的保证：

（甲）迅速以一种他懂得的语言详细地告知对他提出的指控的性质和原因；

（乙）有相当时间和便利准备他的辩护并与他自己选择的律师联络；

（丙）受审时间不被无故拖延；

（丁）出席受审并亲自替自己辩护或经由他自己所选择的法律援助进行辩护；如果他没有法律援助，要通知他享有这种权利；在司法利益有此需要的案件中，为他指定法律援助，而在他没有足够能力偿付法律援助的案件中，不要他自己付费；

（戊）讯问或业已讯问对他不利的证人，并使对他有利的证人在与对他不利的证人相同的条件下出庭和受讯问；

（己）如他不懂或不会说法庭上所用的语言，能免费获得译员的援助；

（庚）不被强迫做不利于他自己的证言或强迫承认犯罪。

四、对少年的案件，在程序上应考虑到他们的年龄和帮助他们重新做人的需要。

五、凡被判定有罪者，应有权由一个较高级法庭对其定罪及刑罚依法进行复审。

　　六、在一人按照最后决定已被判定犯刑事罪而其后根据新的或新发现的事实确实表明发生误审，他的定罪被推翻或被赦免的情况下，因这种定罪而受刑罚的人应依法得到赔偿，除非经证明当时不知道的事实的未被及时揭露完全是或部分是由于他自己的缘故。

　　七、任何人已依一国的法律及刑事程序被最后定罪或宣告无罪者，不得就同一罪名再予审判或惩罚。

　　第9条主要是规定了不受任意逮捕、拘役的自由，以及被剥夺自由时的权利，包括诉权。第14条规定了与诉权保障直接关联的公正审判权和禁止追溯性处罚。

　　3. 其他全球性国际宪政文本的规定

　　此外，1999年3月8日联合国大会第53届会议第144号决议通过的《在促进和保护普遍公认的人权和基本自由方面的权利和义务宣言》也对诉权保障有明确的要求，其第9条规定：

　　1. 在行使人权和基本自由，包括如本宣言所提促进和保护人权时，人人有权单独地和与他人一起援引有效的补救措施，并在这些权利遭到侵犯时得到保护。

　　2. 为此目的，声称其权利或自由受侵犯的所有人均有权自己或通过法律认可的代表向一依法设立的独立、公正的主管司法当局或其他当局提出申诉，并要求该当局通过公开听讯迅速审理申诉，依法作出裁判，如判定该人权利或自由确实受到侵犯，则提供补偿，包括任何应得的赔偿，以及执行最终裁判和赔偿，一切均不得有不当延误。

　　3. 为了同一目的，人人有权单独地和与他人一起：

　　（a）通过诉状或其他适当手段，向国内主管司法、行政、立法当局或该国法律制度授权的任何其他主管当局，对个别官员和政府机构的违反人权和基本自由的政策和行为提出申诉，有关当局应对申诉作出裁判，不得有不当延误；

（b）出席公开听讯、诉讼和审判，以便确定其是否符合国内法律和适用的国际义务和承诺；

（c）为保护人权和基本自由给予并提供具有专业水准的法律援助或其他有关的咨询意见和援助。

4. 为了同一目的，按照适用的国际文书和程序，人人有权单独地和与他人一起不受阻挠地同具有一般的或特殊的权限受理和审议有关人权和基本自由的来文的国际机构联系和通信。

5. 国家如有合理根据，认为在其管辖的任何领土内发生了侵犯人权和基本自由的行为，应立即、公正地进行调查，或确保这样的查究得以进行。

（二）区域性宪政文本对诉权保障的规定

除了上述全球性国际文件对诉权保障作出了规定外，许多区域性的国际文件如《欧洲人权公约》《美洲人的权利和义务宣言》《美洲人权公约》《非洲人权和民族权宪章》《伊斯兰世界人权宣言》等也都将诉权作为人权的基本内容。

1. 欧洲

1950 年 11 月 4 日在欧洲理事会主持下签署的《欧洲人权公约》（European Convention on Human Rights，全称为《保护人权与基本自由公约》，1953 年 9 月 3 日生效），是"二战"后出现的第一个区域性的人权公约，它是在《世界人权宣言》的基础上起草通过的。在公约的序言中，明确指出，签订该公约的目的在于集体保障和施行《世界人权宣言》中所规定的某些权利及基本自由。《公约》第 6 条规定，除为了民主社会中的道德、公共秩序或者国家安全的利益，或者未成年人的利益，或者是保护当事人的私生活权利外，"在决定某人的公民权利和义务或者在决定对某人确定任何刑事罪名时，任何人有权获得依法设立的独立、公正的法院在合理的期限内公平、公开的审理"。

同时，该条还确定了无罪推定以及刑事被告人最低限度的权利，如辩护权、及时知悉案情权（以他所了解的语言立即详细地通知他被指控罪名的性质以及被指控的原因）、获取免费法律协助权、询问证人权、请求译员提供翻译协助权等。第13条责成国家确保："在依照本公约规定所享有的权利和自由受到侵犯时，任何人有权向有关国家机构请求有效的救济，即使上述侵权行为是由担任公职的人所实施的。"此外，根据《公约》第25条和第26条的规定，允许任何个人、非政府组织或者是个人团体，因其权利受害而在穷尽一切国内的救济办法后，可直接向欧洲人权委员会提出申诉。

《欧洲人权公约》所建立的人权保护机制起初由欧洲人权委员会、欧洲人权法院和欧洲理事会部长委员会等三机构组成，是准司法机构、司法机构和政治机构混合的监督机制。① 1998年11月1日《公约》第11号议定书生效，该议定书对《公约》的人权保护机制进行了根本性的改革，取消了欧洲人权委员会，并取消了部长委员会在政治处理人权案件方面的职能，赋予法院对个人申诉的独断的强制管辖权，从而在欧洲人权保护体制内确立了单一欧洲人权法院体制，取代以前的政治、准司法和司法方法的混合体制。通过改革，由新的、唯一的和常设的欧洲人权法院负责，部长委员会仅保留了监督法院判决执行的职能。法院管辖权是强制性的，允许公民直接到人权法院起诉，无须成员国接受任何条款即可接受个人的申诉，这一变化对于诉权保障而言，可以说是意义深远的，更多的个人、非政府组织和个别团体可通过人权法院获得较前更为及时和有效的保护。

2000年12月7日欧盟议会、欧盟理事会和欧盟委员会在尼斯签署《欧洲联盟基本权利宪章》。这是继欧洲理事会的《欧洲人权公约》（1950年）、《欧洲社会宪章》（1961年）等之后又一个欧洲重要人权文件。《宪章》对之前欧洲已经批准的各种人权保障文件内容

---

① 参见杨成铭《人权保护区域化的尝试——欧洲人权机构的视角》，中国法制出版社2000年版。

作出了再次确认，对欧洲已有权利进行了整合与巩固。《宪章》第六章有关"司法"的规定，再一次申明公民享有请求公正审判、有效司法救济、无罪推定和辩护权、罪刑法定原则、罪行相适应原则和一事不再理原则（详见第47-50条），规定了一系列诉权保障条文，尤其值得一提的是，《宪章》第47条对有效司法救济权利的规定。根据《欧洲人权公约》的规定，有效救济并没有被特定于司法救济，国家可以规定通过行政机构予以救济，这往往也使某些权利（如社会权）失去了司法救济的机会；而《宪章》第47条明确地将"欧盟法律所保障的权利和自由"的救济委之于审判机关的司法救济。尽管该《宪章》属于宣示性的法律文件，本身并没有法律约束力，但其在现实政治中具有极大的权威性，如同《世界人权宣言》虽不是一个严格意义上的法律文件，但没有人敢挑战宣言在道德、政治上的权威。

2. 美洲

美洲的地区协议、公约同样包含有详细的诉权保障的内容。早在联合国《世界人权宣言》诞生7个多月以前，美洲国家组织通过了世界上第一个区域性的人权保护文件《美洲人的权利和义务宣言》（The American Declaration of the Rights and Duties of Man），其第18条确认了"公正审判权"，规定："人人均得求助于法院以保证其合法权利得到尊重，同时亦可凭借法院的简便程序来保护其免受当局对其宪法基本权利的侵害。"在《美洲人权公约》生效之前的相当长的时期内，《宣言》为《美洲人权公约》的订立以及美洲人权国际保护体系的发展奠定了重要的基础。

1969年美洲国家间人权特别会议通过了《美洲人权公约》（The American Convention on Human Rights）。该公约于1978年7月18日生效，它是继《欧洲人权公约》之后的第二个区域性人权保障公约，也是1966年联合国大会通过《经济、社会和文化权利国际公约》和《公民权利和政治权利国际公约》两个国际人权公约后达成的第一个区域性人权保护公约。值得注意的是，在诉权保障方面，《美洲人权公约》在许多地方都超过了其他人权条约的规定，如它明确规定了上诉权、受赔偿权等，这些内容主要体现在《公约》的第 8 条和第 10 条。第 8 条对"公平审判的权利"作了十分详尽的规定，值得全文引述：

　　一、人人都有权在适当的保证下和一段合理的时间内由事前经法律设立的独立公正的主管法庭进行审讯，以判定对该人具有犯罪性质的任何控告，或决定该人的民事、劳动、财政或具有任何其他性质的权利和义务。

　　二、被控告犯有罪行的每一个人，只要根据法律未证实有罪，有权被认为无罪，在诉讼的过程中，人人都有权完全平等地享有下列的最低限度的保证：

　　（一）如果被告不懂或不说法庭或法院所使用的语言，他有权无偿地接受一位翻译或口译的帮助；

　　（二）将对被告的控告事先详细地通知他；

　　（三）为准备辩护所需要的适当的时间和手段；

　　（四）被告有权亲自为自己辩护或由他自己挑选的律师来协助，并自由地和私下里与其律师联系；

　　（五）如果被告不亲自为自己辩护或者在法律规定的期间内未聘请自己的律师，他有不可剥夺的权利受到国家所派律师的帮助，并按照国内法律规定自付费用或不付费用；

　　（六）被告一方有权查问在法院出庭的证人，并有权请专家或其他能说明事实真相的人出庭作为证人；

　　（七）有权不得被迫作不利于自己的证明，或被迫服罪；并且

　　（八）有权向更高一级的法院上诉。

　　三、只有在不受任何强制的情况下，被告供认有罪才算有效。

　　四、经一项未上诉的判决而宣判无罪的被告不得因相同的原因而受新的审判。

　　五、除为保护司法利益所需要外，刑事诉讼应公开进行。

《公约》第 10 条是对受赔偿权的规定，其内容为："如果由于错判而使其受到最后判决的，人人都有权按照法律受到赔偿。"

同时，根据该公约，美洲国家间人权法院和美洲国家间人权委员会是美洲区域性人权保护的主要机构。机构的设置，无疑为诉权的行使和保障提供了有力的支持。

3. 非洲

1981 年 6 月 27 日非洲统一组织通过的《非洲人权和民族权宪章》（1986 年 10 月 21 日生效，又称《班珠尔人权和民族权宪章》）是发展中国家通过的第一个区域性国际人权法律文件，反映了发展中国家的人权理念。该宪章规定了人人享有"听审权"，并将听审权的内容确定为起诉权、无罪推定权、辩护权和审判权。《宪章》第 7 条第 1 款规定："人人享有对其诉讼案件要求听审的权利。此项权利包括：（1）对侵犯由公约、法律、法规和习惯有效地确认和保障的权利的行为，有权向有管辖权的国家机关起诉；（2）在由有管辖权的法院或法庭证实有罪之前，有权被视为无罪；（3）有权为自己辩护，包括请由自己选择的律师辩护；（4）有权要求公平无私的法院或法庭在一个适当的时间内予以审判。"

2004 年正式生效的《非洲人权和民族权宪章关于建立非洲人权和民族权法院的议定书》决定建立非洲人权和民族权法院，这是继 1981 年非洲统一组织制定《非洲人权与民族权宪章》后，非洲国家在人权和民族权保护方面迈出的重要一步。非洲人权与民族权法院是《非洲人权和民族权宪章》的执行机构，也是继欧洲人权法院和美洲人权法院成立多年后出现的又一区域性人权法院，它的问世，意味着非盟成员国在保护非盟公民基本权利方面达成了一个具有历史性的共识。这一机构的成立和运作，势必会加强非洲人权保护的司法性和强制力，对于加强区域诉权保护机制将具有非常重要的意义和影响。

4. 亚洲

与欧洲、美洲和非洲诉权保护相比，亚洲对诉权保护的各种制度、机构发展相对较晚较落后。至今，在亚洲没有建立起像欧美非那样的区域性人权法院。但是，亚洲人民也表现出要建立区域性人权机制的愿望。1993 年亚洲各国部长和代表会议通过的《曼谷宣言》和 2005 年亚洲议会和平协会第六届年会通过的《亚洲国家人权宪章》都作出了支持《联合国宪章》和《世界人权宣言》所载的各项原则和支持在全世界充分实现所有人权的承诺。《亚洲国家人权宪章》分序言、基本权利、权利、义务和责任、国际合作、人权专家技术委员会、保留等部分，共 37 条。这份人权宪章中的"基本权利"包括生命权、自决权、发展权、性别平等、禁止奴役、自由与人身安全、禁止虐待、特性权、国籍权、思想、信仰和宗教自由、言论自由、集会和结社自由、迁徙自由、禁止歧视、法前平等、平等审判权、自由公正选举权、非追溯原则、财产保护权、平等享有公共服务权、受教育权、平等生活权、个人及家人生活的保护权、个人及集体权等 24 项。该宪章表达了亚洲人民对人权的要求和愿望，但也存在结构性不足，因其主要承载的是生存权、发展权与教育权等集体人权，而这些人权难以细化为具体的司法性规则，因此对诉权保障而言就相对有些欠缺。

此外，值得关注的是，以亚洲人权委员会为代表的亚太地区内的数以百计的非政府组织在促进本地区人权合作和监督机制的建立方面采取了更为积极的立场，并为此开展了起草宪章，如 1998 年通过的《亚洲人权宪章》。《亚洲人权宪章》第 15 条为"落实权利保障的机制"的内容，规定：

15.4a 司法体制是保障人权的主要手段。它有权接受侵权的控诉，听取证据，提供侵权的救济，包括对侵害者的惩罚。只有当法律体制强固而缜密，司法体制才可能发挥这些功能。司法人员理应称职、熟练，而且愿致力于人权、尊严与正义的实现。司法人员在司法单位的任用应由司法人事委员会裁决，并以宪法保障任期，以保障其相对于司法及行政部门的独立性。司法制度应反映人们在宗教、区域、性别和社会阶级上的差异。这意味着应对司法和调查机制进行重组。国家应特别致力于将更多妇女、弱势族群和为社会所排斥者，从其不利地位提升，提供必要的训练以参与司法工作。只有透过此种策略，那些在传统亚洲社会权利常遭蔑视的弱者，才得以建立对司法的信心。

15.4b　法律专业应有独立地位。无力负担律师费用或无从使用法庭者，应得法律援助以保障其权利。不当限制司法途径的法规应予改革，以提供更广泛的接近使用的机会。应授权社会和福利组织，代表无法求助于法院的个人和团体，采取法律行动。

15.4c　所有国家都应成立人权委员会和专职机构，以保障权利，特别是社会弱势成员的权利。各该机构可以为人权遭到侵犯的受害者，提供便利、友善而所费不多的管道以伸张正义。这些机构可以补充司法所扮演的角色，并拥有特殊的优点：可以协助建立人权规范的实施标准；可以传播关于人权的讯息；可以调查侵犯权利的控诉；可以促成和解，居间调停；可以经由行政或司法手段，设法落实人权。既能响应公众成员的申诉，也能主动行事。

15.4d　公民社会组织可以组织人民法庭，触发政府与公众的良知，因而有助于权利的强化。创建人民法庭在于强调，保障权利人人有责，绝非政府独有。法庭的裁定不必局限于法律条文，却因此有助于揭示人权的道德与精神基础。

这些努力都为未来亚洲人权保护机制的建设奠定了积极的基础。在诉权保障的区域合作方面，亚洲地区的有关国家采取了日渐开放而积极的态度和行动。但与有关国际文件的要求和其他区域的实践相比，仍有很大差距，亚洲国家的立场和实践依然显得相当谨慎和保守。

5. 其他

1990 年 8 月 5 日《伊斯兰世界人权宣言》(《开罗宣言》) 第 19 条第 1 款规定："所有个人在法律面前一律平等，没有统治者与被统治者之间的区别。"第 2 款规定:"人人诉诸司法审判的权利受到保障。"第 5 款规定:"被告在未经公正审判证实有罪之前,是无罪的。在公正审判中,应给予被告一切辩护保证。"

(三) 小结

诉权作为一项基本人权是民主与法治发展到一定阶段的必然要求。通过以上文件可知,把诉权纳入基本人权的范畴已成为当今世界的共识,在重要性的国际人权文件中得以确认。在国际社会层面,不论是全球性的还是区域性的国际公约和其他国际性文件多有关于公民诉权的详尽规定,对诉权的主要含义及其表现形态作出了确认,不仅规定了公民享有诉权(司法救济权),而且还规定了公民享有公正审判权和适时审判权等。尽管一些国际人权文件规范的诉权,不是以法律的形态存在的,而是以道德的权利存在的,但其道德权威和政治权威是不容置疑的。虽然以国际"软法"的形式规定,但诉权作为人权已成为世人普遍认同的硬道理。

三　中国宪法性文献对诉权保障规定的历史回顾

分析了外国宪法性文献和国际宪政性文献之后,我们现在开始来审视中国的宪法性文献。诉权概念在中国的引入,是在近代。确切地说,随着清末立宪运动在中国的兴起,诉权便在宪法上得到了确认。为了更好地理解和把握诉权在我国历史上的确认情况,本部分将结合宪法性文献制定的历史,梳理不同时期各个文献的具体规定。对不同历史时期的不同处理方式进行描述和评价,既是可能的,也是值得的。这些将构成建立更加完善制度规范的基础性材料。回顾历史,可以使我们知晓,原有的诉权制度规范当初之所以建立的理由(这些规范对于社会进步的有效性)以及后来之所以被抛弃的社会背景(这些规范已不能适应社会发展所面临的新环境);另一方面,学习历史,也为我们重新复捡早先采用的比目前所用之形式或许更优越的规范设计方式增加了可能性。

（一）清代宪法性文献对诉权保障的规定

1. 1908 年《钦定宪法大纲》

在中国，最早在宪法性文件中承认国民诉权的是光绪三十四年颁发的《钦定宪法大纲》（1908）。19 世纪末，中国受西方资本主义民主的影响，社会上出现了实行民主政治的呼求。维新变法运动就是在这种背景下产生的，提出"伸民权、争民主、开议院、定宪法"，主张实行君主立宪，但因清朝统治集团内保守势力的镇压而失败。1895 年中日甲午海战和 1905 年日俄战争，日本两战两胜，世人为之震惊，战争胜负的原因被视为日本因君主立宪而胜，中俄两国因专制而败。这终于使清廷下决心立宪，1906 年颁布了《宣示预备立宪谕》，设立考察政治馆（后改为宪政编查馆），作为预备立宪的办事结构，并于 1908 年颁布《钦定宪法大纲》，以此作为将来制宪的纲领。《钦定宪法大纲》又名《皇权宪法》，是中国历史上第一个有"宪法"字样的宪法性文件。《大纲》除"君上大权"外又"附臣民权利义务"。在"附臣民权利义务"的第 4 条规定："臣民可以请法官审判其呈诉之案件。"第 5 条规定："臣民应专受法律所定审判衙门之审判。"姑且不论《大纲》存在的缺陷，但宪法从此作为国家根本大法的地位确定下来，成为了传统法律向近代转型的最明显标志；诉权在宪法上的确立也由此开始，并深深地实际地影响了此后的宪法性文献。

2. 1911 年《十九信条》

1911 年《宪法重大信条十九条》（又称《宪法信条》《十九信条》或"妥协宪法"）是清朝政府于辛亥革命武昌起义爆发后抛出的一个应付时局的宪法性文献。它于 1911 年 11 月 3 日公布，是清政府为了渡过危机在 3 天之内仓促制定的，主要着眼于皇帝和国会的关系，从形式上缩小了皇帝的权力，相对扩大了国会和总理的权力，但仍强调皇权至上，对人民的权利只字未提，更遑论诉权。这部宪法虽迫于革命运动和全国局势的压力，对民众的要求有所让步，但仍坚持在确保皇权前提下实行君主立宪制，加上颁布太晚了，已无实际意义，没能挽救清王朝灭亡的命运，从而成为了清朝政府预备立宪走向破产的记录。

（二）民国时期宪法性文献对诉权保障的规定

1. 1912 年《临时约法》

1912 年辛亥革命胜利后成立了中华民国临时政府，时值民国建国之初，一切法律制度还没有健全，国家仍处于动乱之中，在此情况下，孙中山于 1912 年 3 月 11 日签署了《中华民国临时约法》作为国家的临时基本法。《中华民国临时约法》简称《临时约法》，又名"五权宪法"（五权是指立法权、行政权、司法权、监察权和考试权，这五权要受到国民选举权、创制权、弹劾权、复决权四权的制约，这一宪法性文献体现的思想为五项治权与四项政权的结合，才是最理想的宪法），它在中国历史中第一次将"主权在民"的思想立入法规。《临时约法》第 9 条规定："人民有诉讼于法院，受其审判之权。"这是我国第一部将诉权宪法化的宪法性文件。从此时起，诉权就成为中国公民的一项重要的宪法权利，尽管它的实现程度在不同时期参差不齐，但它足以证明诉权在我国存在一定的宪法基础。第 49 条规定："法院依法律审判民事诉讼及刑事诉讼。但关于行政诉讼及其他特别诉讼，别以法律定之。"

2. 1913 年"天坛宪草"

1913 年中华民国第一届国会提出了《中华民国宪法草案》，因其在北京天坛起草而又称为"天坛宪草"。它是北洋政府时期的第一部宪法草案，于 1913 年 10 月 31 日完成，共 11 章 113 条。这部宪法草案的基础是《临时约法》，它采用资产阶级三权分立的宪法原则，确认民主共和制度，并体现了国民党通过制宪限制袁世凯权力的意图。承袭《临时约法》的规定，该草案第 13 条规定："中华民国人民依法律有诉讼于法院之权。"第 86 条规定："法院依法律受理民事、刑事、行政及其他一切诉讼，但宪法及法律有特别规定者，不在此限。"

3. 1914 年"袁记宪法"

因"天坛宪草"中限制总统权力的规定使当时掌权的袁世凯非常不满，1914 年袁世凯下令解散国会，"天坛宪草"就此流产。当年 5 月 1 日袁世凯颁布了《中华民国约法》，使之成为一部取代《中华民国临时约法》的临时宪法，因其是在袁世凯操纵下制定，旨在满足扩大总统权力，因此俗称"袁记宪法"。《约法》与《临时约法》比较，重点在于扩张大总统权力，宣布实行总统制，并取消国会，代之以立法院，对人民权利的规定没有太大变化，对于诉权的规定基本沿用前制。该《约法》第 7 条规定："人民依法律所定，有诉讼于法院之权。"第 45 条规定："法院依法律独立审判民事诉讼、刑事诉讼，但关于行政诉讼及其他特别诉讼，各依其本法之规定行之。"随着袁世凯称帝失败后郁闷而死，黎元洪就任大总统。1917 年 6 月，黎元洪下令恢复《临时约法》，《中华民国约法》寿终正寝。

4. 1923 年"曹锟宪法"

此后，1919 年段祺瑞执政期间提出过一部《中华民国宪法草案》（又称"八年草案"），1923 年曹锟任中华民国大总统期间提出一部《中华民国宪法》（又称"曹锟宪法"），1925 年段祺瑞再次执政时又提出过一部《中华民国宪法草案》（又称"十四年草案"）。1923 年《中华民国宪法》因在起草和通过过程中受到曹锟贿选的操纵，故被讥称为"贿选宪法"。这是中国历史上第一部正式的宪法典，它以 1914 年《中华民国约法》为范本，该宪法基本为 1913 年天坛宪法草案的扩充完善版本，对于诉权的条文也基本沿袭旧有的规定。该宪法第 15 条规定："中华民国人民依法律有诉讼于法院之权。"第 99 条规定："法院以法律受理民事、刑事、行政及其他一切诉讼；但宪法及法律有特别规定者，不在此限。"这部宪法公布后仅一年即被段祺瑞公布的《中华民国宪法草案》所推翻。

5. 1931 年《训政时期约法》

1928 年国民党统一中国后于 10 月 3 日由国民党中央常务委员会

通过了《训政纲领》，在 1931 年 5 月召开的国民大会中通过了《中华民国训政时期约法》，并于 6 月 1 日公布施行。《中华民国训政时期约法》是国民政府"训政时期"的宪法性文件。它采用了资产阶级共和国宪法的某些形式，在一些条文上允许人民享有各种权利和自由。其第 21 条规定："人民依法律有诉讼于法院之权。"第 22 条规定："人民依法律有提起诉愿及行政诉讼之权。"这一约法对诉权的规定可谓明白确切，对行政诉权也作出了专门的宣示。

6. 1936 年"五五宪草"

1931 年"九一八"事变后，民族危机空前严重，共产党及各界爱国人士均要求国民党结束训政，实行民主，团结抗日。在各界压力下，国民党中央在 1932 年 12 月开始筹备宪政活动。1936 年国民党立法院通过了《中华民国宪法（草案）》（因公布日期为 5 月 5 日，所以又称为"五五宪草"），这部宪法草案标榜实施宪政，在形式上、文字上都具有资产阶级民主色彩，实际与"训政"时期实施的约法并无多大的差别。在"草案"的第 18 条规定："人民有依法律请愿、诉愿及诉讼之权。"草案本来应该由国民大会通过，但由于抗日战争的全面爆发国民大会未能召开，最终胎死腹中，未能成为正式生效的宪法文件。

7. 1946 年"蒋记宪法"

1945 年抗战胜利后，国共两党签定"双十协定"，1946 年在重庆召开旧政协会议，确定了宪草的修改原则并把修正案提交国民大会。1946 年 6 月内战全面爆发，国民党单方召开国民大会强行通过宪法修正案。1946 年《中华民国宪法》（有人称之为"蒋记宪法"）第 16 条规定："人民有请愿、诉愿及诉讼之权。"1949 年 2 月中国共产党发布了《关于废除国民党的六法全书与确定解放区司法原则的指示》，随着国民党退出大陆，这部宪法在中国大陆彻底失效。

8. 1925 年《福建省宪法》

1925 年 1 月 13 日福建省议会正式公布的《福建省宪法》第三章"省民之权利义务"中专门规定了诉权。其第 29 条规定："省民依法律有诉讼于法院之权。""法院如违背诉讼法规，需索费用，迁延时日，不速审判，省民得提起惩戒之诉。""法院受理私擅逮捕、监禁或勒赎案件，至迟须于二十四小时以内将被害人释放。""法院受理人命案件，省民有要求在二十四小时内亲临相验，在三个月内查缉凶犯到案之权。除现役军人外，不受军法机关之审判。"另外，在该法第139条规定："本省行政诉讼，由省高等法院兼理之。"

9. 1946年《陕甘宁边区宪法原则》

1946年4月23日陕甘宁边区第三届参议会第一次大会通过的《陕甘宁边区宪法原则》无疑是具有根本法性质的文件。该文件分五个部分（政权组织、人民权利、司法、经济、文化），共25个条款。其中的第二部分"人民权利"共六条，分别为：

（一）人民为行使政治上各项自由权利，应受到政府的诱导与物质帮助。

（二）人民有免于经济上偏枯与贫困的权利。保证方法为减租减息与交租交息，改善工人生活与提高劳动效率，大量发展经济建设，救济灾荒，抚养老弱贫困等。

（三）人民有免于愚昧及不健康的权利。保证方法为免费的国民教育，免费的高等教育，优等生受到优待，普施为人民服务的社会教育，发展卫生教育与医药设备。

（四）人民有武装自卫的权利。办法为自卫军、民兵等。

（五）边区人民不分民族，一律平等。

（六）妇女除有男子平等权利外，还应照顾妇女之特殊利益。

其中并没有对"诉权"的明确规定，但是关于政府的帮助义务，关于人民有"免于经济上偏枯与贫困的权利""免于愚昧及不健康的权利"以及"一律平等"的权利都是在不同侧面有利于诉权保障的。再仔细审查该文件第三部分"司法"，则会发现其中有了较为明确的"诉权"确认。其具体内容为：

（一）各级司法机关独立行使职权，除服从法律外，不受任何干涉。

（二）除司法机关公安机关依法执行职务外，任何机关团体不得有逮捕审讯的行为。

（三）人民有不论用任何方法控告失职的任何公务人员之权。

（四）对犯法人采用感化主义。

值得注意的是，这里的第（三）条规定了控告公务人员的权利，显然属于行政诉讼的权利。由此，可以推定这一宪法原则是认可人民的诉权的。

（三）中华人民共和国时期宪法性文献对诉权保障的规定

1. 1949 年《共同纲领》

中华人民共和国建国初期起临时宪法作用的是《中国人民政治协商会议共同纲领》，它于 1949 年 9 月 29 日由中国人民政治协商会议第一届全体会议通过。《共同纲领》第 17 条规定："废除国民党反动政府一切压迫人民的法律、法令和司法制度，制定保护人民的法律、法令，建立人民司法制度。"第 19 条第 2 款规定："人民和人民团体有权向人民监察机关或人民司法机关，控告任何国家机关和任何公务人员的违法失职行为。"这是一部革命的法律文件，更确切地说，它是一份旨在宣告旧政权终结和新政权诞生的政治文件。董必武对《共同纲领》的评价是：它是"一个统一战线的纲领，是照顾到四个朋友的纲领，是一个划清敌友界限的纲领"。①

2. 1954 年宪法、1975 年宪法和 1978 年宪法

1954 年 9 月 20 日第一届全国人民代表大会第一次会议通过、颁布《中华人民共和国宪法》。这是中国第一部社会主义宪法。它以

---

① 董必武：《关于人民政协共同纲领的讲演》，载《董必武政治法律文集》，法律出版社 1986 年版，第 139 页。

《共同纲领》为基础，又是《共同纲领》的发展。它规定了在建设社会主义的条件下，公民能够享有的政治、经济、社会文化等方面的基本权利，强调政府权力和公民权利的统一性，规定了公民有"控告权"和"取得国家赔偿权"的权利，并在第 91 条规定："人民有控诉违法的国家机关工作人员的诉权。"不可否认"诉权"字样在宪法文本上得以表述，是具有历史进步意义的，但从前后文语境考察，这里的条文规定对诉权的行使范围作了严格的限制，它仅仅是针对违法的国家工作人员，即"诉权"行使的目的在于监督公权力的滥用，这种权利的配置与通常意义的诉权还有相当的差距。

接着，1975 年宪法中没有涉及到关于公民诉权的相关性规定。1978年宪法第 55 条规定："公民对于任何违法失职的国家机关和企业、事业单位的工作人员，有权向各级国家机关提出控告。公民在权利受到侵害的时候，有权向各级国家机关提出申诉。对这种控告和申诉，任何人不得压制和打击报复。"这里规定了公民的控告权和申诉权，而申诉权毕竟不同于诉权。通常而言，申诉权是指公民对因行政机关或司法机关的错误或违法的决定、判决，或者因国家工作人员的违法失职行为，致使他或他的亲属的合法权益受到损害时，有权向有关国家机关申述理由，提出改正或撤销决定、判决或赔偿损失的请求。而诉讼法上的申诉权，往往就是申请再审权，申请再审权仅是诉权的一种。

3. 现行宪法

现行宪法是 1982 年 12 月 4 日五届全国人大第五次会议通过，后于 1988 年、1993 年、1999 年和 2004 年四次修正。现行宪法对"诉权"没有直接明确具体的规定，包含"诉"字样的条款只有第 41 条和第 134 条。第 41 条规定："中华人民共和国公民对于任何国家机关和国家工作人员，有提出批评和建议的权利；对于任何国家机关和国家工作人员的违法失职行为，有向有关国家机关提出申诉、控告或者检举的权利，但是不得捏造或者歪曲事实进行诬告陷害。对于公民的申诉、控告或者检举，有关国家机关必须查清事实，负责处理。任何人不得压制和打击报复。由于国家机关和国家工作人员侵犯公民权利而受到损失的人，有依照法律规定取得赔偿的权利。"显然，这一条中的"诉"涉及的是公民的申诉权。公民申诉权建立在对国家机关和国家工作人员违法失职行为的监督上，属于监督权的一种。这种隶属于监督权的申诉权与我们所说的诉权在权利属性、权利设立的目的等方面明显不同。

第 134 条规定："各民族公民都有用本民族语言文字进行诉讼的权利。人民法院和人民检察院对于不通晓当地通用的语言文字的诉讼参与人，应当为他们翻译。在少数民族聚居或者多民族共同居住的地区，应当用当地通用的语言进行审理；起诉书、判决书、布告和其他文书应当根据实际需要使用当地通用的一种或者几种文字。"这一条文规定了"各民族公民都有用本民族语言文字进行诉讼的权利"，如果从逻辑上分析，"用本民族语言文字进行诉讼的权利"显然要以承认具有诉权为基本前提。但从法条体系角度分析，该条规定处于第三章"国家机构"之下的第七节"人民法院和人民检察院"中，而不是在第二章"公民的基本权利和义务"中，所以应该承认这一条文的立法本意不是要规定公民的诉权，其重心在于强调少数民族的语言文字权利，即在诉讼进程中使用"本民族语言文字"的权利。与此内容相适应，《民族区域自治法》第 47 条规定："民族自治地方的人民法院和人民检察院应当用当地通用的语言审理和检察案件，并合理配备通晓当地通用的少数民族语言文字的人员。对于不通晓当地通用的语言文字的诉讼参与人，应当为他们提供翻译。法律文书应当根据实际需要，使用当地通用的一种或者几种文字。保障各民族公民都有使用本民族语言文字进行诉讼的权利。"由此可见，"各民族公民都有用本民族语言文字进行诉讼的权利"的重心是解决多民族单一主流语言背景下少数民族诉讼所使用语言的问题，不在于解决公民的诉权。将此条阐发为诉权保障的宪法依据，确为好的动机，但正视问题，才能更有利于问题的解决。

此外，在现行宪法中关于公民诉权保障性的规定还有第 33 条第 2 款"中华人民共和国公民在法律面前一律平等"、第 123 条"中华人民共和国人民法院是国家的审判机关"、第 125 条"人民法院审理案件，除法律规定的特殊情况外，一律公开进行"、第 126 条"人民法院依照法律规定独立行使审判权，不受行政机关、社会团体和个人的干涉"等。

虽然现行宪法没有对于诉权的直接规定，并不是说宪法就不保护诉权，只是说宪法没有将诉权置于公民基本权利的位置予以关注。

4. 香港、澳门特别行政区基本法

香港、澳门基本法中有对于公民诉权内涵的明确规定。《香港特别行政区基本法》第 35 条第 1 款规定："香港居民有权得到秘密法律咨询，向法院提起诉讼，选择律师及时保护自己的合法权益或在法庭上为其代理和获得司法补救。"该条第 2 款规定："香港居民有权对行政部门和行政人员的行为向法院提起诉讼。"《澳门特别行政区基本法》第 36 条第 1 款规定："澳门居民有权诉诸法律，向法院提起诉讼，得到律师的帮助以保护自己的合法权益，以及获得司法补救。"该条第 2 款规定："澳门居民有权对行政部门和行政人员的行为向法院提起诉讼。"

5. 特殊人群权利保障法的规定

我国在《老年人权益保障法》《妇女权益保障法》《未成年人保护法》《残疾人保障法》《归侨侨眷权益保护法》《民族区域自治法》等单行立法中都对诉权作出了明确具体的规定。

《老年人权益保障法》第 72 条规定："老年人合法权益受到侵害的，被侵害人或者其代理人有权要求有关部门处理，或者依法向人民法院提起诉讼。""人民法院和有关部门，对侵犯老年人合法权益的申诉、控告和检举，应当依法及时受理，不得推诿、拖延。"第 74 条第 1 款规定："老年人与家庭成员因赡养、扶养或者住房、财产等发生纠纷，可以申请人民调解委员会或者其他有关组织进行调解，也可以直接向人民法院提起诉讼。"

《妇女权益保障法》第 52 条规定："妇女的合法权益受到侵害的，有权要求有关部门依法处理，或者依法向仲裁机构申请仲裁，或者向人民法院起诉。"　"对有经济困难需要法律援助或者司法救助的妇女，当地法律援助机构或者人民法院应当给予帮助，依法为其提供法律援助或者司法救助。"第 55 条规定："违反本法规定，以妇女未婚、结婚、离婚、丧偶等为由，侵害妇女在农村集体经济组织中的各项权益的，或者因结婚男方到女方住所落户，侵害男方和子女享有与所在地农村集体经济组织成员平等权益的，由乡镇人民政府依法调解；受害人也可以依法向农村土地承包仲裁机构申请仲裁，或者向人民法院起诉，人民法院应当依法受理。"第 58 条规定："违反本法规定，对妇女实施性骚扰或者家庭暴力，构成违反治安管理行为的，受害人可以提请公安机关对违法行为人依法给予行政处罚，也可以依法向人民法院提起民事诉讼。"

《未成年人保护法》第 51 条第 1 款规定："未成年人的合法权益受到侵害，依法向人民法院提起诉讼的，人民法院应当依法及时审理，并适应未成年人生理、心理特点和健康成长的需要，保障未成年人的合法权益。"

《残疾人保障法》第 60 条规定："残疾人的合法权益受到侵害的，有权要求有关部门依法处理，或者依法向仲裁机构申请仲裁，或者依法向人民法院提起诉讼。"　"对有经济困难或者其他原因确需法律援助或者司法救助的残疾人，当地法律援助机构或者人民法院应当给予帮助，依法为其提供法律援助或者司法救助。"第 64 条规定："违反本法规定，在职工的招用等方面歧视残疾人的，由有关主管部门责令改正；残疾人劳动者可以依法向人民法院提起诉讼。"

《归侨侨眷权益保护法》第 23 条规定："归侨、侨眷合法权益受到侵害时，被侵害人有权要求有关主管部门依法处理，或者向人民法院提起诉讼。归国华侨联合会应当给予支持和帮助。"

《民族区域自治法》第 47 条规定："民族自治地方的人民法院和人民检察院应当用当地通用的语言审理和检察案件，并合理配备通晓当地通用的少数民族语言文字的人员。对于不通晓当地通用的语言文字的诉讼参与人，应当为他们提供翻译。法律文书应当根据实际需要，使用当地通用的一种或者几种文字。保障各民族公民都有使用本民族语言文字进行诉讼的权利。"

（四）小结

从中国宪法性文献可以发现，中国并不缺乏诉权宪法保障的传统。最初的诉权入宪是顺应时代大潮和广大民意的结果。后来，宪法没有规定诉权也是受到特定历史条件的局限。虽然在宪法文本中对作为普遍权利和基本权利的诉权没有直接的规定，但为了强调对特殊人群的权利保障，在特别法上都明确对诉权作出了确认，此外在香港和澳门基本法中也都承认了公民依法享有诉权。笔者认为，香港和澳门基本法的重点在于允许存在不同的社会制度，并不是说大陆的中国人与香港和澳门的中国人在基本权利享有方面存在差异。中国宪法对诉权的规定从明示性条款到默示性条款的转变是由于特定的历史时期国家有着特定的历史使命。中华人民共和国建立初期，中国大陆一穷二白，急需恢复社会生产，建立、申明和证明新政权的合法性，并且是通过打破一个"旧世界"的方式来建立一个"新世界"，从法律建设的角度是将多年积淀汇集而成的"六法全书"宣布为"伪法统"而一概予以废除，建立新法制。众所周知，建立初期的中华人民共和国由于各种内外原因和历史条件，在探索社会主义建设的道路上出现了许多曲折，走了一些弯路，不仅经济发展和社会进步受到阻碍，法制建设也受到连累。其实，也不难理解，由于不是变革实现社会进步，而是通过革命和战争夺取政权，这就难免在制度建设方面要走一些弯路。这不是法制本身的问题，而是特定政治环境所致。今天对此，不应做事后诸葛过多指责，保持对历史的理解，或许更有利于纠偏。可以说，中国宪法一直是保护诉权的，只是不同的历史时期，不同的社会条件，不同的立法背景，作出了不同的立法文字表述。从最初的明确性的宪法条文保护诉权到后来的缺乏明确的宪法条文，是历史的际遇，绝不是要否定诉权的地位。而且"诉"乃是一种本能和基本的社会需求，没有一个政权可以完全否定人们享有"诉"的权利，不同的时代不同的地域只存在对"诉"的权利保护的程度和范围上的差异。目前香港、澳门特别行政区基本法和老妇幼残等特殊人群权利保障单独法有关诉权保障的规定，无疑是有助于国内诉权的宪法建构。

四　从宪法文献角度完善中国诉权保障的总体设想

（一）在宪法文本上增加诉权保障的宣示性条文表述

宪法固然具有"因循守成"的特征和要保持稳定性，但宪法更应兼具与时俱进、继往开来的特征以及增强保障和推动社会发展的能力。因此，宪法在保持连续性和稳定性的同时必须根据新的时代需求进行必要的修正、补充、调整、完善。目前，中国的经济发展、社会进步和法治建设及权利保障事业都获得了举世瞩目的伟大成就，在宪法文本中增加诉权保障条款已到了水到渠成的时刻。在宪法文本上增加诉权保障的宣示性条文表述，不仅在于诉权入宪具有十足的合理的理由，而且现在诉权入宪的基本条件业已成熟，同时诉权入宪还具有十分重要的现实意义。

1. 诉权入宪的主要理论依据

其一，诉权入宪是宪法的内在要求。对于宪法的功能，当代学者几乎获得了一致的认识：维护公民权利，约束政府权力。维护公民权利的一个重要举措就是在宪法条文中对于基本权利作出明确的规定以彰显其重要地位，而宪法上的基本权利一般都要经历一个不断发展的过程。正如卡佩莱蒂教授所言："事实上，将特定的权利和保障载入国际文件和宪法文件，其主要目的之一在于，这些文件对公民、法院具有教育上的影响。对公民而言，公民可以得知这些权利如此的基本、如此的重要；对于法院而言，必须强化保护这些价值准则的审判工作。"[①] 诉权作为基本人权愈来愈受到关注，宪法明确规定保障公民诉权，可以体现出宪法的与时俱进和适时发展。

其二，诉权入宪是顺应世界法治文明的需要。如前所述，目前世界上大多数国家在宪法中均有关于诉权保障的规定。也就是说诉权入宪基本属于当今的全球性共识，这种共识的达致并非巧合或偶然，其反映了现代法治和宪政文明的基本规律，中国正在融入全球化的世界秩序，也须顺应世界法治文明发展的大潮。

其三，诉权入宪是进行国际人权合作的需要。"二战"结束以来，国际社会的人权保护机制已经从解决少数特定主体（如战俘、避难者）的权利救济转向对普遍人权的关注。国际人权保护机制日臻完善，对包括中国在内的国际社会参与者产生了并继续产生着积极影响。中国已参加 27 项国际人权条约，其中包括《禁止酷刑和其他残忍、不人道或有辱人格的待遇或处罚公约》《经济、社会及文化权利国际公约》等核心国际人权公约，这些国际公约对我国宪法的进一步完善是有借鉴意义的。当今的社会是一个开放的社会，而不再是传统的封闭社会。融入国际社会，必须秉持开放的心态和姿态，将国际社会普遍认可的诉权在国家宪法中作出明确的规定，有助于与有着共同法律理念的国家和国际社会开展人权合作事业。

其四，诉权入宪是开展国际人权斗争的需要。目前席卷世界的全球化浪潮带来的不仅仅是经济、贸易、资金和技术的全球快捷流动，各种观念和制度的全球荟萃与正面交锋也接踵而来，人权问题愈来愈成为国际政治、经济、文化斗争的热点问题，甚至在某些领域某一时刻国际人权斗争呈现得异常激烈。诉权入宪不仅可以为我们反击那些攻击我国人权状况的斗争提供宪法依据，同时有助于提升中国的人权保障方面的正面形象。

---

① ［意］莫诺·卡佩莱蒂等：《当事人基本程序保障权与未来的民事诉讼》，徐昕译，法律出版社 2000 年版，第 64 页。

2. 诉权入宪的条件业已成熟

目前，在中国诉权入宪的各项条件日趋成熟，主要体现在：

其一，国家治理模式和总体思路的转型为诉权入宪奠定了政治环境。"依法治国"成为了基本治国方略，"以人为本"成为了治国理政的核心理念，"尊重和保障人权"成为治国理政的重要原则。党的十五大报告和十六大报告都明确提出，国家尊重和保障人权。将"尊重和保障人权"作为治国理政的重要原则，不仅反映了政府的庄严承诺和政府职能观念的转变，而且表明了国家的政治态度和基本立场。与此相适应，从政法型宪法到法政型宪法、从政治宪法到宪政政治的转变成为法治建设和宪政发展的大势所趋。在强调集体至上、国家至上的社会背景下，诉权不是重要的，起码不是那么重要，甚至是不重要的。因为，一切问题都可以经由行政程序、行政手段或通过诉诸行政官员加以解决。但时代已经转变，国家和社会的治理思路已经转变，采用新的社会解纷机制，是新时代的必然要求。

其二，人权入宪的实现为诉权入宪奠定了宪政基础。2004 年，十届全国人大二次会议通过了宪法修正案，将"国家尊重和保障人权"作为《宪法》第二章"公民基本权利和义务"中的第 33 条的第 3 款写入宪法。自此，人权保护从政治话语转化为法律术语，"尊重和保障人权"也由政治规范提升为宪法规范。人权入宪对我国人权实践、政治生活具有深远意义，这一宪法原则为人权法治化提供了宪政基础。诉权是一项重要的人权，人权作为一个"总称性"的概念入宪就对"诉权"这样的具体类型的人权入宪扫清了制度上的障碍。

其三，立法水平的发展和立法策略从粗放型到精细化的转变为诉权入宪奠定了理论基础。现行宪法的制定是在 1982 年，"十年浩劫"刚刚结束，十一届三中全会刚刚开过，百废待兴，"文革"造成的法制建设几近停滞的状态急需扭转，尤其需要加强法制来保障经济改革的顺利进行和人民群众的基本权利，从而最大限度地解放生产力，于是健全社会主义法制的目标顺势而出，中国立法从此步入了前所未有的快轨道。由于经济社会发展现状和立法水平的限制，当时立法的基本目标和重要任务是先解决"有法可依"的问题，即先从"无"到"有"，根本顾不上考虑"有"的程度和质量，因此，我们在立法中坚持了"宜粗不宜细"的"粗放型"标准。不仅在宪法的制定上如此，在其他部门法的制定上也采取了"先暂行再正式""先零售后整售"以及"成熟一个制定一个"的立法策略。① 而随着法治建设的不断成熟、立法水平的日益提升，立法策略必须由从粗放型到精细化转变，这首先应该体现在宪法上。在此背景下，彰显"诉权"价值，明确"诉权"作为宪法基本权利的地位，就提上了历史日程。

其四，当下社会矛盾的现状和对诉权的需求，形成了诉权入宪的现实社会基础。不可否认，随着社会的发展和改革的逐步进入深水区，各种社会矛盾和纠纷渐次呈现，社会和谐成为了一个重大的时代课题。这种社会现实对诉权产生前所未有的需求，因为诉权有助于将社会矛盾和冲突引入法律所设定的司法轨道，通过和平、理性的方式解决，从而减少动荡和对抗。

3. 诉权入宪的重要现实意义

其一，诉权入宪是立法科学性的要求。一方面，诉权入宪有助于实现宪法上实体权利与程序权利的平衡。权利按其性质可以分为实体性权利和程序性权利两种类型，诉权属于程序性权利。假如缺乏诉权的规定，宪法上充斥的实体权利越是完善，宪法权利体系中的实体权利与程序权利呈现出的不平衡越是严重。"诉权不仅是程序性宪法权利的落脚点，同时也是实体性宪法权利的实现工具。"② 宪法上对诉权作出确认，将会对实体性权利形成相对周延的保障。如果仅仅依靠诉讼法赋予的具体诉权，难以达到同样的效果。另一方面，诉权入宪有助于实现特别法与一般法的协调一致。目前，我国宪法没有对诉权作出明确的规定，而在宪法性的特别法上又规定了诉权，这种不协调的

---

① 鲁生：《从立法时代跨入"修法时代"的第一步》，载《检察日报》2009 年 8 月 31 日第 6 版。

② 汤维建：《诉权入宪与诉权的"四化"趋势》，载《团结》2008 年第 5 期。

状态应及时予以纠正。

其二，诉权入宪，可以为诉讼法上的诉权保障提供明确的宪法依据。从理论上讲，诉权应当是也必须是诉讼法与宪法的联结点，并且诉讼法制定的正当性理由之一应在于要把宪法上的诉权规范具体落实。宪法是国家的根本大法，宪法规范为制定基本法律、普通法律、其他法律规范提供基本法依据。如果宪法上缺乏诉权规范，诉讼法上还在讲"以宪法为根据"，就显得很空洞，起码它缺少了具体的针对性和目标性。

其三，诉权入宪，有利于强化诉权观念。宪法对诉权的确认，可以引导整个社会形成科学的诉权观念。一是引导政府部门切实保障、支持而非限制甚至危害诉权；二是引导社会大众建立起诉权保障的氛围。诉权入宪，可以带动诉权立法完善，而且必然带动司法和社会其他方面的变革与发展，使诉权深入人心，促使更多的人对如何保护自身权利的反思和再认识，在此过程中，公民的权利意识会得到提高和扩展，并由此带动整个社会观念的变革，促进政治文明和法治文明的进一步发展。

其四，诉权入宪，有利于提升司法的权威性。就诉权入宪的司法意义来讲，以宪法原则的高度来规定诉权，对司法者可以起到一个深化诉权理念的作用，促使他们将保障诉权与正确实施法律恰当地结合起来，推动中国诉权保障机制在法治化的轨道上不断前进。我坚信，宪法层面上缺乏诉权规范是一个不幸的现象，如果不是如此，中国的诉权乃至人权的司法保障将变得更好。中国是一个成文法国家，从法律传统上看，与以德国法为代表的大陆法系有着深厚的渊源关系。整体上讲，中国缺乏美国的实用主义法律哲学传统，更不具备西方的三权分立下的司法权力，这就很难通过强大和发达的司法权力为默示性条款的彰显提供制度保障。中国的情况不同于美国，尽管在急剧变化的社会和错综复杂的矛盾纠纷面前开始主张司法能动，然而"司法能动"的能动度是难以与美国相提并论的，由于历史传统与现实力量的考量，司法谦抑的呼声也不绝于耳。明确诉权的司法保障义务，有利于克服一些围绕司法能动和司法克制而展开的不必要的争论。在宪法中明确诉权及司法的保障义务，就是给予司法机关抵御来自其他权力部门的侵犯以宪法依据。诉权入宪不仅是宪法对公民的确权（利），也是对司法的赋权（力），因为表面上看诉权入宪是让法院承担了不得非法拒绝审判的义务，实际上也是确立了法院有权依法审判的宪法依据。宪法上的赋权将使司法真正能动，并且赖以能动的是于法有据的能力，而且可以减少司法能动的风险，提升司法能力规范依据的位阶。

（二）在宪法文本中对诉权保障规范的条文设计思路

借鉴其他国家宪法性文献、国际宪政文本以及我国历史上有关宪法性文献对诉权保障的规定，结合我国实际，笔者认为，在宪法文本中对诉权保障作出规定，应当包含以下几个方面的内容：

1. 明确诉权为社会主体的基本权利

鉴于上述诉权对于人权的重要意义，应该将诉权设定为宪法上的基本权利。可以考虑的方案是，在宪法文本中增加规定："任何人都有依法提起诉讼并受到法律保护的权利。任何人在其合法权益受到侵害时，有权向人民法院提起诉讼，请求司法保护。"

2. 明确禁止侵害公民诉权的行为（包括立法行为）

具体的条文表述可以为："对于公民诉权，任何公民、法人、国家机关、社会组织等都不得任意加以限制、剥夺和迫害。任何法律、法规均不得限制和损害公民的诉权，否则相关条款无效。"这方面是有例证可循的，如《宪法》第39条规定："中华人民共和国公民的住宅不受侵犯。禁止非法搜查或者非法侵入公民的住宅。"即是从正反两个方面规定了对公民住宅不受侵犯权利的保障。再如《宪法》第49条第1款规定了"婚姻、家庭、母亲和儿童受国家的保护"，在同条第4款又规定"禁止破坏婚姻自由，禁止虐待老人、妇女和儿童"。

3. 明确诉权行使中的司法保护责任

在宪法文本中增加规定："宪法文本具有直接的司法效力。只要提起的诉讼符合法定条件，人民法院必须受理。人民法院应当切实保护公民的各项诉权。"如此规定，是要确保公民宪法在基本权利上具有现实操作性以及遭到侵害时能够得到合理有效的救济。其实，宪法上明确司法保护职责不仅有利于诉权的实现，而且有利于司法机关自身的职权实现，从而也有利于法治的实现，尤其是对于我国这样有着强行政弱司法权力格局之历史传统的国家，将司法对诉权的保障予以规定，有利于司法职能的正常发挥，也就可以使司法在国家和社会治理方面起到其应当和能够承担的作用。而不是动辄以这样或那样的"理由"或"借口"不予受理或者暂时不予受理。司法的有效介入可以对其他社会权力起到司法监督的作用，也就有利于法治的实现。

4. 规定诉权实现上的国家保护义务

在宪法条文上的表述可以为："国家保护公民的诉权。对有经济困难或者其他原因确需法律援助或者司法救助的公民，当地法律援助机构或者人民法院应当给予帮助，依法为其提供法律援助或者司法救助。"

诉权保障是一项系统而复杂的工程，绝不是简单地从宪法文本层面进行构建就能够完成的，还需要诉讼部门法将宪法的精神具体化，还需要解决司法、执法等环节的诸多问题，以及社会各方面力量广泛参与等进行综合构建，尤其是需要建立相关的诉讼制度，使当事人在具体的司法实践中能够切实地享有宪法诉权。但首先必须重视宪法规范对诉权的确认。因为宪法对诉权的保障具有前提性和基础性的意义，在宪法文本上确认了诉权的基本权利属性，将有利于借助宪法的实施来推动其他环节，从而不断完善诉权的保障和实现。

第六章

诉权保障的法生态学分析

——以当代中国司法转型为主的探讨

一 诉权保障与司法生态

法生态学不同于通常所说的生态法学，犹如法经济学不同于经济法学。生态法学是一个相对独立的法学领域，而法生态学则是一种研究的视角。一切事物都不可能脱离一定的生态环境而独立存在和运行。以法生态学分析诉权保障问题，就是考察诉权保障所面对的社会生态。对诉权保障而言，最直接最密切的社会生态大概当属司法生态。

司法是法治的一个组成部分，也是社会的一个重要领域。司法制度的形成，决定于一个国家的政治经济体制和国家性质与结构，受到经济基础、政治体制、社会需求、利益平衡、传统习惯、文化等社会因素以及特定的历史条件的制约。[①] 所谓的"司法生态"，指的是相对于自然生态、环境生态、经济秩序而言的一种社会政治生态，是司法运行现状和司法发展环境的集中反映，是司法制度、司法运行、司法组织、司法人员、司法程序、司法场域、司法手段等的综合体现，其核心是司法运行的精神状态和作风问题。司法生态映射的是一个地方司法生活的大环境和大趋势，事关司法形象和法律权威。司法生态既包括司法运行的内生态，也包括司法运行的外生态（如政治生态和社会生态）。从发展的角度来看，司法生态的优化和良性发展，是某

[①] 范愉主编：《司法制度概论》，中国人民大学出版社 2003 年版，第 13 页。

一国家和地区经济社会持续发展、社会良性治理的基础和保障，并且，在某种程度上与社会治理的状况相互影响。

不同的司法生态对于诉权保障必然有着不同的影响。强化诉权保障，要求不断优化司法生态，而优化司法生态的根本目的，是营造公正、廉洁、高效的司法环境。改革开放后，中国进入转型社会，整个社会的价值观念、经济生活及政治生态都发生重大变化。司法体制回应社会改革的现实要求，自身也在改革。有学者指出，按照司法改革整体性的要求，一方面，应将司法改革放在整个社会转型的大背景下进行考察，重视外部环境与司法改革之间的互动关系。既要仔细分析改革所处的特定历史背景，分析社会环境中影响和制约改革进程的重要因素，又要重视评估改革对外部环境所产生的具体影响，进而不断修正和完善改革。只有在两者之间建立起良性的互动机制，改革才能在集约化平台上高效率地推进。否则，无论哪个环节出现偏误，改革的成效都会大打折扣。另一方面，由于司法主体、司法行为、司法客体、司法程序之间是相互影响、相互作用的，在对司法体制和司法机制进行改革时，必须注意司法权内部构成要素之间的衔接和配合，使各方面改革举措齐头并进、互为依托，进而形成合力，最终推动司法改革的良性发展。因此，对司法改革的研究视角应当是立体的和多向度的，改革的方案也应当具有整体性和开放性：既包括司法机关权力配置、行为模式的重新整合，也涉及国家司法体制、政治体制的方方面面；既有宏观层面的整体勾勒，也应重视微观结构的局部调整；既有制度层面的修正，也有观念层面的变革；既有司法机关、司法程序自身的改革和完善，也涉及一系列配套环境的培育。只有采取多元的、全方位的、系统的整体推进方式，才能使改革的努力不至于流于形式。①

---

①　吴卫军：《司法改革原理研究》，中国人民公安大学出版社 2003 年版，第 91—92 页。转引自齐树洁《执行程序的局部修正与整体改革——兼论司法改革的整体性》，载《法律科学》2007 年第 6 期。

二　诉权保障目标下司法转型的基本路向①

司法改革作为体制改革的一个重要组成部分，与我国整体的政治、经济、社会、文化各个方面的改革同步进行。司法改革向何处去？这是当前创新社会治理、建设法治中国进程中亟待解决的一个现实问题。司法改革不仅仅要求技术性方面应趋于精细，而且要求明确其方向和原则；决策者不应仅仅关注于局部的微调，更应关注整体性的转型。原则与方向看似抽象，实则它是具体制度的根基，是司法改革的根本性问题。在一定意义上，这一根本性问题是深入探究司法改革的前提和基础。司法改革须顺应与人类文明发展相向而行的法治文明。

对于司法改革的讨论已有很多，其中不乏具体的制度阐微和深邃的法理洞见。套用姚建宗教授对中国法学变奏的概括②，"中国司法改革向何处去"这个设问本身实际上包含着至少两种可能存在的问题：其一，在主观上"中国司法改革向何处去？"或者"中国司法改革应该向何处去？"其二，在客观上"中国司法改革向何处去了？"或者"中国司法改革可能向何处去？"

对司法转型基本路向的认识应立基于对司法乃至法律本质认识的探索与深化。司法是"治理国家的公器"③，司法事务是关乎国体政体和人民福祉的公共事务，司法改革不单单是司法机关的"内务"整治，而是社会整体改造的重要组成部分，需要公众的深度参与。司法

---

① 本部分主要内容曾于 2016 年 4 月在首届"法律与公共政策研讨会"（沈阳师范大学）作会议交流，后以《当代中国司法转型的基本路向》为题，发表于齐树洁主编：《东南司法评论》2016 年卷，厦门大学出版社 2016 年 10 月版。

② 姚建宗：《主题变奏：中国法学在路上》，载《法律科学》2007 年第 4 期。

③ 胡献：《司法改革要避免神秘主义》，载《中国青年报》2015 年 3 月 19 日第 2 版。

改革的一项重要目标是提升司法公信力，即通过改革，以更好地发挥司法在社会治理和社会发展中的作用。而司法公信力的根源在于人民群众对司法的信任和认同。要获得社会公众的认同，必须让民众从司法体验中得到实惠。包括司法改革在内的一切改革，成功与否应以社会公众的需求为衡量尺度。司法改革应以社会公众的期待为出发点，切实有效地回应民众对司法的需求和期待。民众对司法的需求和期待包括：司法是公平正义的，司法是依"法"运行的；司法是讲理的，而不是强权的；司法是能够倾听民众意见的，而不是专断的。诉权保障目标下，司法改革的路向大体可作如下概括：

（一）司法定位的转型：从政法型到法政型

所谓"司法定位"，解决的是司法在"政治版图"或"国家权力场域"中的地位，既包括其他政治权力实体对"司法"属性、职能、功能等的外部定位，也包括司法机关和司法人员对"司法"属性、职能、功能及自身职责等的自我定位。中国的传统司法定位基本上属于"政法型"的。人们对司法官员"青天"的期待、赞许、怀念、追思，以及对青天文化的向往、推崇，无不源于政法型司法的社会背景。

"政法"与"法政"都是由"政"和"法"两个字组成的合成词，二者都包含了"法"和"政"两个方面的内容，只是在组词时的排列顺序不同。然而，正是这不同的排序，体现了二者所承载的截然不同的精神意蕴和价值倾向。话语是用于表达思想的，同时话语本身具有建构功能。话语表述的背后反映着形成话语的知识结构、思想观念和思维方式，并且在一定的语境下，知识结构又是与权力结构息息相关的。一定社会的主流话语也就与这一社会的权力配置和思维方式彼此息息相关。对话语或语言的分析，必须放在一定的思维方式中进行，而"思维方式不仅是传统文化的组成部分，而且是它的最高凝聚和内核。换句话说，思维方式是一切文化的主体设计者和承担者"。① 语言表述从逻辑到选

---

① 蒙培元：《中国哲学主体思维》，人民出版社 1993 年版，第 182 页。

词都要受到思维方式的左右。语言往往自觉不自觉地对其所描述或指称的事物赋予了其价值意义，同时，人们是通过语言来认识现实事物、传达思想观念的，人们的语言表达中也往往凝聚着其特定的历史情绪和社会体验。当人们运用某一词语思考和表述某种事物和现象时，必然遵循语言内容的价值选择，它也反映了表述者的思维定式。如"率土之滨，莫非王臣"表征着君主王权的至高无上，而"风可进，雨可进，国王不可进"则体现着民众权利的神圣不可侵犯。

我国传统的司法配置，属于典型的政法型司法。长达数千年的中国古代社会，基本不存在独立的"司法"，"司法"只是"行政"的诸多职能之一。司法——审理案件，裁断纠纷——只是行政长官治理社会的方式之一，司法完全处于行政的"宰治"之下。历史和现实都在培育和筑造着人们的思维方式。经由历史的洗礼和长期的磨砺，"政法型司法"早已成为中国社会普遍认同的一种思维定势。所谓思维定势是由某些语句的长期固定联系而形成，具有聚附一类论证或阻止另一类论证过程的信条作用。由思维定势所形成的信条，曾经过经典著作的反复论证，并经过历史经验的验证，通常本身不须再验证。①现代汉语中早已司空见惯的众多词汇如政法机关、政法系统、政法委、政法干警、政法大学、政法学院、政法系等等都与传统的"政法式"思维难脱干系。尽管改革开放以来我国的司法改革已推进了一波又一波，但本应具有的司法独立依然未能确立，政法型司法的镜像依然清晰可辨。对此，姚建宗教授曾作过精辟的揭示。他指出："这（司法独立）在我国乃是一个特别长期而艰巨的任务。因为，我国现行政治体制在事实上是与司法独立矛盾的，我国的司法受到执政党、作为权力机关的人民代表大会、行政机关甚至不属于正式国家权力系统的政治协商会议和民主党派等多方面的不合法的干涉，这种干涉并不是体现在思想性和方向性的问题上，而往往恰恰体现在司法的纯业

---

① 陈晓枫：《返视：法律文化研究》，载《河南省政法管理干部学院学报》2007 年第 2 期。

务方面，这使得我国司法长期背负着'不公'和'腐败'的恶名而逐渐丧失了应有的威信，但其实，我国司法多方受制而不能真正独立，司法成了代人受过者。因此，以民主、法治和宪政为目标改革我国的政治体制，正确处理执政党、国家权力机关、国家行政机关甚至其他社会组织与我国司法和司法机关的关系，就显得特别重要和关键。"①

在政法型司法下，司法官员是政治的应声虫，必然是时时事事以政代法，以政领法，以政治上的权力代替法律，代替司法权力，代替法官审判，以政治的言辞代替法律的言说，政策高于法律，政令高于法令，政治决定法律，政府高于司法，政客决策司法。在政法型司法模式下，通行的是政治话语和政治式的思维，是服从还是不服从领导，法言法语退避三舍，法律思维被打压，按法律应该怎么办已不是案件处理中起决定作用的因素，而只是技术处理的环节。记得一次被邀请参加某地政法委组织牵头的协调论证会。论证会涉及的是一宗多年上访后已进入司法程序的案件，参加论证会的除政法委的领导外，就是公安机关、检察机关、审判机关和律师界的代表。笔者作为律师代表参与了论证会，在会上提出通过查阅历史档案查明民众申诉合理与否，在场的某位领导"龙颜"大怒，斥责：请各位来是想办法如何保住"国有资产"而不是听讲"法律"的。在场的公检法单位的负责人纷纷表示按政法委领导的决策办理，在本部门职权范围内走相关程序予以落实执行。这样的情况其实并不罕见，如此司法就是典型的政法型思维。而与之相对应，法政型司法要求政治必须持有对法律的尊崇，在一定意义上法律经由司法成为政治的规训者。从字面上看，对于"政""法"二字的先后顺序问题，若"法"位于"政"前，则其体现的法治理念是"法"相对于"政"的一种独立性，强调"法"才是第一位的，才是最高的目标；相反，若将"政"置于"法"之前，那么其表现的只是"法"之于"政"的一种依附性，此乃法律

①　姚建宗：《法理学：一般法律科学》，中国政法大学出版社 2006 年版，第 341 页。

工具主义的一种蔓延，法律自身价值被忽略。① 具体到社会政治制度和生活方式上，"法政"一词在表达方式上，将"法律"摆在了"政治"的前面，体现了对法律权威在国家政治生活中的至高尊重，体现了现代政治文明和法治文明；而"政法"却是以政治、以道德、以领导人的权威代替法律，一定意义上可以说是现代文明的对立面。以"法政"代替"政法"，就是要让 Rule of Law 代替 Rule by Law，落实依法治国，最终实现宪政民主的国家制度建构，落实保障人权的政治承诺。

"政法型司法"最大的问题不是政治要不要法律或法律要不要政治，任何国家的法律都是为政治服务的。政治作为社会治理的学问，在道德和伦理上研究的是人类社会如何能增进更多的善与正义，在制度和科学上研究的是如何设计更好的社会制度。法律仅仅作为政治统治的方式而已，正所谓"有什么样的政治，就有什么样的法律"，政治既是一门价值之科学，也是一门实践之科学，不管法律在当下国家治理中发挥多大作用，依然是政治过程的要素之一。政治永远高于法律，政治是关乎自由、平等、正义等宏大价值的学问，法律在其下发挥着工具作用。试看国外之法学教育，无不把政治学当作其核心课程。试想，不知国家之根本制度，不知政治之为何，又何知法律之存在意义？在中国，最严重的问题是行政权对司法权的不正当干预，以行政化运作代替司法程序，尤其是遇到一些利益损益突出、影响大或者有其他因素介入的案件，某些掌权人物出于这样或那样的考虑，置法于不顾，直接干预司法或施加压力要求推行和贯彻其意志。由于缺乏独立的能力和独立的品格，具体的司法人员往往不堪重负，可能因权势的压迫或胁迫而在实际上放弃或者出让司法权。这是中国司法的悲哀！更是中国法律的悲哀！这是每一个中国法律人的悲哀！也是当下中国的悲哀！但它确是中国司法和中国法治的一种现状！这种不合

---

① 余继田、李永成、孙小龙：《从法政到政法——由近代以来法学教育机构名称演变所引发的思考》，载《河北经贸大学学报（综合版）》2010年第3期。

理的现象亟待改善。中国真正把"政法"改成"法政"，那将是法治社会的一次巨大的飞跃。

诉权保障不同于上访告状，寻求的是公平公正的司法救济，从政法型司法向法政型司法转变应是司法转型的一个基本路向。

（二）司法观念的转型：从管控型到服务型

管控型司法是一种由来已久、根深蒂固的司法观念。它从本质上否认了司法自身蕴涵独立的价值追求，认为司法本身不是一种目的性的存在，而是实现社会统治（或管理）以及维护社会秩序的手段或工具。不同的历史时期，管控型司法对于司法功能或许有不同的表述，如定位为维护封建皇权的国家机器、阶级斗争的"刀把子"、无产阶级专政的工具、促进经济社会发展的工具等。

中华人民共和国成立后的一个相当长的历史时期，我国的司法功能一直定位于"无产阶级专政的工具"，维护统治秩序的"枪杆子"，阶级斗争的"刀把子"，只重视其专政的属性和惩罚犯罪的职能，而忽视了其他职能。周永坤教授将之称为司法国家主义。他说：

> 在改革开放之前，人们把司法权看作是镇压之权，是刀把子。时下刀把子论虽然不怎么流行了，但是在有些人的心目中它还是真理。这是典型的司法国家主义。司法国家主义的表现主要是：第一，在宪法和组织法上，法院系统是权力机关的"下属"机构，法院要向权力机关负责并报告工作；第二，在司法组织的建构上仿效行政机关，不是围绕法官的独立审判权的行使组建法院内部机构，而是以权力的快捷贯彻为目标，以自上而下的控制为组织原则，体现了国家权力的意志；第三，在司法目的上过分强调司法为统治秩序的巩固和经济发展等司法外的目标服务，而不是正义的实现；第四，在观念上将司法权视为完全的国家权力，忽略司法权的社会属性，这从所有的

法学教科书上都可以看到。①

　　随着经济社会的发展和创新社会治理体系的推进，法律逐渐从统治型向回应型转变，与此相适应，司法也应顺势从管控型逐渐向服务型转变。司法工作者不仅仅属于国家公职人员，其从事的司法工作不仅仅要服务于社会治理的需要和改革开放的大局，而且"司法工作者应当以国民社会医生资格，按照国民各自所处的具体生活状况及其各自的法律需要，为其提供法律服务"。②

　　司法改革中提出的"司法为民"体现了服务型司法的导向。2003年，最高人民法院提出了"司法为民"，将其作为法院工作的根本宗旨和要求，并制定了《关于落实23项司法为民具体措施的指导意见》。2005年，最高人民法院根据胡锦涛总书记的重要指示，把"公正司法、一心为民"确立为法院工作的指导方针，并把这一指导方针作为新时期人民法院衡量全部司法活动的根本标准。2005年7月，最高人民法院专门召开会议，时任院长肖扬作了题为《贯彻落实"公正司法，一心为民"指导方针，按照中央部署推进人民法院司法改革》的讲话。2006年5月中共中央下发《关于进一步加强人民法院、人民检察院工作的决定》（中发〔2006〕11号），提出"坚持司法为民，最大限度地保护最广大人民的根本利益"，并指出："坚持司法为民是'三个代表'重要思想对司法机关的本质要求。各级人民法院、人民检察院都必须牢固树立司法为民观念，增强为人民服务的宗旨意识，认真倾听人民群众的意见和呼声，始终把维护最广大人民的根本利益放在首位。要从人民群众满意的事情做起，从人民群众不满意的事情改起，进一步规范司法活动，加强队伍建设，确保司法公正，在

---

① 周永坤：《司法权的性质与司法改革战略》，2006年1月4日，http：//guyan. fyfz. cn/art/35499. htm，2012年10月7日查阅。

② 胡云腾、袁春湘：《转型中的司法改革与改革中的司法转型》，载《法律科学》2009年第3期。

实际工作中切实体现司法为民、司法便民、司法护民。"最高人民法院前任院长王胜俊也在不同场合强调"司法为民"不是口号。2009年2月13日最高人民法院下发了《关于进一步加强司法便民工作的若干意见》。其第1条明确提出，"人民法院应当设立立案大厅或诉讼服务中心，配备必要的工作人员，认真做好信访接待、诉讼引导、案件查询、办案人员联系、诉讼材料接转、诉讼疑问解答、判后答疑、引导当事人合理选择纠纷解决方式等方面的工作，并应配置必需的服务设施。"2012年10月《中国司法改革》（白皮书）宣布"以人为本、司法为民，是中国司法工作的根本出发点和落脚点"。2013年7月23日《人民法院报》，最高人民法院院长周强撰文《努力让人民群众在每一个司法案件中都感受到公平正义》。在该文中，周强提到"自觉践行司法为民根本宗旨"就是要依法维护人民群众合法权益，努力消除群众诉讼障碍，继续探索创新司法便民措施。他要求"人民法院的各项工作，都要以方便群众诉讼为出发点。要切实抓好现有司法便民措施的落实，不搞花架子，不作表面文章，扎扎实实为群众办实事，尽可能为群众提供热情周到的服务。同时，要积极探索符合本地特点的便民措施，让人民群众真正从司法便民措施中得到实惠"。①2013年9月6日最高人民法院发布了《关于切实践行司法为民大力加强公正司法不断提高司法公信力的若干意见》（法发〔2013〕9号）。该意见在践行司法为民方面总结过去工作经验的基础上，提出了一些新的思路，如：注重司法审判工作与社会生活的融合，注意把握人民群众对法院工作的需求与期待；加强诉讼服务窗口建设，强化对当事人的诉讼指导与帮助；提高便民利民措施实效，降低当事人的诉讼成本等。这些规定都蕴涵和承载了服务型司法的理念。

　　服务型司法要求进一步践行司法为民理念，即司法的原则、制度以及程序的设计都应符合公民及当事人的根本利益，满足其愿望；司

---

　　① 周强：《努力让人民群众在每一个司法案件中都感受到公平正义》，载《人民法院报》2013年7月23日，第1—2版。

法制度的设计与改革也应当从民本立场出发，便利公民开展诉讼，体现司法的人文关怀。未来的司法改革应该从立场、方式和态度三个方面来塑造司法制度的亲和性，并围绕司法方式的通俗性、司法救济的可接近性与司法程序的便利性来推进具体的制度改革①，将司法在内的法律服务"视作为一种社会公共产品"。②

　　司法目的从统治型向服务型的转变也可概况为从政策实施型到纠纷解决型的转变。耶鲁大学斯特林讲座法律教授达玛什卡认为，司法可分为政策实施型和纠纷解决型两种最基本的类型。两种类型司法的区别主要体现在以下几个方面。其一，司法程序规制的性质不同。前者中的程序规制是作为实质存在的，而后者中的程序规制占据的地位则是次要和附属的。其二，当事人的诉讼地位不同。在前者中，当事人被承认为他所参与诉讼的主人，有权按照他所乐意的方式来展开程序行动，而在后者中，当事人则无法自主选择程序行动。其三，决策者在纠纷中所处位置不同。在前者中，决策者致力于解决纠纷，是被动、公允而消极的，而在后者中，决策者致力于实施国家政策，是主动、积极的。其四，律师在纠纷中的地位不同。在前者中，不限制当事人获得律师帮助的权利或将律师排除在某一程序阶段之外，而在后者中，律师则可能会被排除在诉讼程序的某些阶段，特别是刑事检控的初始阶段，其作用也很有限。其五，对判决的稳定性要求不同。在前者中，不愿意更改判决，强调其既判力，而在后者中，所有判决都被认为是暂时性的，裁判的既判力不被重视。③ 概言之，政策实施型司法体现为程序正义是实体正义的附庸、对灵活指令的依赖、官员控制程序、决策者追求真理而不是公允、判决的可更改性；而纠纷解决

---

① 左卫民：《十字路口的中国司法改革：反思与前瞻》，载《现代法学》2008 年第 6 期。

② 李学尧：《转型社会与道德真空：司法改革中的法律职业蓝图》，载《中国法学》2012 年第 3 期。

③ ［美］米尔伊安·R. 达玛什卡：《司法和国家权力的多种面孔——比较视野中的法律程序》，郑戈译，中国政法大学出版社 2004 年版，第 26 页。

型司法更表现为当事人自治、当事人主导、程序可灵活变通、更看重决策者的中立性而不是结果的正义性、律师是当事人的助手、判决的稳定性。如果以达玛什卡教授的分类观察，传统的中国司法就主体特征而言更多地应归类于政策实施型。其实，"政策实施"的过程也恰恰就是"统治职能"实施的过程。纠纷解决则是面向当事人的，纠纷存在于当事人之间需要解决，将司法目的定位为"纠纷解决"也就是定位为"服务于当事人的司法需求"。

党的十八届三中全会决议提出的"完善人权司法保障制度""深化司法体制改革，加快建设公正高效权威的社会主义司法制度，维护人民权益，让人民群众在每一个司法案件中都感受到公平正义"也是与服务型司法理念相契合的。如今如火如荼的立案登记制改革，也承载了服务型司法的理念。立案审查长久以来是我国当事人进入诉讼之门必须迈过的门槛，这一制度不仅发挥了分流甄别案件的作用，而且是作为司法政策制定者与审判者的"控制器"，通过审查掌控着诉讼门槛的高低①，这显然是管控型司法的产物。2015 年 4 月 1 日，中央全面深化改革领导小组审议通过了《关于人民法院推行立案登记制改革的意见》，最高人民法院随后公布《关于人民法院登记立案若干问题的规定》，从而变以往的"立案审查"为"立案登记"，将更多的社会纠纷纳入司法程序解决，这就使得从以往对诉权行使的管控变为全面服务于民众的司法需求，顺应了服务型司法的变革呼求。

此外，服务型司法理念要求司法本身不仅仅具有工具性价值，而且具有其自身独立的价值追求。人们诉诸司法，希望面临的纠纷通过公平正义的司法程序得以解决，期望得到的是司法服务，而不是司法管控。因此司法中应贯彻落实"以人为本"精神，尊重人的价值、维护人的权利、关注人的生存、重视人的发展。

---

① 曲昇霞：《论民事诉讼登记立案的文本之"困"与实践之"繁"》，载《法律科学》2016 年第 3 期。

（三）司法过程的转型：从论断型到论证型

长期以来，我国的司法处于"论断型"或"判官式"司法的状态，具体表现为司法裁判文书突出"判"的一面而缺乏对判决意见所依之"理"的说明，法官往往也只是注重于事实的调查和认定及判决的结论，而不太关注甚至根本就不重视判决的说理。

尽管我国自1991年实施的《民事诉讼法》第138条明确规定"判决书应当写明判决认定的事实、理由和适用的法律依据"，但现实中由于长期受控审式、纠问式审判模式的影响，裁判过程整体上具有非常浓厚的职权主义色彩，与之相关的裁判文书的制作基本上呈现出的是"原告诉称""被告辩称""经审理查明""根据""本院认为""判决如下"的模式。在这种模式下，对事实的叙述基本上就是平铺直叙，看不出当事人陈述的事实哪些能够认定为案件的法律事实，哪些不能够认定为案件的法律事实，各自的理由是什么，更缺乏对事实认定的合理性阐述与论证；对证据的表述通常是简单的"以上事实有……证据为证"，从中只看得出证据的名称，而看不出证据的内容具体是什么以及何以采信了这一证据；判决结论部分往往采用"依照……之规定判决如下"的套话，对何以选择适用该条法律依据作为裁判理由缺乏有针对性的法理性分析和阐述。由于对推理过程往往不予披露，让人们感觉法院判决尤其是其中的"本院认为"是"最最不讲理"的，因为这一部分往往只是表明"本院认为原告的主张合情合理"或者是"本院认为原告的主张于法无据"，究竟何以得出这一认识则语焉不详。如此一来，由于判决结果的形成过程缺乏透明度，论述不清，由此形成的司法结论也就缺乏应当具备的说服力，从而严重影响了司法的权威和形象。中国人民大学法学院肖建国教授在接受《法制日报》记者采访时曾深有洞见地指出："法院判决、裁定必须说明裁判理由"，"一个不附理由的裁判，如同没有灵魂的躯壳；法院'判决（裁定）如下'的宣示，也变成了单方面的'我说你服''我令你从'的行政化作业"。①

从论断型司法到论证型司法转变，就是坚持法律是论证的事业，司法裁判必须体现论证的价值。司法改革要求裁判者所负之责，其所指应该也主要是"裁判者的论证之责"，"所谓论证就是把裁判理由说清楚"。② 裁判者必须履行裁判正当性论证的法律义务，对作出裁判的理由作出清晰的说明，这样才能让当事人了解裁判的形成过程与理由，进而心悦诚服地接受判决的裁断与法律的处理；同时也便于当事人认识法官的知识水平与法律操作能力③，增进对法律的信任。诉讼当事人是因纠纷而诉诸法院的，他们之间的利益冲突的存在使他们自身难免会带有强烈的个体性主观期待和偏向，都希望为自己讨得"公平"，法院能支持己方的主张。而法院的处理，如果仅仅作出简单的结论宣示，是难以满足当事人的心理期待的，他们所希望的是"看得到的正义"。经验观察表明，司法裁判如果能够充分尊重当事人对裁判理据的知情权，坚持以理服人（而非以权压人），对裁判的形成作出合理的论证，则容易给当事人公平感，消除当事人与对方当事人，以及当事人与法院之间的心理对抗，提高对裁判的接受度。④ 在这方面，德国很有代表性。一般而言，在德国的判决书中，运用逻辑推理到了极端，并且不厌其烦地追求法律细节。正如 Harry Lawson 曾经说的，他们不给想象力留下任何的余地。一份初审法院的判决书可以洋洋洒洒达数万言之多。⑤ 正如有学者指出的：在司法判决书说理性普遍不充分的现实情形下，当务之急是改革判决书的制作方法，改变将案件事实和法律条文简单对应的"粗放式"判决书，代之以法理明

---

① 袁定波、郭文青：《倒逼机制促法官更注重释法说理》，载《法制日报》2012 年 9 月 14 日第 5 版。

② 陈金钊：《司法改革需要让裁判者负论证之责》，载《江汉学术》2015 年第 3 期。

③ 黄竹胜：《司法权新探》，广西师范大学出版社 2003 年版，第 304 页。

④ 同上书，第 328 页。

⑤ 宋冰编：《读本：美国与德国的司法制度及司法程序》，中国政法大学出版社 1999 年版，第 469 页。

晰、逻辑缜密、证据翔实、说理充分的判决书；改变千案一律的"八股式"判决书，代之以针对个案的特殊性，展示法官个性的法、理、情并茂的判决书。这样，判决书才能够被民众接受和尊重，才能真正成为彰显公序良俗、宣示法理公义、向社会输送正义的司法载体。①

裁判者的论证之责集中体现于法律文书。党的十八届三中全会决议提出的"增强法律文书说理性"即是针对"论断型司法"的现状。十八届四中全会《关于全面推进依法治国若干重大问题的决定》（以下简称《依法治国决定》）提出的"建立法官、检察官、行政执法人员、律师等以案释法制度"也在于要增强司法和执法说理性。法检系统按照决定，积极推进以案释法制度，即结合各自所办案件，围绕案件事实、证据、程序和法律适用等问题进行释法说理，开展法治宣传教育等活动。最高人民检察院还专门印发了《关于实行检察官以案释法制度的规定（试行）》。

2015 年 2 月最高人民法院为贯彻党的十八大和十八届三中、四中全会精神，发布《关于全面深化人民法院改革的意见——人民法院第四个五年改革纲要（2014—2018）》（以下简称《四五改革纲要》），进一步提出"推动裁判文书说理改革"，要求"加强对当事人争议较大、法律关系复杂、社会关注度较高的一审案件，以及所有的二审案件、再审案件、审判委员会讨论决定案件裁判文书的说理性"，并提出"完善裁判文书说理的刚性约束机制和激励机制，建立裁判文书说理的评价体系，将裁判文书的说理水平作为法官业绩评价和晋级、选升的重要因素"。

其实，裁判文书注重论证和说理是人类司法文明的一个成例。一些国家的宪法和国际性宪政文本中均确立了判决理由必须公开的制度。如：1948 年《意大利共和国宪法》第 111 条规定："所有的司法措施都必须附有理由。"《比利时王国宪法》第 97 条规定："判决书须说明理由，并应在公开法庭上宣布。"1978 年《西班牙宪法》第

---

① 黎桦：《司法如何赢得信任与尊重》，载《湖北日报》2010 年 5 月 6 日第 9 版。

120 条第 3 款规定："判决必须有理由根据，并当众宣布。"《荷兰王国宪法》第 121 条规定："除议会法令规定的情况外，审判应公开进行，判决应说明它所依据的理由，并公开宣告。"《希腊共和国宪法》第 93 条第 3 款规定："各级法院的判决必须明确、充分地说明理由，并当众公开宣判。必须公布少数意见。"《菲律宾共和国宪法》第 14 条规定："任何法院，如果不清楚、明确地说明所依据的事实和法律，不得作出判决。法院如不说明其法律依据，不得拒绝要求对判决进行复审或复议的申请。"《美洲人权公约》第 66 条亦规定（美洲国家间人权法院）"应提出理由供法院作出判决"。

此外，司法从论断型到论证型的转变，意味着司法者在司法的过程中必须注重发现案件的细节。正如有人所言："细节，是司法的生命。因为任何案件都是事后对于案发时的还原，都不可避免地存在着遗漏与推理，任何高明的司法官员都无法完全复原案发的全部，这是科学。此间，也许一个细节都可能成就一段历史：或者辉煌，或者丑陋，但都是以当事人的生命、自由、财产、尊严为代价。古今中外，俱有以细节断案的成功凡例。"① 从司法实务的层面看，有相当多的冤假错案都与不注重案件细节有关，有些就是因不注重细节而酿成，有些则可因注重细节而避免。当然，案件细节的捕捉与审定，需要司法者平时的留心和积累。这种积累不仅在于留心书本知识和法律条文，而且要留心司法实践、判案的经验与教训，以及发生在身边的每一个点滴。做生活和工作中的有心人，才能看到案件的细部，才能做到分析得入情入理，论证得天衣无缝。

当事人诉诸司法，不仅希望以司法正义回应自身诉求，而且希望知悉司法正义形成的过程和理由。如果司法仅仅作出简单的结论宣告，实难满足当事人的心理期待。论证型司法要求：司法坚持以理服人，而非以权压人；法官在作出裁判时在裁判文书上清晰地说明理由

---

① 沉静如水：《"风雨日记"的启示》，http：//wangwenchang. fyfz. cn/art/1051205. htm，2012 年 10 月 24 日查阅。

和作出正当性论证，即以法理明晰、逻辑缜密、证据翔实、说理充分的判决文书去向社会与当事人昭示司法的合法性、合理性与公平性。

（四）司法方式的转型：从神秘型到公开型

神秘主义哲学在司法裁判的领域一直有其影响。司法神秘主义最典型的体现是神明裁判。在人类社会早期，为了判断是非曲直，将争讼双方水淹、火烧或借助于独角兽之类的通灵神兽，司法结果完全看作是神的意旨。进入现代社会，随着历史的发展和文明的进步，司法事务日渐世俗化，司法的神秘主义色彩逐渐褪去，这无疑是现代司法发展的基本方向。但司法神秘主义并没有完全退场，其阴影依然投射到现代司法场域。

长期以来，我国一直存在着司法神秘主义的倾向或现象。首先，体现为司法场域外观上的神秘。在普通民众印象中，法院往往是高楼矗立，大门紧闭，岗哨遍布，戒备森严，出入须经严格的身份审查和安全检查，一派绝非神圣威严而是神秘的气象笼罩着法院的办公场所。案件无关人员进入法院是极其困难的，即使是案件的当事人，到法院起诉也只能是在法院办公大楼旁侧的一间立案室递交材料，而无缘进入法院。前些年，一些地方还发布有关规定，限制甚至禁止媒体的介入、旁听，并且对旁听人的限制都相当严格。

其次，体现为司法语言方面，"法言法语"的大量应用也使普通民众云里雾里，不知何意。如在处理基层某些案件时，法官过多使用专业术语，令文化水平不高的当事人一头雾水。记得"二战"后日本司法界引进美国的对抗制诉讼模式，强调律师和当事人相互质证，法官保持消极中立，但由于日本律师数量少，不少案件没有律师代理，当事人难以理解一些程序和法言法语的意义，不能正确行使相关诉讼权利，导致判决不公。后来最高法院作出调整，要求法官履行"释明权"，给当事人作出必要的解释，从而保证案件公正处理。这样的经验值得我们汲取。

再次，体现为司法过程的不透明。按照贺卫方教授的归纳，司法神秘化首先体现在法院判决时所适用的规则处在不确定的状态。当事人提起诉讼时，完全无从预测法官会作出怎样的判决。司法的常态是追求判决的稳定性，也就是要努力做到同样的案件同样的判决。健康的司法可以逐渐地确立一种可预期性，它来自于法官恪守公布的明确清晰的法律规范，遵守同行认可的法律解释准则。糟糕的司法让当事人无所适从。当他咨询律师："我的案件结果会怎样？"律师答："从法律上说当然你应该是无罪的，但是结果还是难说啊。""这倒是怪事，难道法院不依法判案吗？""除了法律，法官还要考虑政策啊、治安状况啊，另外还要考虑服务大局呢。所以究竟会作出怎样的判决，我尽管是律师，还是没法预料啊。"司法决策适用准则的不确定是导致司法神秘化的最大原因。①

　　许多经验事实告诉我们，正是司法的神秘化为人情案、关系案以及冤假错案提供了暗箱操作的温床。司法公开和司法透明有助破除司法神秘。司法公开与政府信息公开从原理上讲具有同质性，都属于公权力信息公开的问题。但二者还是有些区别：政府信息公开一般是对于已经形成结果的信息产品的公开；而司法公开除对于司法的结果（主要指裁判文书）公开外，还包括司法过程的公开，如审判公开。②民众对司法的期待，不仅是公平正义的司法，而且是看得见的公平正义。新华网对王立军案报道中提及，"来自成都市成华区桃源社区的居民吴群芳在庭审后说，通过庭审，我们了解了王立军案件的来龙去脉。相信法律的天平是公平的，我们期待人民法院的公正判决。"③这里参与案件旁听的民众之所以"相信法律的天平是公平的"，乃是因为"通过庭审，我们了解了王立军案件的来龙去脉"。假设没有了解

---

① 贺卫方：《司法神秘化该如何祛除》，载《南方周末》2008年9月25日第5版。

② 刘作翔：《司法公开有助于破除司法神秘》，载《人民法院报》2012年9月14日第5版。

③ 李斌、杨维汉：《在法律的天平上——王立军案件庭审及案情始末》，http://news.xinhuanet.com/legal/2012-09-19/c_113136404_3.htm，2012年9月20日查阅。

案件的来龙去脉，或者说虽然也通过某些其他渠道（往往是相对间接的方式）"了解了案件的来龙去脉"，但不是通过庭审（相对直接的方式，亲眼所见或亲耳所听）了解的，恐怕很难建立这种"相信"的效果。

司法公开是司法公正的重要保障，同时是宪法规定的一项重要原则。"司法公开制度改革"也一直是中央司法改革部署和最高人民法院改革纲要中的重要内容。近年来，全国法院采取积极措施，在立案公开、庭审公开、执行公开、听证公开、文书公开、审务公开六个方面全面推进司法公开制度改革。为保障人民群众的知情权、表达权、监督权，2009 年 12 月，针对司法公开的关键环节，最高人民法院发布了《关于司法公开的六项规定》和《关于人民法院接受新闻媒体舆论监督的若干规定》两个文件，标志着司法公开制度改革取得阶段性成果。2010 年 11 月，以重点问题为切入点，最高人民法院又制定出台了《关于人民法院在互联网公布裁判文书的规定》和《关于人民法院直播录播庭审活动的规定》（2010 年 11 月 8 日由最高人民法院审判委员会第 1500 次会议讨论通过），进一步扩大了司法公开改革成果。为协调落实中央关于司法公开改革的部署，统领全国司法公开工作，2010 年 8 月，最高人民法院成立了"司法公开工作领导小组"，确保司法公开工作的长效性。2010 年 10 月，最高人民法院在全国确定了 100 个司法公开示范法院，同时制定下发了《司法公开示范法院标准》，要求全国各示范法院严格按照示范标准，全方位地开展司法公开工作。[①]

实践中，各地法院试行和推行"法院开放日"，邀请人大代表、政协委员、民主街道办及媒体等社会各界的人士进入法院内部进行参观，推动法院神秘的面纱得以向公众揭开，增强其亲民性。一些法院积极探索和推行裁判文书上网公开。2012 年全国人民代表大会常务委

---

① 罗书臻、余建华、陈群：《司法公开制度改革：让权力在阳光下运行》，载《人民法院报》2012 年 9 月 17 日第 1 版和第 3 版。

员会《关于修改〈中华人民共和国民事诉讼法〉的决定》明确规定
"公众可以查阅发生法律效力的判决书、裁定书",① 这是首次在法律
层面上就公开裁判文书作出专门规定。2013 年 5 月 8 日至 9 日,最高
人民法院在广西壮族自治区柳州市召开司法公开调研会,裁判文书网
上公开成为会议热点。2013 年 11 月 12 日党的十八届三中全会审议通
过的《中共中央关于全面深化改革若干重大问题的决定》,对深化司
法体制改革作了全面部署,提出"推进审判公开、检务公开""加强
和规范对司法活动的法律监督和社会监督""推动公开法院生效裁判
文书""拓宽人民群众有序参与司法渠道"等。2013 年 11 月 21 日最
高人民法院以法释〔2013〕26 号公布《最高人民法院关于人民法院
在互联网公布裁判文书的规定》(2013 年 11 月 13 日由最高人民法院
审判委员会第 1595 次会议通过,自 2014 年 1 月 1 日起施行),至此,
裁判文书上网全面实施。

　　在司法公开方面,法院还积极探索运用现代信息技术推动司法公
开。最高人民法院《关于切实践行司法为民大力加强公正司法不断提高
司法公信力的若干意见》要求:"充分发挥现代信息技术的作用。重视
运用网络、微博、微信等现代信息技术和方式,扩大司法公开的影响
力,丰富司法民主的形式和内容。对社会广泛关注的案件和普遍关心的
纠纷,要主动、及时、全面、客观地公开相关情况,有针对性地回应社
会公众的关切和疑惑。要研究和把握自媒体时代舆情与司法审判相互影
响的规律与特征,加强对网络舆情的分析研判,正确对待来自社会各方
面的意见与建议,勇于纠正工作中的缺点,及时弥补工作中的不足,敢
于抵制非理性、非法的诉求以及恶意的舆论炒作,善于正面引导社会舆
论,逐步形成司法审判与社会舆论常态化的良性互动。"

　　十八届三中全会决议提出的"加强和规范对司法活动的法律监督

---

　　①　全国人民代表大会常务委员会《关于修改〈中华人民共和国民事诉讼法〉的决定》
第 34 条规定:增加一条,作为第一百五十六条:"公众可以查阅发生法律效力的判决书、
裁定书,但涉及国家秘密、商业秘密和个人隐私的内容除外。"

和社会监督”"拓宽人民群众有序参与司法渠道"等；2014 年 6 月 6 日中央全面深化改革领导小组第三次会议审议通过的《关于司法体制改革试点若干问题的框架意见》要求"加大司法公开力度，强化监督制约机制"；《依法治国决定》提出的"构建开放、动态、透明、便民的阳光司法机制，推进审判公开、检务公开、警务公开、狱务公开，依法及时公开执法司法依据、程序、流程、结果和生效法律文书，杜绝暗箱操作""推进审判公开、检务公开"等，都是顺应了神秘型司法向公开型司法转型的趋向。

《法院四五改革纲要》就"构建开放动态透明便民的阳光司法机制"作出了更加具体的规定，包括：完善庭审公开制度，完善审判流程公开平台，完善裁判文书公开平台，完善执行信息公开平台，完善减刑、假释、暂予监外执行公开制度，建立司法公开督导制度等。2015 年 9 月最高人民法院发布的《关于完善人民法院司法责任制的若干意见》从司法责任制的角度再次强调了司法公开，规定："各级人民法院应当依托信息技术，构建开放动态透明便民的阳光司法机制，建立健全审判流程公开、裁判文书公开和执行信息公开三大平台，广泛接受社会监督。"通过上面的分析可以看出，公开型司法的理念在司法改革的实践中得到了相当程度的践行。

此外，司法公开是建立司法信任、提升司法权威的必然要求。司法信任和司法权威的不足，往往也与司法不够公开相关联。中国法治研究院院长钱弘道教授曾指出："司法公开是衡量法治发展的标尺，是法治社会的本质要求。司法公开是一项宪法原则和基本诉讼制度，是促进司法民主的重要基础，是实现司法公正的基本保障，是树立司法公信的重要途径。在中国共产党执政理念发生重大转变的大背景下，顺应民众需求和尊重司法规律，司法公开具有必然性。""司法越透明，公众越信赖。"[①]

---

① 罗书臻等：《司法公开制度改革：让权力在阳光下运行》，载《人民法院报》2012 年 9 月 17 日第 1 版。

　　司法的公开透明，不仅可以保障人民群众的知情权、表达权、监督权，而且可以通过"阳光司法"推动法院神秘的面纱得以向公众揭开，以看得见的正义的方式，增强司法亲民性和提升司法公信力。

　　从上述材料可以看出，公开型司法是司法转型的一个基本路向，践行司法公开，对于诉权保障具有正向的促进作用。

（五）司法手段的转型：从强力型到协商型

　　中国传统社会的司法过程是封闭的，司法体现的是掌权者的意志，司法的功能更多在于维持一种社会秩序。在这种秩序之下，传统司法中突出的是司法的权力性，即司法人员以权力执掌者的身份对外展现，借助权力者的强势地位，就当事人面临的纠纷作出裁断。而当事人和其他社会主体在这一过程中缺乏表达意见的机制保障，或者即使有发言的机会也难以形成有力的话语。

　　现代法治社会倡行沟通行动理论，顺应社会发展趋势，司法应由强力型向协商型转变。现代社会是多元化社会，价值观和利益追求是不统一的，很大程度上冲突的起源就来自于这种价值观和利益的直接对立。司法过程是社会利益冲突最激化的对峙过程，这时商谈就显得极其必要，并且商谈有利于公正裁判。[①] 因为在现代社会，"如果一个规则体系强加于什么人，那就必须满足新的成员自愿接收它；没有他们的自愿合作，这种创制的权威，法律和政府的强制力就建立不起来"。[②] 现代社会中，法治国家的司法过程就是法律对话的一个典范。正如有学者指出的，"本着私权自治的原则，解决纠纷的方式应当尊重当事人的选择，在当事人试图达成合意的情形下，诉讼信息在司法

---

　　① 刘李明：《司法过程中的商谈与诚信原则》，载《当代法学》2008 年第 1 期；刘李明：《社会舆论与司法审判互动的个案研究》，载《甘肃政法学院学报》2007 年第 6 期。

　　② ［英］哈特：《法律的概念》，张文显等译，中国大百科全书出版社 1996 年版，第 196 页。

者和当事人之间的及时沟通和交流或许可以促成合意。"① 按照德国哲学家哈贝马斯的说法,沟通才是解决社会危机,达致社会和谐的有效路径,"法律不再是基于主权者的意志,而是通过讨论、沟通等对话过程所得到的'理性的意见一致'"②。沟通行动理论在现代法治社会的司法过程中的体现就是,"当出现不同主张之间冲突的时候,把它们转换成法律主张,并且在法庭听证之后以一种具有实际约束力的方式加以裁决,这是不够的"。"除了司法专家的角色之外,它也把政治立法者、行政者和法律共同体(不仅作为公民而且作为当事人)的角色包括进来,因此将其他参与者的视角考虑在内。"③

协商型司法既体现于司法过程的协商性,也体现于司法正义的协商性。当下中国社会转型的大背景,呼唤着和推动着与社会转型相匹配的更具合理性的正义,"协商型正义"由此而得以生发。协商型正义,要求在司法审判中,司法者要尽可能地通过理性协商的方式,与当事人和利害相关人及社会公众展开交流对话,以寻求对法律事件的处理达成一致,进而在各方共同意见的形成过程中一直保持和促成正义。而"对话"本身既是正义的体现也是正义的载体。协商型司法正义,可以让民众(利害相关人及社会公众)的不满情绪及时地通过正常的渠道得以发泄,从而能够缓解冲突,消除某些潜在的隐患,在一定程度上起着"社会安全阀"的作用。借助于协商达致的正义,有助于"通过个案调处机制实现对多元社会的协调与整合功能",使得个案中的公平正义逐步得到更为真切而广泛的社会认同,进而对于司法权威形成和发展发挥重要作用。

2009 年 4 月 13 日,最高人民法院制定《关于进一步加强民意沟

---

① 赵旭东:《民事纠纷解决中合意形成机制的检讨与反思——以当事人视角下的合意为中心》,载《法学家》2014 年第 1 期。

② 阮新帮、林端:《解读沟通行动论》,上海人民出版社 2003 年版,第 2 页。

③ 〔德〕哈贝马斯:《在事实与规范之间——关于法律和民主法治国的商谈理论》,童世骏译,生活·读书·新知三联书店 2003 年版,第 244 页。

通工作的意见》（法发〔2009〕20 号）。2010 年 7 月 13 日，最高人民法院首次以白皮书的形式发布《人民法院工作年度报告（2009 年）》，提出建立健全民意沟通表达机制，一系列热点案件，如成都、杭州等地连续发生的醉驾肇事案，湖北巴东邓玉娇故意杀人案等都被写进了白皮书。这昭示着民意与司法良性互动时代的到来，更表明审判机关没把热点案件中强烈的舆论反弹视为民意干涉司法独立，而是把回应社会关切作为人民法院的分内之事。① 就此有学者进一步指出，法律对司法民意表达的吸收应当是开放的；通过主体间交往理性的认知，达到沟通民意与司法的效果；通过司法中民意表达的认知机制、方法和路径选择，达成国家司法话语权和民间司法话语权的交涉和沟通，实现由舆论法庭走向制度化表达。② 目前，最高人民法院的规范性文件已对协商型司法理念有所体现或提出了明确要求。如：《最高人民法院关于切实践行司法为民大力加强公正司法不断提高司法公信力的若干意见》（法发〔2013〕9 号）第 18 条规定："建立健全司法与社会沟通的平台。各级法院都要开通 12368 电话热线，及时接受和处理群众咨询、投诉、举报，听取意见和建议。加快建设审判流程公开、裁判文书公开、执行信息公开三大平台，适时公布审判活动信息。完善法院领导干部接待日制度和新闻发言人制度，增进社会与法院之间的相互了解、理解与信任。积极开展法院主题开放日活动，主动邀请和组织社会各界代表到法院旁听审判或参观考察，了解法院的审判流程，了解审判工作的特点，了解审判人员的工作状况。"这一条反映了司法正义要注意司法权与民意的协商。第 22 条规定："切实保障当事人行使诉讼权利。贯彻尊重和保障人权原则要求，切实保证当事人依法自由表达诉求，充分陈述理由，适时了解审判进程，批

---

①　沈彬：《邓玉娇案：写入白皮书价值何在？》，载《新京报》2010 年 7 月 15 日第 A03 版。

②　许娟：《中国司法与民意的沟通——基于主体间交往理性的认知》，载《北方法学》2014 年第 3 期。

评、控告侵犯诉权行为等权利。尊重当事人的程序选择权，对依法可以由当事人自主或协商决定的程序事项，应当尽量让当事人自主或协商决定。加强对法律适用的解释、程序问题的释明和裁判活动的说理，裁判文书要认真对待、全面回应当事人提出的主张和意见，具体说明法院采纳或不采纳的理由及依据。在诉讼过程中，对当事人提出的申请或质疑，应及时给予回应并说明理由。"这一条文显然体现了要保障当事人对司法正义形成的参与协商。

协商型司法要求，在尊重司法活动基本规律的基础上，更加凸显主体地位的平等性、各方有效的参与性、全面开放的程序性、合理的表达与沟通机制、结论的合理性等协商特色①。按此理念，法官要鼓励诉讼各方在充分尊重法律原则的基础上，协商选择解决纠纷的方式方法，学会指导当事人沟通交流，以对话取代对抗，共同致力于纠纷的解决。②《四五改革纲要》提出的"健全多元化纠纷解决机制""引导当事人选择适当的纠纷解决方式"等，都在一定程度上体现出协商精神。

（六）司法体制的转型：从地方型到统一型

所谓地方型司法，即司法的地方化或地方主义，具体表现为司法实践中的地方保护主义、部门保护主义等。"司法地方主义的源头之一在于地方党委、地方政府对于审判权和检察权独立行使的不当干预，这种干预借助地方党委对司法干部管理权、地方政府对司法编制和经费的管理权而得到强化"③。司法地方化使得司法权独立行使难免要打折扣，面对一些不当的干预，无论是作为司法机关还是司法官个人均无力抵御。而掌管人、财、物的单位和个人也会有意无意地介入

---

①　徐湘明：《司法权威形成的协商机制》，载《理论与改革》2015年第3期。

②　吉林省高级人民法院：《加快推进司法改革 服务经济发展方式根本转变》，载《人民法院报》2010年8月4日第8版。

③　秦前红：《司法去"地方化"的意义及需要解决之问题》，http://www.lawinnovation.com/html/bwgs/7828941737789.shtml，2013年11月20日访问。

到司法权的行使中。司法的地方化无疑会损害法治的统一，导致法治的碎片化，妨碍以法律为载体的国家意志的贯彻实施。

中共十八届三中全会为推动司法改革，提出了一系列相互关联的新举措，其中包括"改革司法管理体制，推动省以下人、财、物统一管理，探索建立与行政区划适当分离的司法管辖制度……"。司法省内人、财、物的统管是针对司法地方化，建构"司法统管"的具体改革举措。这一举措确实收紧了司法的地方性，而并未完全还原司法的全国性。管理体制应当服务于司法的目的，司法应确保法治在全国的统一运行，应保障社会主体在法律面前人人平等，平等的主体受到平等的司法服务，而不因管辖法院的不同而不同。法院应当是国家的司法机关，而不是地方的司法机关。推动地方型司法向统管型司法的转型，既是推动诉权保障的社会需求，也是顺应司法本身发展规律的要求。《依法治国决定》进一步提出"探索设立跨行政区划的人民法院和人民检察院"，将"探索建立与行政区划适当分离的司法管辖制度"的要求予以具体与深化。这一措施，"凸显审判权作为中央事权的特质，有助于去除人民法院的地方化色彩，确保司法权牢牢掌握在中央手里，确保司法权的统一性、完整性"。[①]

《四五改革纲要》提出了一系列更加具体的举措，如"设立最高人民法院巡回法庭""推动设立知识产权法院""将林业法院、农垦法院统一纳入国家司法管理体系""完善统一领导的军事审判制度"等都体现了统一型司法的理念和要求。此外，纲要还提出："完善法律统一适用机制。完善最高人民法院的审判指导方式，加强司法解释等审判指导方式的规范性、及时性、针对性和有效性。改革和完善指导性案例的筛选、评估和发布机制。健全完善确保人民法院统一适用法律的工作机制。"这些规定都从体制上推进和强化了统一型司法。

其实司法管理体制的统一管理还是地方分管，只是一种形式，而

---

① 韩德强、屈向东：《十八届四中全会司法改革新举措之解读》，载《北京行政学院学报》2015 年第 2 期 。

内在的机理是法律需要统一实施。法律统一实施，是践行"法律面前人人平等"的必然要求。当事人参与诉讼程序，渴望体验的是司法的一视同仁，而不是差别对待。

三　诉权保障视角下司法转型的前提条件

司法转型其实也就是使司法回归司法的本性，司法缘何不能保持和拥有司法的本性，乃是各种外在和内在条件不适宜造成的。而如欲使司法回归司法的本性，就需要满足其本性存在所需的各项条件。

（一）政治文明的进步

如欲让司法有力有效地保障诉权，需要首先从政治的层面与高度认同并支持民众合理的诉权请求。如果政治上不认同你的诉权，即使司法想予以保护，怕也枉然。司法不可能脱离大的政治框架和社会环境。政治的保守或开放，对于司法有着直接的影响。对于司法与政治的关系，最高人民法院副院长江必新先生作过精辟的论述。他指出："政治是人类社会存在的与经济、文化现象并列的一种社会现象（相对应的有政治文明、物质文明和精神文明），是不同的利益主体为了自身的生存、发展，满足自身的利益和需要，或谋求一定的社会地位，而组织、协调、整合社会力量并进行有效合作的活动、过程、措施及其所形成的所有组织设施。政治的本质是不同利益群体或社会力量之间为了实现协调和合作而进行的博弈，在阶级社会表现为不同阶级或阶层之间的妥协与斗争，在有政权存在的国家中，则集中表现为各种政治力量围绕统治权所进行的博弈。""司法现象是政治现象的组成部分，司法活动本身属于广义上的政治活动。因此，司法与政治发生关系是不以人们意志为转移的。司法权是政治权力的组成部分；司法本身就是政治的创造物；司法的结构和布局是应政治的需要而构成的；司法是政治过程的一个环节；政治力量决定着司法机构的人员组成；司法承载着重要的政治功能；主流政治意识形态实际影响着司法的运作过程；司法权离不开政治力量的支撑和保障。总之，完全独立于政治的司法事实上是不存在的。"①

毫无疑问，司法与政治之间具有必然的、不可避免的关联，并且"转型期的中国司法改革与政治改革之间呈现的是互为依存的关系"②。其实，"无论司法的时空背景与具体形态有何不同，真正推进司法制度建构与变革的最基本动因，永远来自其背后所隐藏的强大的政治权力与政治诉求"，并且，"作为政治机构的一部分，法院必然无法完全独立于行政与立法等其他政治权力，司法独立只能是有限度的"。③ 中国司法改革一直是作为执政党和国家一项重大部署予以推进的，政治上的决策不仅是推动司法改革的重要动力，也是关系司法改革方向与具体效果的决定性力量。1997 年，党的十五大报告指出："推进司法改革，从制度上保证司法机关依法独立公正地行使审判权和检察权，建立冤案、错案责任追究制度。加强执法和司法队伍建设。"这是官方首次明确提出司法改革的主张。2002 年，党的十六大报告进一步明确要"推进司法体制改革"。2003 年 5 月，中央政治局常委召开会议专门讨论司法改革问题。5 月中旬，中央政法委组织专家进行讨论，并宣布成立由罗干担任组长的中央司法体制改革领导小组，指导全国司法体制的改革。这标志着主导中国司法改革进程的核心机构的诞生，也意味着一种全新的、自上而下的司法改革模式的确立。④

当然，主张政治对司法的影响，绝不意味着司法应当完全听任政治的支配和摆布，更不意味着各类政治力量可以凭借自身力量随意对

---

① 江必新：《论处理司法与政治关系的基本准则》，载《人民法院报》2009 年 9 月 15 日，第 5 版。

② 季卫东：《司法与政治改革互为依存》，载《政府法制》2010 年第 8 期。

③ 于明：《"政治"地理解司法——读夏皮罗〈法院：比较法上与政治学上的分析〉》，载苏力主编《法律书评》（第 9 辑），北京大学出版社 2011 年版，第 1—21 页。

④ 吴小亮：《新一轮司法改革全面启动》，载《财经》2004 年第 1 期。

司法进行干预或施加影响。然而，必须清醒地看到司法与政治的现实关系，也必须明白司法和政治之间理性规则的建立，以及司法与政治良性互动的实现，更多地有赖于政治文明的进步，即司法转型的前提是政治文化要昌明。正如姚建宗教授所说，"实际上，在任何社会中，当其社会改革和政治改革并没有达到相应的广度和深度的时候，司法本身始终是处于弱势的，司法改革本身很难自我提升并产生良好效果。"相反，在作为其基础和前置条件的社会改革和政治改革没有实现的时候，具有各种法律神话意境预设的司法改革（如"中国的司法改革能够极大地满足广大人民群众不断增长的司法需求""中国的司法改革能够实现社会公平正义""中国的司法改革能够实现和谐司法""中国的司法改革能实现司法独立""中国的司法改革能够推动中国全面的政治改革与社会改革"等）是无法真正成功的，其种种措施和方案也不过是水月镜花。①

　　包括司法改革在内的任何改革都离不开政治改革。中国改革开放的总设计师邓小平对政治体制改革的重要性早有洞见。"要得到发展，必须坚持对外开放、对内改革，包括上层建筑领域的政治体制的改革。"（《加强四项基本原则教育，坚持改革开放政策》1987 年 1 月 20 日）② "所有的改革最终能不能成功，还是决定于政治体制的改革。"（《在全体人民中树立法制观念》1986 年 6 月 28 日）③ "不搞政治体制改革不能适应形势。改革，应该包括政治体制改革，而且应该把它作为改革向前推进的一个标志。"（《在听取经济情况汇报时的谈话》1986 年 6 月 10 日）④ 政治改革的推进需要政治文明的进步，而现实政治的开明，尤其是主要政治领导人的远见卓识，都发挥着举足轻重的作用。

---

① 姚建宗：《新时期中国司法改革反思》，载《财经》2012 年第 22 期。
② 《邓小平文选》（第 3 卷），人民出版社 1993 年版，第 202 页。
③ 同上书，第 164 页。
④ 同上书，第 160 页。

　　当前中国的政治环境为司法转型提供了重要的基础性前提。2013年 11 月 12 日中国共产党第十八届中央委员会第三次全体会议通过的《中共中央关于全面深化改革若干重大问题的决定》明确提出,"紧紧围绕提高科学执政、民主执政、依法执政水平深化党的建设制度改革,加强民主集中制建设,完善党的领导体制和执政方式,保持党的先进性和纯洁性,为改革开放和社会主义现代化建设提供坚强政治保证"。并提出,"科学的宏观调控,有效的政府治理,是发挥社会主义市场经济体制优势的内在要求。必须切实转变政府职能,深化行政体制改革,创新行政管理方式,增强政府公信力和执行力,建设法治政府和服务型政府"。尤其还提出了加强社会主义民主政治制度建设、推进法治中国建设、强化权力运行制约和监督体系、创新社会治理体制,强调"必须构建决策科学、执行坚决、监督有力的权力运行体系,健全惩治和预防腐败体系,建设廉洁政治,努力实现干部清正、政府清廉、政治清明"。① 这些都体现了当代中国政治文明的进步。十八届三中全会公报指出:"全面深化改革的总目标是完善和发展中国特色社会主义制度,推进国家治理体系和治理能力现代化",还提出要维护宪法法律权威,深化行政执法体制改革,确保依法独立公正行使审判权检察权,健全司法权力运行机制,完善人权司法保障制度。开明的政治,为法治的转型和司法的科学运行提供了政治保障。

(二) 中国法治的转型

　　法律不独立也就不可能有司法独立。司法是法治中的重要一环,司法改革与发展必然要以法治为背景和依托。姚建宗教授在系统反思新时期中国司法改革的基础上提出,"新时期中国司法与司法改革的真正前景,在实质上取决于执政党是否真正坚定不移地实行真正的法治,是否坚定不移地坚持依法执政和依宪执政,是否坚定不移地坚持

---

　　① 《中共中央关于全面深化改革若干重大问题的决定》,http://news. xinhuanet. com/politics/2013-11/15/c_ 118164235. htm, 2013 年 11 月 16 日访问。

塑造并维护宪法和法律的至上权威。"姚建宗教授还以其一贯的饱含哲理又富有激情的语句提及，"无论就中国的司法改革而言还是就中国的法治而论，对于中国法学学术界和包括司法在内的中国法律实践界来说，目前和今后最为重要的学术与政治的双重任务就是，用精炼而严谨的逻辑论证和来源于历史与现实的实践经验教训来说明，中国社会稳定和发展的根本出路在于法治，只有真正实行法治，才可能规范而稳妥地推进中国的民主政治和宪政的渐进发展，才可能真正实现中国社会的长治久安，也才可能真正实现全社会的和谐。更重要的是，只有真正实行法治，才能为作为执政党的中国共产党对中国特色社会主义事业的领导提供既符合历史事实与客观逻辑，又兼顾中国国情与全球化时代诉求，还充分融合人类文明共同价值观念与中国固有文化传统的政治合法性基础。"①

"实行依法治国，建设社会主义法治国家"已是中国执政党和政府以及中国人民一致的主张和诉求。上述中国司法转型的实现，需要法治的转型，即从传统法治到现代法治的转型，即推进从"以法而治"和"依法而治"到"良法善治"与"和谐法治"的历史性、根本性转型，构建和谐法治。按照张文显先生的分析，构建和谐法治，"是从工具主义的'以法而治'和'依法而治'到'良法善治'，以法律的'人性化''人文化''人权化'消解'法律暴政'（压制型法治）；以协商型、回应型法治替代形式主义、机械主义的自治型法治，实现形式正义与实质正义的统一；以体现人类社会公共治理先进理念和法治文明核心要素的和谐法治，来推进中国法治转型和人类法治文明的进步"。"要推进形式合法性和形式正义的法治转型，即转向良法善治，善待个人，善待社会，善待自然，除了要坚持宪法法律至上、法律面前人人平等、司法机关依法独立行使职权等法治的形式要件外，要更加重视法治的实质要件。善治就是让法律止于至善，让社会臻于至善。""必须彻底否定以阶级斗争为纲的法律观，要否定工具

---

① 姚建宗：《新时期中国司法改革反思》，载《财经》2012 年第 22 期。

主义的法治观，既要重视法律的政治性也要注重甚至要更加注重法律的公理性。""要讲法律的政治要素、政治基础、政治功能，但同时要更加注重法律当中的正义、公平、自由、人权、道德价值等等。""要使我国的法律实践、法治建设，充分体现民主精神、共和精神、自由精神、正义精神、理性精神、和谐精神等。"①

当然，法治的成功转型是与相应的法治环境的形成与优化，以及法治精神的培育和深入人心相伴随行的。"中国社会主义法治建设的推行，要坚持两手抓，两手都要硬，不仅应当关注物质的规范、制度、组合的完善，更要特别关注建构相应的社会公共话语，并以此为载体培育社会主体健康的法治心态与法治情感、法治精神与法治的思维方式。"② 法治精神培育与法治环境优化是推进法治转型的两翼。当代中国法治能否成功转型，不仅取决于有利的法治社会环境，更有赖于法治精神对社会的渗透程度。法治精神培育，必须构建法治精神的核心要素、塑造公民法律信仰、树立科学的法治观。法治环境优化，必须健全民主政治、完善市场经济、培育理性文化，改善法律运行环境，并始终坚持以法治精神培育为内在灵魂。法治精神培育与法治环境优化是相互促进、包容共生的关系③。法治精神培育既是法治环境优化的内在坐标，也是法治环境优化的内容和目标。适宜的法治环境是法治精神生存和生长的土壤，而法治精神则是法治环境优化的前提和保障。某项优化法治环境举措的选择和采用，必须体现着一种法治精神，即是法治精神、法治理念、法治思想的具体体现；反过来，法治精神的培育，也要依靠一定的法治环境来体现和实现，否则就只能是"纸上谈兵"。在推进法治转型的进程中，应一手抓法治环境优化，

---

① 张文显：《中国社会转型期的法治转型》，载《国家检察官学院学报》2010 年第 4 期。

② 姚建宗：《法治的生态环境》，山东人民出版社 2003 年版，第 255 页。

③ 南振兴、王岩云：《法治精神培育与法治环境优化》，载《河北经贸大学学报（综合版）》2006 年第 1 期。

一手抓法治精神培育，并将两者紧密结合。

　　法治的转型，体现在法治的系统性和在整个治理系统中的根本性地位得到认识和社会的广泛认同。法治理念从一元治理向多元共治转变。"政府不再只是治理的主体，而且也是被治理的对象；社会不再只是被治理的对象，也是治理的主体。"从一元单向治理向多元交互共治的结构性变化，意味着我们不仅于思想观念上不再走人治的老路，而且于政治生态上铲除了人治隐形存在的可能，最终使那种仅停留在口头上的法治无所依凭。国家治理、政府治理、社会治理的基本方式必然是法治，国家治理、政府治理、社会治理的现代化有赖于各个领域的法治化。要以法治的可预期性、可操作性、可救济性等优势来凝聚转型时期的社会共识，使不同利益主体求同存异，依法追求和实现自身利益最大化。要努力推动形成办事依法、遇事找法、解决问题用法、化解矛盾靠法的良好法治环境，在法治轨道上推动各项工作。要广泛开展依法治理活动，提高社会管理法治化水平。要提高领导干部运用法治思维和法治方式深化改革、推动发展、化解矛盾、维护稳定的能力。要建立决策科学、执行坚决、监督有力的权力运行体系，健全惩治和预防腐败体系，建设廉洁政治，努力实现干部清正、政府清廉、政治清明。要形成科学有效的权力制约和协调机制，加强反腐败体制机制创新和制度保障，健全改进作风常态化制度。要深化司法体制改革，加快建设公正高效权威的社会主义司法制度，维护人民权益。要维护宪法法律权威，深化行政执法体制改革，确保依法独立公正行使审判权、检察权，健全司法权力运行机制，完善人权司法保障制度。① 毫无疑问，法治乃是一个系统，法治的转型需要方方面面的协调推进。

---

　　① 江必新：《推进国家治理体系和治理能力现代化》，载《光明日报》2013 年 11 月 15 日第 1 版。

（三）司法能力的提升和司法信任的确立

必须承认的一个基本事实是，"中国的司法机关、司法官员、司法活动还不具备足够的权威，还没有足够的实力与能力来真正满足社会公众的法律与司法需求"。而要提升司法能力，建立司法信任，需要从以下几个方面入手：

1. 增强司法机关与司法官员的精神独立意识与自我的社会身份认同

司法机关和司法人员作为司法主体，其自我认知对于司法生态和司法转型都具有非同寻常的意义。姚建宗教授曾深有洞见地指出："就新时期的中国司法改革的未来前景而言，司法机关与司法官员的精神独立意识与自我的社会身份认同比司法独立的任何物质性的制度设施建构更为重要和关键"，"在我国司法机关及其司法官员本身在精神上缺乏独立的生存意识与社会身份认知的情况下，以司法独立为核心的司法改革诉求是没有任何前途和出路的"。然而现实的情况恰恰是，"一方面，中国的司法机关及其司法官员在精神上就没有真正的'司法独立'的自我认知与自我的社会身份定位，也就是说我国的司法机关及其司法官员在精神生存层面根本就没有'独立'的观念与自我意识支撑；另一方面，中国的司法机关及其司法官员从其生存发展的政治环境与伦理道德环境来看，实际上也没有动力并且不希望将自身凸出于整个社会组织的生态环境之中，成为众矢之的"。[①]增强司法机关与司法官员的精神独立意识与自我的社会身份认同，是推动司法转型的一个关键环节。

2. 牢固树立司法权威

人们对于司法权威有着各种各样的表述。"司法权威是指司法机关的裁判在解决争讼的活动中所应当具有的权威性和公信力。""司法权威是确保司法权能够成为社会纠纷最终解决机制的有力保障。司法权威

---

① 姚建宗：《新时期中国司法改革反思》，载《财经》2012 年第 22 期。

与司法公正、司法高效一起，共同构成了社会主义司法制度的本质特征，同时也是社会主义司法制度充分发挥职能作用的重要保障之一。"①树立司法权威必须以切实提升审判工作质量和司法能够切实满足社会需求为基础。只有人民法院对符合立案条件的案件做到及时立案，保障诉讼救济渠道的通畅顺利，有效维护和保障民众的诉权，才能使民众认同司法权威的必要性。人们行使诉权，期待司法机关依法公正高效地处理，如果不能做到依法公正高效地处理案件，虽然表面上看最直接的"受害者"是诉诸法庭的当事人，其实真正"受伤"的是"司法权威"。"威"来自"信"，司法只有取得人们的信任与信服，才能产出"威"。司法要想有威信，就必须办好案、办对案、不办错案。

司法公正是司法的生命线，既是司法权威的内在要求，也是司法权威的外在体现。根据《中华人民共和国法官职业道德基本准则》（最高人民法院 2001 年 10 月 18 日发布，2010 年 12 月 6 日修订后重新发布）的规定，要保证司法公正，法官在职业道德方面应当做到以下几点：（1）坚持和维护人民法院依法独立行使审判权的原则，客观公正审理案件，在审判活动中独立思考、自主判断，敢于坚持原则，不受任何行政机关、社会团体和个人的干涉，不受权势、人情等因素的影响（第 8 条）；（2）坚持以事实为根据，以法律为准绳，努力查明案件事实，准确把握法律精神，正确适用法律，合理行使裁量权，避免主观臆断、超越职权、滥用职权，确保案件裁判结果公平公正（第 9 条）；（3）牢固树立程序意识，坚持实体公正与程序公正并重，严格按照法定程序执法办案，充分保障当事人和其他诉讼参与人的诉讼权利，避免执法办案中的随意行为（第 10 条）。司法权威与法律权威密切相关，司法权威的树立要求司法部门和司法者始终能坚守法治的底线，本着客观公正的原则审理案件。

3. 切实提高司法效益

按照蒋惠岭和刘静的研究，"提高效率是对所有国家公职人员的

---

① 谭世贵：《如何树立司法权威》，载《人民日报》2008 年 10 月 17 日第 7 版。

一项普遍性的职业道德要求。它意味着所有与公众利益发生关系的国家机构，均应以快捷的速度和经济的成本运转，以最小的成本获得最大的效益，实现国家机关的根本目的。法官也不例外。《中华人民共和国法官职业道德基本准则》将提高司法效率作为法官职业道德的义务予以规定。"①《法官职业道德基本准则》有关法官提高司法效率的具体要求主要体现在第 11 条的规定，"严格遵守法定办案时限，提高审判执行效率，及时化解纠纷，注重节约司法资源，杜绝玩忽职守、拖延办案等行为。"提高司法效益，要求法官勤勉敬业，在职权活动中充分考虑效率因素，不仅应自身改进工作作风，而且还应监督、引导当事人及时完成各项诉讼活动。

4. 严惩和预防司法腐败

司法腐败是对司法的最大背离。我国司法腐败现象有所蔓延，有的地方甚至有恶化的趋势，极大地损害了司法的公正性。司法腐败往往是"利用司法权力贪污受贿、徇私枉法，违法办理人情案、关系案和金钱案"，对于当事人诉权而言有着严重的损害。严格惩处各类司法腐败，是确立司法信任和提升司法能力的基本要求。

（四）司法人员的知识转型及其素质提升

法院的形象和能力的提升，司法权威与司法信任的建立，都离不开人的因素，最关键、最直接的就是法官。法治发达国家国民诉权保障的发达与周延，不仅要归功于其法治本身的完善和其司法环境的优越，而且与其优质的司法制度和法官的优秀品质密切相关。以德国为例，德国民事司法高负荷、高效率运转，不仅归功于法律的齐备完善、诉讼制度设计的良好衔接与配套，还仰赖于合理的司法管理体制。德国坚实的法学教育为司法实务输送了一批高专业素养的法官。②

每一名法官的言行举止时刻可能会受到当事人和社会的关注，一

---

① 蒋惠岭、刘静：《提高司法效率》，载《人民法院报》2001 年 11 月 2 日第 3 版。

② 贺卫方：《法边馀墨》，法律出版社 2003 年版，第 9 页。

举一动都直接关系到法院和司法的形象和声誉。对于法官，不仅仅是赋予权利，而且要加强监督和管理，不仅法官个人要严格自律，而且要通过法规制度规范法官的言行。要建立重责主义下的法官职业风险，相应立法规定法官违背宪法、法律和职业道德伦理的法律和纪律后果。然而，因没有法律与政策应用评估报告，许多现成法律与政策条文根本无法付诸实施。如"应当立案而不立案的情形应当给予法官警告乃至记大过的处分"，究竟在实践中的应用评估结果如何，恐怕在大多数情况下也只是流于空洞的政策法规具文。单纯从这一意义上说，法官职业因处于轻责主义环境而使其风险控制完全在自我，从而使其在风险减低的环境下可以放松自我的法律和政策约束，侵害人民诉权的行为难免不时发生。因此，必须建立法官职业风险中的重责制度，以制约违法违规法官的不当行为，同时通过优胜劣汰机制，吸纳优秀法律人才进入法官队伍，并自觉接受制度约束。需要指出，重责主义并非单纯从立法上加大对法官违法行为的惩罚性规则容量，而是在执法上应当严格使现有立法和政策资源在实践中得到有效配置，并能够成为真正的"活法"而非"死文"。[①] 法官的素质和知识结构，很大程度上与法官的遴选机制密切相关，甚至可以说是其形塑。法官必须由单纯的适用法律的机器向总结司法经验和审判规律的层面发展，通过理论与经验的结合提高调研水平和理论水平，加强法律适用研究，以理论指导实践，以实践丰富理论，从而提高解决复杂疑难案件的能力。[②] 司法人员的知识转型要求对司法人员的管理体制由干部理念向司法理念演变，而司法人员的素质提升则要求逐步实现由适用型法官向创造型法官的转变。

---

① 李绍章：《论"只收状子不立案子"》，http：//www. dffy. com/faxuejieti/ss/201001/20100101075424. htm，2012 年 10 月 24 日查阅。

② 张文显：《人民法院司法改革的基本理论与实践进程》，载《法制与社会发展》，2009 年第 3 期。

第七章

诉权保障的法经济学分析①

著名法经济学家波斯纳曾说过："'人是其自利的理性的最大化者'，这一概念暗示：人们会对激励（incentive）作出反应，即如果一个人的环境发生变化，而他通过改变其行为就能增加他的满足，那他就会这样去做。""诉讼当事人进行诉讼行为也是基于利益的激励。"②的确，在现实社会生活中，人们行使诉权，总是在有意无意或自觉不自觉地进行着成本效益的核算。实际上，诉权的产生、演变和消失无不蕴含着一定的经济逻辑。正如有学者所说："诉权虽然是一个神圣的概念，但倘若成本过高，则不值得拥有。一般说来，只有使用诉权的成本与收益相匹配即符合效率原则时，诉权才会被赋予。"③ 本章则尝试运用法经济学的原理对诉权保障问题进行探索。

一　确保司法正义，降低社会治理的成本

诉讼成本，不仅包括当事人为之付出的私人成本，而且还包括社会成本。社会正义是一个社会得以存续的底线。"一个社会，无论效

---

① 本章内容曾以《诉权保障的法经济学思考》为题，发表于《经济与管理》2009 年第 8 期。

② ［美］波斯纳：《法律的经济分析》，蒋兆康译，林毅夫校，中国大百科全书出版社 2002 年版，第 4 页。

③ 徐昕：《诉权的经济分析》，载《云南大学学报（法学版）》2007 年第 4 期。

益多高、多大，如果它缺乏公平，则我们不会认为它就比效益较差但较公平的社会更理想。"① 即使是法律经济学的集大成者波斯纳，在界定效率的时候仍然没有忘记正义："我所界定的效率就是一个足够的正义概念。"② 只有确保司法正义、公正裁判，才能建立起民众对司法和法治的信赖。"司法的腐败，即使是局部的腐败，也是对正义的源头活水的玷污，如果不能得到及时有效的矫正，将足以动摇法治的根基。人们会由信任司法、诉求司法转而对司法乃至对整个法治作出否定性评价，于是只好求诸于所谓的'贤明的人治'或干脆任何治理方式也不要。"③

现实中，诉权若不能通过正常程序得到伸张，必然寻求其他途径予以舒展。窒息了一个诉权，就增加了一份不满和怨恨，这种对司法失望甚至绝望的后果则将由社会承担。自认为满腹委屈又无处申冤的当事人极有可能采取过激方式，以违法甚至犯罪的方式进行"自力救助"，这无疑将增加社会的混乱。或者当事人抱定"小闹小解决、大闹大解决"的信念，无休止地信访、上访，找当地及上级甚至中央级的党委、人大申诉喊冤，要求党委和人大为他们主持正义和公道。党委、人大的领导可能基于各种理由责令司法机关对案件进行重新调查处理，司法机关不但需要再审改判，而且还须不断地向人大、党委汇报。这不仅仅是重复劳动，降低了效率，而且上访"有效"还将"激励"更多的上访，必将导致司法权威下降，更增大了社会综合治理的成本。同时，确保司法正义不仅可以降低社会治理的成本，而且还会减少当事人参与诉讼的非正常支出（请客、送礼、贿赂法官等）。此外，当法官疲于应付督办案件的汇报时，也将无暇顾及正常的审判业务，而这将会直接影响到急需诉权保障案件的审理，损害当事人的诉

---

① ［美］罗尔斯：《正义论》，谢延光译，上海译文出版社 1991 年版，第 95—96 页。

② ［美］波斯纳：《正义/司法的经济学》，苏力译，中国政法大学出版社 2002 年版，第 56 页。

③ 夏勇主编：《走向权利的时代》，中国政法大学出版社 2000 年版，第 186 页。

权。因此，确保司法正义，从经济学上看乃是一项十分有效益的行为。

而要保证司法正义，则首先须从关注法官行为入手。因为一切行为都是人的行为，一切制度都要由人来执行。防范司法腐败，确保司法公正，必须从人，即司法者——法官入手。正如学者已指出的：司法过程主要是围绕法官来进行的。因此，把法官视作"经济人"是对司法过程进行经济分析的基础。实际生活中的法官既不是输入案件事实和法律条文后"吐出"判决的"自动售货机"，也不是公正无私、恪尽职守的"道德人"，而是实实在在生活于社会中的世俗的人，是有可能会办理各种"关系案""人情案""金钱案"的经济人。① 所以，要确保司法公正，必须从法官的角度建立充足的激励和有效的约束，其重点就在于建立司法独立和审判独立的外部制度环境，形成法官优厚的职务保障制度以及严厉的法官违法失职惩戒制度。

二　关注司法效率，优化诉讼程序的设计

波斯纳指出："正义的第二种涵义——也许是最普通的涵义——是效率。"法律谚语也有"迟到的正义不是正义"和"迟到的正义，意味着正义的贬值"等说法。所以，我们追求的司法正义，应该是一种有效率的正义。"司法的及时是现代司法特征之一，体现了国家、诉讼当事人和社会公众对诉讼过程和结果时间上的期望和要求，关系到司法的公信度。"② 诉讼周期是决定司法效率的一个重要参数。诉讼周期的长短，关系到投入到诉讼领域的资源耗费——诉讼周期越长，耗

---

① 冯玉军：《法经济学范式》，清华大学出版社 2009 年版，第 458 页。
② 张柏峰：《司法公正与效率价值的时代精神》，载肖扬主编《公正与效率的法理研究》，人民法院出版社 2002 年版，第 28 页。

费的诉讼资源就越多；而且，诉讼周期的长短还关系到社会关系的稳定与否——一般而言，缩短诉讼周期是减少社会震荡的有效措施之一；诉讼程序的繁简与诉讼费用的高低直接反映了诉讼效率。① 在具体的实践过程中，诉讼周期动辄几年甚至十几年的情况屡见不鲜，如案情并不复杂但反复诉讼的"焦作房产纠纷案"就是典型。本来是一个普通民事纠纷却经历了民事、行政两种诉讼，三级法院（焦作市山阳区、焦作市、河南省），十八份裁判，一个案子十多年过去了仍然没有终结，被称为"超级马拉松诉讼"。② 从诉讼程序的角度来看，冗长、拖沓的程序不仅仅是时间的迟延，而且可能导致成本和费用的增加。有些当事人有时虽想通过司法程序解决争议，但也因害怕"诉累"而不愿通过诉讼来解决纠纷。由此可见，诉讼迟延问题已成为困扰诉权保障的顽疾。诉讼迟延不仅是中国的问题，而且是个世界性问题。"'二战'以来，西方国家纷纷将缩短诉讼周期作为程序改革的一项重要内容，有的国家如日本、美国甚至把'迅速裁判'规定为当事人的宪法权利。"③

　　一般而言，诉讼程序越是迅速和及时就越是公正和有益。因此，民事简易程序和小额程序作为迅速解决简单民事案件而设立的专门诉讼程序，越来越受到法学理论界和司法实务部门的重视。扩大简易程序，确立小额程序，成了较为"经济"的制度选择。研究表明④，简易程序对于缩短诉讼周期有显著作用，案件的繁简分流有助于诉讼效率的提高。根据案件的性质和繁简而设置相应的程序，可以实现简化诉讼程序，诉讼周期也会相应地缩短。日本有关民事审判数据就证明

---

① 李彩红：《关于提高诉讼效率的思考》，载《理论前沿》2008 年第 7 期。

② 案件详情参见王贵松主编《行政与民事争议交织的难题——焦作房产纠纷案的反思与展开》，法律出版社 2005 年版。

③ 章武生等：《司法现代化与民事诉讼制度的建构》，法律出版社 2000 年版，第 71 页。

④ 王福华、融天明：《民事诉讼审限制度的存与废》，载《法律科学》2007 年第4 期。

了这种做法的成效。如图 1 所示①，在 2001 年，简易法院近 90% 的案件可以在三个月内审结，超过 12 个月审结的案件不过 0.5%；但是地方法院中，三个月内审结的案件不到 45%，超过 20% 的案件审结时间长于 12 个月（其中 7.2% 的案件审结时间超过 24 个月）。目前，诉讼周期过长的原因是多方面的，既包括程序配置不合理，又包括审限过长。优化诉讼程序，重点应关注以下几点：（1）扩大简易程序的适用范围；（2）确立小额程序；（3）适当压缩一审、二审的审理时限。

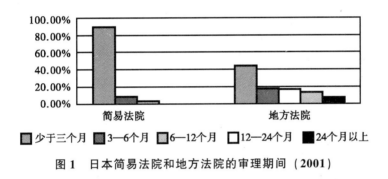

图 1　日本简易法院和地方法院的审理期间（2001）

三　改革诉费制度，排除接近司法的经济障碍

当事人行使诉权时，不仅关注是否能够胜诉，而且还十分在意获得胜诉所要承担的成本。经济学视野中的理性的经济人在做出任何行为时都会对行为与自身利益的关系作出一个预先的判断，有益还是无益。要不要"打官司"不仅仅是争口气的问题，更是一种利益的考量与权衡——计算投入与产出，看看是否"划算"。因此，诉讼费用可以说是当事人接近司法、实现正义的"门票"。在我国，诉讼费用过高以及费用分担不合理是制约当事人诉权充分行使的重要因素。"打

①　数据来源：［日］六本佳平：《日本法与日本社会》，刘银良译，中国政法大学出版社 2006 年版，第 217 页，图表 10-9ab。转引自王福华、融天明《民事诉讼审限制度的存与废》，载《法律科学》2007 年第 4 期。

不起官司"一直是民众反映强烈的一个难点问题。

案件受理费是当事人交给法院的诉讼费用的主要类别。尽管国家针对实践中出现的当事人难以负担诉讼费用的问题,要求各级人民法院切实执行诉讼费用减、免、缓制度,以确保当事人依法顺利地行使诉权,平等享有国家司法资源。然而,现实的问题是,诉讼费用减、免、缓制度与法院的既得利益之间形成了尖锐的冲突。实行"收支两条线"之后,当事人的诉讼费用直接交财政专户,表面看来诉讼费用的收入与法院的收入没有关系。但是,财政部门根据审批的诉讼费用收支计划以及诉讼费用缴入财政专户的进度,将收取的部分诉讼费作为"业务补助经费"定期核拨给法院适用。因此,法院经费的多少无疑与当事人向财政专户交纳的诉讼费用的数量、进度直接有关。并且由于受到地方财政整体性短缺的制约,在短期内改变这种模式是不现实的。而这种模式的恶果之一就是我国法院及其司法行为在实践中呈现出明显的企业化倾向,一个极端的表现是,法院将最大限度地收取诉讼费用作为司法权行使的"对价","经济效益"优先的价值取向在诉讼费用的征收上暴露无遗。在收取诉讼费用的利益驱动下,实践中出现法院抢案做的现象也就不足为奇了。在这样的背景下,诉讼费用的减、免制度能否在实践中得到法院长期的、不折不扣的执行,毫无疑问是值得质疑的。[①] 法院自身利益与诉讼费用收取直接关联,不但难以克服法院的寻租行为,相反它构成了法院寻租的制度"激励"。

另外,当事人的诉讼支出不仅包括当事人向法院交纳的案件受理费,还包括当事人支付的律师费。随着社会分工的不断细化,以及社会关系的日益复杂,当事人聘请律师成为行使诉权的必需。律师费无疑成为诉权行使的必要成本。对于那些因经济困难而无力聘请律师的当事人,因无本可言,也将遭遇诉权的障碍。并且,我国目前尚未建立律师费用转付制度,律师费通常由聘请律师的当事人

[①] 陈洪杰:《司法改革与诉权保障》,载张卫平、齐树洁主编《司法改革论评》(第7辑),厦门大学出版社 2007 年版,第 147—159 页。

自己承担，无论胜诉还是败诉。律师费成为了"有理"当事人的额外负担，由于不存在预期收益，自行承担律师费严重影响了当事人的诉权保障。

针对诉讼费用对当事人行使诉权的制约问题，笔者认为，要排除接近司法的经济障碍，必须确立科学的诉讼费用制度。目前，重点应做好以下几点：（1）加大财政支持力度，克服法院寻租行为；（2）免除案件受理费，降低当事人接近司法的门槛；（3）健全法律援助制度，保障诉权利益；（4）建立律师费用转付制度，即由法院判决败诉方承担胜诉方的合理律师费。

四　构筑多元解纷机制，减少诉讼垄断的弊端

从经济学角度看，垄断者在市场上能够随意调节产品的价格、质量与产量，通过控制产品的价格、质量或产量来最大化自己的利润。这必然导致为谋求垄断利益而产生垄断价格，从而使垄断者提供的商品或服务质次价高。法院对于诉讼纠纷的裁决，在一定意义上也可以看作是在提供争议纠纷解决的审判服务。诉讼的垄断也极易引起与市场垄断类似的效应，如滋生了法院门难进、脸难看、事难办的现象，也带来了司法人员工作方法粗暴、办事态度蛮横、诉讼成本太高、司法腐败等诸多弊病。

根据经济学原理，只有打破垄断、实现充分竞争才能实现市场经济的效率最大化。诉讼机制内存在着与生俱来的宿疾、弊病，而且在诉讼体系内难得到彻底根治；而各种非诉讼的替代性纠纷解决机制有着各自的专长和优点。因此，引入多元纠纷解决机制，排除诉讼垄断，有助于实现社会救济资源的优化配置。正如学者指出的，"针对复杂的社会不公正现象和救济难易程度，建立可以竞争替代和功能互补的动态高效的解纷机制，有利于从总体上降低救济成本，提高救济资源的有效利用率"。"在社会生活中，当事人可以采取协商和解、调

解、仲裁、行政调解、司法诉讼等多种解决纠纷机制来救济自己的权利缺损，这些解纷方式的功能、目标及其对法律资源的消耗量各不相同，并可相互替代。"① 当社会中存在多种救济方法时，从经济学的角度，为了节约资源，有理性的当事人必然会基于趋利避害的本能，尽可能选择成本低、服务好的方法，而回避成本高、质量差的方法，即在各种纠纷解决机制中，哪一种的成本更低或者更有利于实现当事人的目的，有理性的当事人就会倾向于选择哪一种纠纷解决方式。这样，在一定意义上就使各种非诉讼纠纷解决方法与诉讼之间不仅存在合作关系，它们共同分担着解决社会纠纷、维护社会稳定的功能，而且也形成了竞争关系，彼此分摊着有限的纠纷解决的市场。每一种解纷方法，为了在竞争中存续和壮大，就需要不断提高自己的质量，改善自身的服务，而一种方法采取改进服务的努力又会推动其他方法的跟进改善，只要其他方法不想被淘汰出局。如仲裁与民间调解机关，既没有公权力为支撑，又缺乏公共财政的支持，作为民间组织，它们为了谋求自身存在与发展必须努力促进救济质量的提高和争取更多的救济活动。仲裁组织和民间调解组织的努力，会迫使司法机关和司法人员努力改善自己的服务——提高自己的办案质量和办案效率。由此可见，完善的、多元化的纠纷解决机制，不仅直接"排忧解难"，而且可以从另一个角度维护当事人的诉权。

五　规制诉权滥用，建立依法行权的制度激励

滥用诉权，是保障诉权的负面产物。法律授予当事人诉权，旨在当其权利遭到侵害时，可以寻求法律救济，然而，一旦权利人滥用其所享有的诉权，任意挥舞诉权之剑，则必然伤及其他，造成对其他当事人诉权行使的妨碍。"权利行使——滥用权利——处罚滥用者、保

---

① 冯玉军：《法经济学范式》，清华大学出版社 2009 年版，第 460—461 页。

护受害者，这本是一个顺理成章的过程，但这在我国却并非这么简单：现有的法律制度未对诉权以及滥用诉权进行明确界定，对滥用诉权者的处罚和对受害者的保护也缺乏相应的法律规定，受害者在受到侵害后难以寻求法律保护，而滥用诉权者无须承担相应的法律责任，从而造成了权利滥用者的恣意和受害者的无助，这无疑又在客观上促使和纵容了诉权滥用。"① 由于缺乏具体的、有效的约束制度，我国自20 世纪 80 年代以来发生了大量的滥诉案件，且有愈演愈烈的趋势。如今，诉权的滥用竟达到了惊人的程度，有的因进行正当的批评却被推上被告席，有的因揭露一些虚假行为被猛烈滥诉。"乱打官司"等滥用诉权的行为已成为一种公害。它使无辜的公民、法人及组织的权益遭受不应有的侵害，使现存和谐的秩序出现裂缝，使善良的人们受到莫名的损伤，内心平静的心态和平静的生活横遭骚扰。② 在实践中，滥用诉权有多种表现形态，如缠诉、无故拖延诉讼等。笔者曾为某煤矿企业代理过一起劳动争议纠纷。该矿企业一名外地民工在井下作业时被挤受伤，摘除了一个肾脏。而该企业不顾笔者"尊重事实，依法赔付"的力劝，也不惜劳动仲裁费、诉讼费和代理费，只想着运用"劳动仲裁—法院一审—二审—执行"这个漫长的程序拖垮对方，并且毫不掩饰地告知该民工其用意。最后该民工"自愿"接受了远远低于法定赔偿额度的款项，调解结案。表面上看，该企业确实享有对劳动仲裁不服向法院起诉的权利以及对一审裁判不服而上诉的权利，并且即使二审裁判已作出，也完全可以仍不主动履行。但实际上，该企业只不过是在从事损人利己的滥用诉权行为。

滥用诉权的行为不仅直接侵犯他者权利，而且还增加司法成本。滥用诉权会造成虚假和无益的诉讼，浪费法院的人力、物力和财力等公共审判资源。在审判资源有限的情况下，滥用诉权对

---

① 张晓薇：《论民事诉权滥用在我国出现的外在诱因》，载《河北大学学报（哲学社会科学版）》2006 年第 3 期。

② 郭卫华：《滥用诉权之侵权责任》，载《法学研究》1998 年第 6 期。

公共审判资源的非法侵占，实际上就是对他人合法行使诉权或利用审判资源的权利和机会的阻碍、侵占。因此，在强调对当事人诉权的保护时，必须高度重视滥用诉权问题，对滥用诉权行为进行合理矫治。

站在滥用诉权者的角度，滥用诉权无非就是为了损人利己。损人不利己的缺德事虽也有人做，但基本上属于病态者的行为，而在病态者的观念中，损人就是利己，利于其病态心理的满足，以获得病态的愉悦感。因此，在惩治滥用诉权、进行制度建构时，利益权衡是最好的向导。规制诉权，就是要让滥用诉权者退回到依法行使权利的本来位置，让滥用诉权的行为支付相应的代价，从而使滥用权利者得不偿失。针对滥用诉权的利己动因，借鉴国外成功经验，笔者认为，可通过以下方法与途径规制滥用诉权的行为：（1）鉴于滥用诉权对他者权利的侵害，可以建立明确的诉权滥用侵权责任制度。从其他国家和地区的立法例来看，法、德及我国澳门地区的民法典或者民事诉讼法典都赋予受害方提起损害赔偿请求的权利。美国法律协会编纂的《法律重述·侵权行为法》甚至直接将"无正当理由之诉讼"作为允许提起损害赔偿之诉的诉因，行为人应当就其行为所导致的损害后果承担侵权责任。按照《美国侵权行为法重述》第2版第674节和第682节的解释，任何一种不合理地采用法律诉讼行为都可以构成一种侵权行为。（2）鉴于滥用诉权行为对审判资源的侵占，可以确立罚金制度。这方面，一些大陆法系国家的做法，值得借鉴。例如法国《新民事诉讼法典》第32—1条有"以拖延诉讼方式，或者以滥诉方式进行诉讼者"得课处民事罚款，且不影响有可能要求的损害赔偿的规定。总之，对于诉权保障，必须坚持鼓励正当使用和反对滥用诉权并重的原则。只有对诉权滥用行为作出有效的法律规制，才能建立起依法行使诉权的制度激励。

诉权保障是一个涉及诸多因素的复杂问题，本章的分析难以面面俱到，论证也许并不完善，结论可能也还有待推敲。但笔者的意图是，运用法经济学原理揭示诉权背后蕴含的丰富的经济逻辑，为科学地进行制度设计提供一些有益思路。与从概念到概念、从原理到原理的哲理性分析相比,法经济学的分析方法作为一种崭新的视角,对于分析和解决诉权保障实践中存在的问题,应当是有所裨益的。

结　语

　　本书通过对诉权保障的分析和探讨，似乎透出一种对法权关系、法律价值、法律文化等源自法理学的气息。对此，笔者表示同意。

　　一切的个人经历都会打上烙印。通常，越是投入的经历，打下的烙印也就越深刻。博士阶段法理学的学术经历确确实实在自觉不自觉地影响着我的思想和思维的方式。2013年下半年，笔者给研究生讲授《经济法学专题》，结课时有学生说，老师您讲的更像是法理学，只是选择了经济法领域的问题在展开研讨。我说，或许吧，我倒没有太在意。或者说也不是有意而为之，自觉不自觉地就讲成那样。既往的学术经历和知识储备成就了一个人工具箱中可采用的工具。如果有一天，有人给我说，你讲的是诉讼法啊，我会感到无比欣慰。这或许说明诉讼法理已深入我的骨髓，我也不枉作了一场诉讼法学的专门研究。我认为这是一种肯定和鼓励（甚至褒扬）。

　　其实，诉权保障本身并不仅仅是一个诉讼制度的问题，也是与法治、宪政、人权等法理学的价值原则紧密关联的课题。推进诉权保障，不仅需要具体的制度设计，也需要深入的法理构思。本书尝试从语义分析、法权分析、法律价值、法律文化、法文献学、法经济学等多个维度作了探究。诉权保障问题内容丰富、涵盖宽广，但仅从对社会生活的直接观察可知，现实中诉权保障依然存在太多太多的问题，有待进一步厘定。尽管也存在滥诉、缠诉、恶诉等形形色色的不正确运用诉权的现象，但更为根本和更为大量的是诉权保障的无力。台湾学者熊秉元教授曾言"概念即工具，具有功能性的内涵"。如何使"诉权"发挥其功效，消除"诉求无门，诉求无力，诉求无果，诉求无奈，诉求无望”的境况，需要更多的学人来思考和参与推动，需要更多的智识性努力和行动。坚持中国问题与国际视野相协调、历史分析与现实考证相结合、价值塑造与技术装备相统一，或为可行的路径。

　　从一定意义上讲，本书对于诉权保障的多维审视，只能说是笔者一段时间学习的收获和思考的总结，相关问题仍有待进一步实践、总结和继续深入研究。"路漫漫其修远兮，吾将上下而求索。"

主要参考文献

常怡主编：《比较民事诉讼法》，中国政法大学出版社 2002 年版。

常怡主编：《外国民事诉讼法新发展》，中国政法大学出版社 2009 年版。

程春明：《司法权及其配置：理论语境、中英法式样及国际趋势》，中国法制出版社 2009 年版。

程燎原、王人博：《权利及其救济》，山东人民出版社 1998 年版。

程竹汝：《依法治国与深化司法体制改革》，上海人民出版社 2014 年版。

迟福林：《改革红利：十八大后转型与改革的五大趋势》，中国经济出版社 2013 年版。

邓子滨：《斑马线上的中国：法治十年观察》，法律出版社 2013 年版。

邓正来：《中国法学向何处去——建构"中国法律理想图景"时代的论纲》，商务印书馆 2006 年版。

邓正来主编：《法律与中国——法学理论前沿论坛》（第 5 卷），中国政法大学出版社 2006 年版。

丁大晴：《公民网络监督法律机制研究》，南京大学出版社 2013 年版。

范愉主编：《多元化纠纷解决机制》，厦门大学出版社 2005 年版。

范愉：《纠纷解决的理论与实践》，清华大学出版社 2007 年版。

樊崇义主编：《诉讼原理》，法律出版社 2003 年版。

冯玉军：《法经济学范式》，清华大学出版社 2009 年版。

付春杨：《权利之救济——清代民事诉讼程序探微》，武汉大学出版社 2012 年版。

傅郁林：《民事司法制度的功能与结构》，北京大学出版社 2006 年版。

高一飞：《司法改革的中国模式》，法律出版社 2011 年版。

高全喜、张伟、田飞龙：《现代中国的法治之路》，社会科学文献出版社 2011 年版。

公丕祥：《法制现代化的理论逻辑》，中国政法大学出版社 1999 年版。

韩大元主编：《比较宪法学》，高等教育出版社 2003 年版。

何文燕、廖永安：《民事诉讼法学专论》，湘潭大学出版社 2011 年版。

胡亚球、章建生：《起诉权论》，厦门大学出版社 2012 年版。

胡旭晟主编：《狱与讼：中国传统诉讼文化研究》，中国人民大学出版社 2012 年版。

黄豹：《刑事诉权研究》，北京大学出版社 2013 年版。

黄娟：《当事人民事诉讼权利研究：兼谈中国民事诉讼现代化之路径》，北京大学出版社 2009 年版。

胡肖华：《宪法诉讼原论》，法律出版社 2002 年版。

胡夏冰：《司法权：性质与构成的分析》，人民法院出版社 2003 年版。

季卫东：《大变局下的中国法治》，北京大学出版社 2013 年版。

季卫东：《宪政新论——全球化时代的法与社会变迁》，北京大学出版社 2002 年版。

季卫东：《法治秩序的建构》，中国政法大学出版社 1999 年版。

江必新、何东宁、丁俊峰、杨心忠：《新民事诉讼法再审程序疑难问题解答与裁判指导》，法律出版社 2014 年版。

江伟、邵明、陈刚：《民事诉权研究》，法律出版社 2002 年版。

江伟主编：《民事诉讼法专论》，中国人民大学出版社 2005 年版。

柯阳友：《起诉权研究——以解决"起诉难"为中心》，北京大学出版社 2012 年版。

李步云：《中国法治之路》，中国社会科学出版社 2013 年版。

李林、田禾：《中国法治发展报告 No. 12》《法治蓝皮书》，社会科学文献出版社 2014 年版。

刘敏：《裁判请求权研究——民事诉讼的宪法理念》，中国人民大学出版社 2003 年版。

刘荣军：《程序保障的理论视角》，法律出版社 1999 年版。

刘树德：《司法改革热问题与冷思考》，人民法院出版社 2014 年版。

刘作翔主编：《多向度的法理学研究》，北京大学出版社 2006 年版。

凌斌：《法治的中国道路》，北京大学出版社 2013 年版。

廖永安等：《诉讼费用研究：以当事人诉权保护为分析视角》，中国政法大学出版社 2006 年版。

廖中洪：《民事速裁程序比较研究》，厦门大学出版社 2014 年版。

孟凡哲：《和谐视域下的判例主义司法文化》，中国法制出版社 2012 年版。

莫纪宏：《现代宪法的逻辑基础》，法律出版社 2001 年版。

齐树洁：《程序正义与司法改革》（第 2 版），厦门大学出版社 2010 年版。

齐树洁主编：《东南司法评论》（2013 年卷），厦门大学出版社 2013 年版。

齐树洁：《民事程序法研究》，科学出版社 2007 年版。

齐树洁主编：《民事司法改革研究》（第 3 版），厦门大学出版社 2006 年版。

齐树洁：《台港澳民事诉讼制度》（第 2 版），厦门大学出版社 2014 年版。

钱弘道等：《法治评估的实验：余杭案例》，法律出版社 2013

年版。

瞿同祖：《瞿同祖法学论著集》，中国政法大学出版社 1998 年版。

任瑞兴：《在价值与技术之间：一种诉权的法理学分析》，法律出版社 2010 年版。

宋冰编：《读本：美国与德国的司法制度及司法程序》，中国政法大学出版社 2000 年版。

苏力：《送法下乡：中国基层司法制度研究》（修订版），中国政法大学出版社 2011 年版。

孙海龙等：《先进法院文化建设研究》，人民法院出版社 2013 年版。

孙万胜：《司法权的法理之维》，法律出版社 2002 年版。

孙笑侠：《程序的法理》，商务印书馆 2005 年版。

申建林：《自然法理论的演进——西方主流人权观探源》，社会科学文献出版社 2005 年版。

沈冠伶：《诉讼权保障与裁判外纷争处理》，北京大学出版社 2008 年版。

沈志先主编：《法院文化》，法律出版社 2012 年版。

舒瑶芝：《民事诉讼程序分流研究》，法律出版社 2013 年版。

汤维建主编：《外国民事诉讼法学研究》，中国人民大学出版社 2007 年版。

田成有：《法官的法理：转型期中国法院的困局与变途中国法官的心路报告》，中国法制出版社 2013 年版。

王福华：《民事诉讼基本结构——诉权与审判权的对峙与调和》，中国检察出版社 2002 年版。

翁子明：《司法判决的生产方式：当代中国法官的制度激励与行为逻辑》，北京大学出版社 2009 年版。

吴英姿：《法官角色与司法行为》，中国大百科全书出版社 2008 年版。

夏锦文主编：《传承与创新：中国传统法律文化的现代价值》，中国人民大学出版社 2012 年版。

夏锦文主编：《冲突与转型：近现代中国的法律变革》，中国人民大学出版社 2012 年版。

夏勇：《人权概念起源——权利的历史哲学》（修订版），中国政法大学出版社 2001 年版。

夏勇：《中国民权哲学》，生活·读书·新知三联书店 2004 年版。

夏勇主编：《走向权利的时代》（修订本），中国政法大学出版社 2000 年版。

相庆梅：《从逻辑到经验：民事诉权的一种分析框架》，法律出版社 2008 年版。

许章润：《说法、活法、立法》，中国法制出版社 2000 年版。

徐汉明、金鑫、郭清君、周泽春、吴世文：《当代中国检察文化研究》（修订版），知识产权出版社 2013 年版。

徐忠明：《明镜高悬：中国法律文化的多维观照》，广西师范大学出版社 2014 年版。

薛刚凌：《行政诉权研究》，华文出版社 1999 年版。

杨荣馨主编：《民事诉讼原理》，法律出版社 2003 年版。

姚建宗：《法治的生态环境》，山东人民出版社 2003 年版。

叶秋华、王云霞、夏新华主编：《借鉴与移植：外国法律文化对中国的影响》，中国人民大学出版社 2012 年版。

于锐、哈书菊：《纠纷解决的程序之维》，黑龙江大学出版社 2012 年版。

余贵忠、杨武松、余计灵：《环境公害诉讼研究》，西南交通大学出版社 2013 年版。

最高人民法院课题组：《司法改革方法论的理论与实践》（第 2 版），法律出版社 2014 年版。

左卫民等：《诉讼权研究》，法律出版社 2003 年版。

张瑞萍：《反垄断诉权保障机制研究》，立信会计出版社 2013 年版。

张榕：《事实认定中的法官自由裁量权——以民事诉讼为中心》，法律出版社 2010 年版。

张卫平：《民事诉讼：回归原点的思考》，北京大学出版社 2011 年版。

张卫平：《诉讼构架与程式——民事诉讼的法理分析》，清华大学出版社 2000 年版。

张卫平、齐树洁主编：《司法改革论评》（第 17 辑），厦门大学出版社 2014 年版。

张卫平、齐树洁主编：《司法改革论评》（第 16 辑），厦门大学出版社 2013 年版。

张卫平：《民事诉讼：关键词展开》，中国人民大学出版社 2005 年版。

张晓薇：《民事诉权正当性与诉权滥用规制研究》，法律出版社 2014 年版。

张文显：《二十世纪西方法哲学思潮研究》，法律出版社 2006 年版。

张文显：《法哲学范畴研究》（修订版），中国政法大学出版社 2001 年版。

章武生等：《司法现代化与民事诉讼制度的建构》，法律出版社 2000 年版。

朱立恒：《公正审判权研究》，中国人民公安大学出版社 2007 年版。

庄汉：《正义与效率的契合：以行政诉讼中暂时权利保护制度为视角》，清华大学出版社 2010 年版。

中国法制出版社编：《民事程序法论文选萃》，中国法制出版社 2004 年版。

［爱尔兰］凯利：《西方法律思想史》，王笑红译，法律出版社 2002 年版。

［澳］汤姆·坎贝尔：《法律与伦理实证主义》，刘坤轮译，中国

人民大学出版社 2014 年版。

　　［德］罗森贝克等：《德国民事诉讼法》，李大雪译，中国法制出版社 2007 年版。

　　［德］阿克赛尔·文德勒、［德］赫尔穆特·霍夫曼：《审判中询问的技巧与策略》，丁强、高莉译，中国政法大学出版社 2012 年版。

　　［德］奥特马·尧厄尼希：《民事诉讼法》，周翠译，法律出版社 2003 年版。

　　［德］哈贝马斯：《在事实与规范之间》，童世骏译，生活·读书·新知三联书店 2003 年版。

　　［德］罗伯特·阿列克西：《法 理性 商谈法哲学研究》，朱光、雷磊译，中国法制出版社 2011 年版。

　　［法］艾涅斯特·格拉松：《法国民事诉讼程序的起源》，巢志雄译，北京大学出版社 2013 年版。

　　［法］勒内·达维德：《当代主要法律体系》，漆竹生译，上海译文出版社 1984 年版。

　　［法］卢梭：《社会契约论》，何兆武译，商务印书馆 2003 年版。

　　［法］让·文森、［法］塞尔日·金沙尔：《法国民事诉讼法要义》（上），罗结珍译，中国法制出版社 2001 年版。

　　［法］勒内·达维：《英国法与法国法：一种实质性比较》，潘华仿、高鸿钧、贺卫方译，清华大学出版社 2002 年版。

　　［古希腊］亚里士多德：《政治学》，吴寿彭译，商务印书馆 1965 年版。

　　［古希腊］柏拉图：《理想国》，郭斌和、张竹明译，商务印书馆 1986 年版。

　　［美］埃尔曼：《比较法律文化》，贺卫方、高鸿钧译，清华大学出版社 2002 年版。

　　［美］布雷恩·Z. 塔玛纳哈：《论法治：历史政治和理论》，李桂林译，武汉大学出版社 2010 年版。

　　［美］米尔伊安·R. 达玛什卡：《司法和国家权力的多种面

孔——比较视野中的法律程序》，郑戈译，中国政法大学出版社 2004
年版。

[美] 丹诺：《舌战大师丹诺自传》，王炳译，法律出版社 1995
年版。

[美] 迪克西特：《法律缺失与经济学》，郑江淮等译，中国人民
大学出版社 2007 年版。

[美] 菲利普·赫尔曼：《巧用律师：在美国遇到麻烦时的法律对
策》，袁岳译，中国政法大学出版社 1992 年版。

[美] 格伦特：《权利话语：穷途末路的政治言辞》，周威译，北
京大学出版社 2006 年版。

[美] 汉密尔顿等：《联邦党人文集》，程逢如等译，商务印书馆
1980 年版。

[美] 列奥·施特劳斯：《自然权利与历史》，彭刚译，生活·读
书·新知三联书店 2003 年版。

[美] 路易斯·亨金：《权利的时代》，信春鹰、吴玉章、李林
译，信春鹰校，知识出版社 1997 年版。

[美] 马修·戴弗雷姆：《法社会学讲义：学术脉络与理论体
系》，郭星华、邢朝国、梁坤译，北京大学出版社 2010 年版。

[美] 迈克尔·舒特：《执业伦理与美国法律的新生》，赵雪纲、
牛玥译，当代中国出版社 2014 年版。

[日] 高桥宏志：《民事诉讼法：制度与理论的深层分析》，林剑
锋译，法律出版社 2003 年版。

[日] 谷口安平：《程序的正义与诉讼》，王亚新、刘荣军译，中
国政法大学出版社 2002 年版。

[日] 六本佳平：《日本法与日本社会》，刘银良译，中国政法大
学出版社 2006 年版。

[日] 棚濑孝雄：《纠纷的解决与审判制度》，王亚新译，中国政
法大学出版社 2004 年版。

[日] 田中英夫、竹内昭夫：《私人在法实现中的作用》，李薇

译，法律出版社 2006 年版。

〔日〕小岛武司：《诉讼制度的改革与实证》，陈刚译，法律出版社 2001 年版。

〔苏联〕M. A. 顾尔维奇：《诉权》，康宝田、沈其昌译，中国人民大学出版社 1958 年版。

〔意〕莫诺·卡佩莱蒂：《福利国家与接近正义》，刘俊祥等译，法律出版社 2000 年版。

〔意〕莫诺·卡佩莱蒂等：《当事人基本程序保障权与未来的民事诉讼》，徐昕译，法律出版社 2000 年版。

〔印〕米尔思等：《律师的艺术》，刘同苏、侯君丽译，中国政法大学出版社 1992 年版。

〔英〕洛克：《政府论》（下），叶启芳、瞿菊农译，商务印书馆 1964 年版。

〔英〕戴雪：《英宪精义》，雷宾南译，中国法制出版社 2001 年版。

〔英〕马丁·洛克林：《剑与天平：法律与政治关系的省察》，高秦伟译，北京大学出版社 2011 年版。

Andrew Arato, Civil Society, Constitution, and Legitimacy, Rowman & Littlefield Publishers, Inc. 2000.

Austin Sarat and Thomas R. Kearns (ed.), Justice and Injustice in Law and Legal Theory, The University of Michigan Press, 1996.

Carl Wellman, An Approach to Rights, Kluwer Academic Publishers, 1997.

Daniel J. Elazar, Changing Conceptions of Rights in the United States and the West, Publius, Vol. 22, No. 2, Rights in America's Constitutional Traditions. (Spring, 1992).

Hilary Sommerlad, Some Reflections on the Relationship between Citizenship, Access to Justice, and the Reform of Legal Aid, Journal of Law and Society, Vol. 31, No. 3. (March, 2004).

Jeremy Waldron (ed.), Theories of Rights, Oxford University Press, 1984.

Klaus F. R hl and Stefan Machura (ed.), Procedural Justice, Dartmouth Publishing Company Limited, 1997.

Larry Alexander (ed.), Constitutionalism Philosophical Foundations, Cambridge University Press, 1998. (中国政法大学出版社 2003 年影印本)

Michele Taruffo (ed.), Abuse of Procedural Rights: Comparative Standards of Procedural Fairness, Kluwer Law International, 1999.

Peter Jones, Rights, Palgrave, 1994.

Richard Moorhead and Pascoe Pleasence, Access to Justice after Universalism: Introduction, Journal of Law and Society, Vol. 30, No. 1. (March, 2003).

Shirin Sinnar, Access to Justice Movement, http: //www1. worldbank. org/publicsector/legal/accesstojustice. htm#2.

William Twining, Alternative to What? Theories of Procedure and Dispute Settlement in Anglo - American Jurisprudence: Some Neglected Classics, The Modern Law Review, Vol. 56, No. 3, Dispute Resolution. Civil Justice and Its Alternatives. (May, 1993).

后　记

　　书稿终于完成了。确切地说，只是一项研究暂时告一段落了。毋庸讳言，书中肯定存在许多不尽人意的地方，尽管如此，我自己依然十分珍视它，因为这是我投入了心与力的产出。或许，尽善尽美从来就只是一种追求、一个行动的指南，而绝对完美也是永远无法达致的一个目标或者一种境界。此时此刻能够达到和拥有的"缺憾之美"，才是常态和现实，我们必须接受它，也就是接受当下的自我。我自认是个天资较为愚钝的人，既已尽力，内心也就释然了。缺憾只好留待今后完善。

　　论著的完成是与师长、领导、同学、朋友和家人的有形无形的诸多鼓励、帮助和支持分不开的。在此，我必须感谢他们。首先要感谢我的合作导师齐树洁教授，在我研究和写作的每一个环节都伴随着他的谆谆教诲，其学识、师德和人品成为我坚持不懈的极为重要的动力。我也要特别对我人生和学习中给予我鼓励和帮助的每一位师长、领导和朋友表示发自内心的谢意。最后，还要感谢我的爸爸、妈妈和爱人，他们给了我无私的爱和支持。甚至年幼的儿子看到我整日沉浸于书房阅读或在电脑前忙碌时也会自嘲一句"爸爸有事"，而后知趣或无奈地走开，或者拿一本他自己的书坐到我的旁边做我的陪读，抑或说一句"爸爸，你什么时候才能陪我玩啊"的疑问或抱怨。在我看来，这些都是一种幸福，都是支持我的力量。虽然我一再教导儿子，谁都不欠你的，爸爸也不欠你的，虽然我还无法告诉儿子或者说儿子还无法明白，拼爹时代的另一种表述就是爹拼时代，作为爸爸不能不拼搏。但是，我还是确实渴望能多一些时间陪陪儿子，而不是总让他停顿于"爸爸去哪了""爸爸在忙啥"的追问。

　　本书写作源于笔者承担的中国博士后科学基金资助项目
（2012M511442）和参与的国家社科基金项目"诉权的法哲学研究：
基于和谐社会中公民权利保障的视角"（09CFX004）。感谢中国博士
后基金对研究工作的资助支持。感谢河北经贸大学科研处给予的学术
著作基金资助。感谢中国社会科学出版社宫京蕾女士作为本书责任编
辑对本书出版所付出的专业的编辑工作。

　　岁月匆匆，人生就是不断的奋斗和磨砺。一路上鲜花也罢、绿树
也好，只要用心体察，缘于疑惑的求知之旅，定会有所斩获。在这追
索的过程中我收获了"知"与"无知"。踯躅中前行，无怨无悔！我
庆幸，我感恩！

王岩云

2014 年 7 月初稿

2017 年 6 月修正